Bernd Giesemann / Andreas Kirchner / Michael Neubauer / Karl Prümm (Hrsg.)
Nähe und Empathie – Die Bilderwelten der Kamerafrau Judith Kaufmann

Marburger Kameragespräche
Band 8

Diese Publikation wurde durch die Stiftung Kulturwerk der
VG Bild-Kunst, Bonn gefördert

Judith Kaufmann während der Marburger Kameragespräche März 2006

Bernd Giesemann / Andreas Kirchner / Michael Neubauer / Karl Prümm (Hrsg.)

Nähe und Empathie
Die Bilderwelten der Kamerafrau Judith Kaufmann

Die Deutsche Bibliothek – CIP-Einheitsaufnahme

Ein Titeldatensatz für diese Publikation
ist bei Der Deutschen Bibliothek erhältlich

Abbildungsnachweis:
2, 7, 9, 11, 15, 27, 35, 43, 79: Achim Friederich; 51, 53: Cameo-Film; 85, 121, 163, 165, 181, 199, 202, 208, 220, 221, 231, 232, 233, 234: Privatarchiv Judith Kaufmann; 108: Caravaggio: Maria Magdalena (www.malerei-meisterwerke.de/bilder_gross/michelangelo-caravaggio-maria-magdalena-01287.html); 22, 24, 25, 50, 51, 52, 58 , 67, 68, 70, 73, 74, 75, 77, 93, 97, 98, 99, 100, 101, 102, 103, 104, 105, 106, 107, 108 o, 109, 110, 111, 112, 122, 124, 126, 127, 137, 140, 146, 149, 150, 156, 157, 158, 167, 171, 175, 177, 187, 188, 191, 194, 196; Filmstills: von den jeweiligen Autoren

Sollten trotz aller Bemühungen, die aktuellen Copyright-Inhaber herauszufinden, andere Personen und Firmen zu diesem Kreis gehören, werden sie gebeten, sich beim Verlag zu melden, damit sie in künftigen Auflagen des Buches berücksichtigt werden können.

Schüren Verlag GmbH
Universitätsstr. 55 · 35037 Marburg
www.schueren-verlag.de
© Schüren 2013
Alle Rechte vorbehalten
Gestaltung: Erik Schüßler
Coverfoto: Jim Rakete
Druck: druckhaus köthen, Köthen
Printed in Germany
Wir verwenden Papiere aus nachhaltiger Waldwirtschaft.
ISBN 978-3-89472-829-8

Inhalt

Vorwort
Judith Kaufmann – Bilder-Erzählerin aus Leidenschaft   7

Monica Bleibtreu
Laudatio auf Judith Kaufmann   13

Marli Feldvoß
Nähe und Distanz
Strategien der Kamera in SCHERBENTANZ (2002)   18

«Es geht darum, mit dem Regisseur etwas gemeinsam zu finden»
Judith Kaufmann im Gespräch mit der Filmkritikerin Marli Feldvoß über SCHERBENTANZ   27

«Mein Wunsch ist es, bei jedem Film immer wieder neu anzufangen»
Judith Kaufmann im Gespräch mit dem Kameramann Martin Langer über ELEFANTENHERZ (2002)   35

Karl Prümm
Blindheit als inneres Sehen
Zur Bildgestaltung in ERBSEN AUF HALB 6 (2004)   55

«Das eigentliche Thema des Films ist die Erkundung einer anderen Wahrnehmung»
Judith Kaufmann im Gespräch mit dem Medienwissenschaftler Karl Prümm über ERBSEN AUF HALB 6   79

Judith Kaufmann kommentiert drei exemplarische Sequenzen ihrer Filme WER WENN NICHT WIR (2011), THE LOOK (2011) und ZWEI LEBEN (2012)   90

Inhalt

Andreas Kirchner
Der sensitive Blick
Zur Bildgestaltung in Fremde Haut (2005)   120

Bernd Giesemann
Visuelle Transformation der Gefühle
Aspekte der Bildästhetik in Vier Minuten (2006)   143

Anett Müller
Das Licht verwandelt die Räume
Auf der Suche nach Authentizität
Judith Kaufmanns Bildgestaltung in Die Fremde (2010)   161

Rasmus Greiner
Die künstlerische Einstellung
Judith Kaufmanns Fernseharbeiten   180

«Auch das Zufällige, Ungeplante und Fehlerhafte des Bildes zulassen»
Ein Gespräch zwischen Judith Kaufmann und Astrid Pohl   199

Begründung des Beirats zur Verleihung des Marburger Kamerapreises   222

Biografie Judith Kaufmann   224
Filmografie Judith Kaufmann   226
Hinweise zu den Autorinnen und Autoren   235

Vorwort

Judith Kaufmann – Bilder-Erzählerin aus Leidenschaft

1 Judith Kaufmann (rechts) und die Laudatorin Monica Bleibtreu bei der Preisverleihung

Am 17. März 2006 überreichten Oberbürgermeister Egon Vaupel und Universitätspräsident Prof. Dr. Volker Nienhaus in der Alten Aula der Philipps-Universität den 6. Marburger Kamerapreis an Judith Kaufmann. Nach Raoul Coutard (2001), Frank Griebe (2002), Robby Müller (2003), Slawomir Idziak (2004) und Walter Lassally (2005) war Judith Kaufmann die erste Kamerafrau, die mit diesem international renommierten Preis ausgezeichnet wurde. Damit wurde das Werk einer herausragenden Bildgestalterin gewürdigt, die 1991 als Chefkamerafrau debütiert und seitdem eine ungewöhnliche, eigenständige und markante Bildlichkeit entwickelt hatte. Der Beirat des Marburger Kamerapreises wollte mit seiner Entscheidung zugleich bewusst machen, wie sehr das Metier der filmischen Bildgestaltung noch von Männern dominiert ist, so dass bislang sich nur wenige Frauen in diesem Beruf nachhaltig durchsetzen konnten. 2012 erhielt die französische Kamerafrau Agnès Godard den Marburger Kamerapreis, Judith Kaufmann war zur Preisverleihung nach Marburg gekommen und führte im Rahmen der Marburger Kameragespräche einen viel beachteten, eindringlichen Dialog mit ihrer Kollegin. Die Auszeichnung für Agnès Godard ist ein Indiz dafür, wie sehr sich die Situation inzwischen verändert hat. Wenn auch von einer Chancengleichheit der Geschlechter in diesem Beruf längst noch keine Rede sein kann, so finden sich doch immer mehr die Namen von Kamerafrauen in den Credits gewichtiger und finanziell gut ausgestatteter Filme. An diesem unübersehbaren Wandel hat Judith Kaufmann einen gewichtigen Anteil. Sie zählt heute zu den erfolgreichsten und zu den am meisten gefragten deutschen Kameraleuten. Ihre Gestaltungsleistungen werden von der Filmkritik wahrgenommen und ausführlich gewürdigt, sind beim Publikum hoch geschätzt. Sie hat damit eine Bresche geschlagen für jüngere Kamerafrauen wie Daniela Knapp und Jana Marsik. Nicht zuletzt wegen dieser herausragenden Verdienste wurde Judith Kaufmann im Juni 2012 mit einer ganz besonderen Auszeichnung bedacht, mit dem Ehrenpreis des Deutschen Kamerapreises.

Der vorliegende Band dokumentiert die Marburger Kameragespräche 2006. Die Vorträge von Marli Feldvoß zu SCHERBENTANZ (2002) und von Karl Prümm zu ERBSEN AUF HALB 6 (2004) wurden aktualisiert und erweitert. Die Gespräche, die Judith Kaufmann mit den Vortragenden und dem Publikum im Anschluss an die Projektion der Filme geführt hat, wie auch der Erfahrungsaustausch mit dem Kamerakollegen Martin Langer belegen eindrücklich, wie umsichtig, wie phantasievoll und zugleich selbstkritisch die Bildgestalterin an alle ihre Projekte herangeht. Zum ersten Mal ist in diesem Buch die liebevolle und bewegende Laudatio vollständig abgedruckt, die Monica Bleibtreu, die unvergessene, 2008 verstorbene Schauspielerin, bei der Preisverleihung auf Judith Kaufmann gehalten hatte.[1]

Neu hinzu gekommen sind drei Einzelanalysen, die sich ganz auf den Aspekt der Bildgestaltung von Judith Kaufmann konzentrieren. Andreas Kirchner zeigt in seinem Beitrag zu FREMDE HAUT (2005), dass die Kategorien der «Atmosphäre» und des «Atmosphärischen» dazu geeignet sind, die Arbeit der Kameraleute erfahrbar und beschreibbar zu machen. Die spezifische Atmosphäre von FREMDE HAUT ist geprägt durch ein beengendes Heranrücken der Kamera an

---

[1] Eine gekürzte Version der Laudatio erschien unter dem Titel *Das Leben in einer verkanteten Welt. Lob der Kamerafrau Judith Kaufmann* in der *Frankfurter Allgemeinen Zeitung* vom 30.03.2006.

Vorwort

2 Verleihung des Marburger Kamerapreises 2006 – Blick in die Alte Aula der Philipps-Universität

den Körper der Hauptdarstellerin Jasmin Tabatabai. Die Erfahrung von Asyl und Illegalität wird für den Zuschauer geradezu physisch spürbar. Bernd Giesemann geht in seiner Analyse des vielfach preisgekrönten Films VIER MINUTEN (2006) vom Begriff der «Schaulust» aus, die Judith Kaufmanns Bilder entfachen. Er weist nach, dass die Kamera ganz entscheidend beteiligt ist am musikalischen Rhythmus des Films und an der Profilzeichnung der extremen Charaktere, die von Monica Bleibtreu und Hannah Herzsprung verkörpert werden. Anett Müller widmet sich detailgenau der Raum- und Lichtgestaltung in DIE FREMDE (2010), dem bislang wohl erfolgreichsten Film von Judith Kaufmann. Sie macht darauf aufmerksam, wie subtile Modulationen des Lichts Räume verwandeln können. Neu hinzu gekommen ist auch der Text von Rasmus Greiner, der anhand von IHR KÖNNT EUCH NIEMALS SICHER SEIN (2008) und DAS ENDE EINER NACHT (2012) die Bildarbeit von Judith Kaufmanns Fernsehfilmen untersucht und nachweist, dass die ausgefeilten Bildkonzepte für das Fernsehen nicht im Geringsten hinter den Kinoproduktionen zurück bleiben.

In einem Gespräch mit Astrid Pohl äußert sich Judith Kaufmann so ausführlich und detailgenau wie bislang an keiner anderen Stelle über ihren Werdegang und die Grundprinzipien ihrer Arbeit. Vieles, was in den Marburger Kameragesprächen nur angedeutet werden konnte, wird hier intensiviert und vertieft.

In drei äußerst dicht und prägnant formulierten Texten kommentiert Judith Kaufmann schließlich selbst drei ausgewählte Filme ihrer Filmografie: WER WENN NICHT WIR (2011), der erste Spielfilm des Dokumentaristen Andres Veiel, THE LOOK (2011) von Angelina Maccarone, einer Dokumentation über die Schauspielerin Charlotte Rampling, und ZWEI LEBEN von Georg Maas, ein Film, der erst 2013 in die Kinos kommt. Hier lässt sich ablesen, wie genau und umfassend Judith Kaufmann ihre Filme vorbereitet und vorentwirft, wie viele Visionen, Denkbilder und Vorstellungsbilder dem eigentlichen Drehen, der konkreten Ausführung, dem technischen Handeln vorausgehen. Diese Texte bieten einen authentischen und zugleich fesselnden Blick hinter die Kulissen des Bildermachens. Mit seltener Klarheit wird der Prozess der Bildfindung ausgeleuchtet.

In der Summe ergeben die hier versammelten Analysen und Dokumente, Gespräche und Selbstäußerungen ein aktuelles Arbeitsbuch über die Kamerafrau Judith Kaufmann. Die sehr vielfältigen, die reichen und farbigen Regionen ihrer Bilderwelten werden aus unterschiedlichen Perspektiven erkundet.

Judith Kaufmann ist eine außergewöhnliche Kamerafrau – das zeigt sich in allen Beiträgen dieses Bandes. Der Beruf ist für sie Berufung. Mehrfach hat sie erklärt, dass sie sich keine schönere Arbeit vorstellen könnte, als Bilder zu finden für filmische Erzählungen, die oft spröde Technik geschmeidig zu machen für anrührende Geschichten, den Visionen der Regisseurinnen und Regisseure Gestalt und Form zu geben. Es kommt ihr auch daher nicht in den Sinn, nach dem vermeintlich «Höheren» zu streben. Ein Wechsel ins Regiefach, von dem viele Kameraleute träumen, interessiert sie nicht. Sie begreift Kameraarbeit aber auch nicht als sekundäres und weisungsgebundenes Geschäft. Ihren eigenen Blick, ja ihre ganze Persönlichkeit bringt sie in alle ihre Projekte ein. Sie gibt stets alles, verschreibt sich den Filmen mit Haut und Haaren. Das beginnt mit der intensiven, möglichst frühzeitigen Auseinandersetzung mit dem Stoff und mit dem Drehbuch. Oft ist sie sogar in die Drehbuchentwicklung mit einbezogen, bisweilen taucht in den Credits ihr Name sogar unter der Rubrik Drehbuch auf, was Kameraleuten nur selten widerfährt. Sie verwendet bereits viele Energien darauf, die Potenziale eines Stoffs zu entdecken, alle Dimensionen der Erzählung zu verstehen, die Figuren in ihrer Tiefe auszuloten, um an dieser Eindringlichkeit ihre Bilderwelten auszurichten. Jedes neue Projekt bedeutet für sie eine Herausforderung, auf Bildexpedition zu gehen, zu neuen Ufern aufzubrechen, zu experimentieren. Sie kann aber auch beharrlich sein und an Vorhaben, die zunächst keiner finanzieren will, über einen langen Zeitraum hinweg geduldig festhalten. Judith Kaufmann nimmt nur Engagements an, bei denen die Augenhöhe mit der Regie gewährleistet ist. Sie sucht die Nähe und den intensiven Dialog mit ihren Regisseurinnen und Regisseuren, drängt auf Klarheit. Ihre bohrenden Nachfragen sind gefürchtet, dienen aber nur

3 Judith Kaufmann und Walter Lassally, der Träger des Marburger Kamerapreises 2005

dem Ziel, dass Regie und Kamera sich gemeinsam wiederfinden im visuellen Konzept, im Stil, in der Atmosphäre des Films. In allen ihren Filmen macht sie daher auch das Prinzip der Bildgestaltung stark, lässt die Form hervortreten, ohne dass die Form exzentrisch wird und sich in den Vordergrund drängt. Judith Kaufmann ist immer auf eine extreme Nähe zu ihren Figuren aus, will deren Blick auf die Welt nachvollziehbar machen, Empathie beim Publikum erzeugen. Erzählen mit Bildern – das ist ihre Leidenschaft. Das Sichtbare jenseits des Sagbaren – das ist ihre Welt. In den Filmen von Judith Kaufmann wird der Bildraum auf sublime und diskrete Weise zum Reflexionsraum der Geschichte, zur Spiegelfläche der Figuren. Unbewusstes, Spannungen, Konflikte, Ängste und Wünsche werden angedeutet durch Lichtstimmungen, durch Arrangements der Figuren im Raum, durch Dinge und Accessoires. Erinnerungen an das frühe Kino kommen auf, an das Stummfilmbild, das pansymbolisch angelegt war, in dem alles Sichtbare zur Chiffre und zum Zeichen wurde. Judith Kaufmann bestimmt ihre Position in der Geschichte der Filmbilder sehr genau. Sie erklärt jene Kameraleute zu ihren Vorbildern, die in den 1970er und 1980er Jahren das moderne Kino erfanden: Nestor Almendros, Conrad Hall, Gordon Willis. Auf der Basis des natürlichen Lichts erschlossen sie mit minimalen Eingriffen, kaum wahrnehmbaren Verfremdungen, Verschiebungen des Bildes eine neue, eine verfeinerte Ausdruckswelt.

Vorwort

Die Herausgeber danken dem Beirat des Marburger Kamerapreises, der Judith Kaufmann den Marburger Kamerapreis zuerkannt hat. Sie danken der Stadt Marburg, vor allem Oberbürgermeister Egon Vaupel und dem Leiter des Fachdienstes Kultur, Dr. Richard Laufner, sowie der Philipps-Universität, vor allem dem Präsidenten Prof. Dr. Volker Nienhaus und dem Kanzler Dr. Friedhelm Nonne, für die vielfältige Unterstützung. Ein besonderer Dank gilt der Stiftung Kulturwerk der VG BILD-KUNST, die nicht nur die Marburger Kameragespräche großzügig gefördert hat, sondern auch mit einem Druckkostenzuschuss das Erscheinen dieses Buches überhaupt erst möglich gemacht hat. Der Dank gilt ebenso der Firma ARRI (Arnold & Richter Cine Technik, München) und der Sparkasse Marburg-Biedenkopf, die je zur Hälfte für die Preissumme aufkamen. Der Berufsverband Kinematografie (BVK) hat den Marburger Kamerapreis und die Marburger Kameragespräche von Anfang an konsequent und wirkungsvoll unterstützt. Zu besonderem Dank sind die Herausgeber den Marburger Filmkunsttheatern und der engagierten Betreiberfamilie Hetsch verpflichtet, für die Besorgung der bestmöglichen Filmkopien, für eine wie immer exzellente Projektion und für die herzliche Gastfreundschaft. Nicht zuletzt gilt der Dank dem Schüren-Verlag für die sehr gute Zusammenarbeit. Die Herausgeber danken aber vor allem Judith Kaufmann, die alle Fragen geduldig beantwortet und ebenso engagiert wie hilfsbereit die Entstehung dieses Buches begleitet hat.

Bernd Giesemann
Andreas Kirchner
Michael Neubauer
Karl Prümm

Monica Bleibtreu

Laudatio auf Judith Kaufmann

Sehr geehrte Damen und Herren, liebe Judith!

Jetzt stehe ich hier, um eine Laudatio zu halten, für dich, liebe Judith. Es ist übrigens meine erste – eine Premiere sozusagen. Tja, das hört nicht auf mit den Premieren in unseren Berufen. Immer wieder ganz was Neues, ganz was Anderes, immer wieder Anfänge.

Jetzt fange ich halt an: Du warst meine erste Kamerafrau. 1999 beim Fernsehfilm in der Regie von Dagmar Hirtz, Die Schwiegermutter mit Christiane Hörbiger. Und deine inhaltliche Art zu schauen ist mir gleich aufgefallen.

Ich habe damals eine leicht überdrehte Provinzjournalistin gespielt mit abenteuerlichen Outfits und noch abenteuerlicheren Brillen – in jeder Szene eine andere – weißt du noch? Ich wollte damit ihr ehemaliges Verhältnis zum ersten Optiker im Ort zeigen, ich habe verrückt und schräg ausgeschaut – überdreht halt.

Aber in meiner letzten Szene mit der Hörbiger, da ist sie – meine Figur, ich weiß nicht mehr, wie sie hieß – ungeschminkt, leicht verkatert und bekennt zum ersten Mal Farbe in dem Film, redet über ihre Einsamkeit. Und da so ab- und ungeschminkt hast du mich so fotografiert, dass ich am schönsten ausgeschaut habe. Da sieht man zum ersten Mal, was für eine schöne Frau sie wirklich ist, was da alles verschüttet ist. Das meine ich mit inhaltlich.

Ich komme ja eigentlich vom Theater. Da kenne ich mich auch besser aus – das habe ich auch viel öfter gemacht. Zu meiner Zeit galt das Theater auch viel mehr als heute. Film war Hollywood – also ganz weit weg – und die Filmschauspieler in Deutschland waren für uns eigentlich die, die dies nicht wirklich können. Es gab ja auch nur Fassbinder und den so genannten Autorenfilm. Und man hat sich arroganter Weise nicht wirklich dafür interessiert. Wir waren ja auch den ganzen Tag im Theater und hatten fast jeden Tag Vorstellung.

Das macht es mir jetzt ein bisschen schwer mit meiner Laudatio. Ich habe das Verhältnis Regisseur – Schauspieler immer so definiert: Ich zeige mich – du schaust mir zu. Aber wenn ich merke, dass der da unten gar kein Interesse an mir hat, woher soll ich dann den Mut nehmen, mich zu zeigen? Judith hat es geschafft, durch die Kamera hindurch sozusagen mir diesen Mut zu geben. Dafür bin ich sehr dankbar!

Ich hätte natürlich nein sagen können zu dieser Laudatio. Aber erstens empfinde ich es als große Ehre, eine Kamerafrau wie Judith so positiv zu beschreiben, wie ich nur kann. Und zweitens habe ich ehrlich gesagt gar nicht gewusst, wie wenig ich davon verstehe und dass ich eigentlich gar nicht in der Lage bin, einen Film von «außen» anzuschauen. Nur wenn ich ihn nicht mag, kann ich das! Denn wenn er mir gefällt, bin ich drin in dem Film, in der Geschichte, in der Welt, die er mir zeigen will, und ich komme aus dem Kino wie von einem anderen Stern. Ich mag dann auch nicht krittlen, zumindest nicht gleich.

Es ist mir dann viel wichtiger, die Atmosphäre dieser Welt in mir zu bewahren. Und wenn ein Film das schafft, frage ich mich auch nicht warum und achte nicht darauf. Ganz unprofessionell – ganz Publikum. Das heißt, ich muss mehr von mir als Schauspielerin reden als von Judith. Das ist ein bisschen unhöflich, aber ich hoffe, es beschreibt sie trotzdem.

Ich weiß nichts von ihren Vorbildern, nicht einmal ob sie welche hat. Ich kann sie mit niemandem vergleichen. Ich weiß aber, dass sie für mich einmalig ist, die beste in der Arbeit – weil ich spüre, dass sie mich wahrnimmt – wahrnehmen will? In den meisten Fällen habe ich die Kamera als etwas Technisches kennen gelernt, ich hatte – wie auch immer – auf meiner Position zu landen.

Und dann gab es Regisseure und Kameramänner oder -frauen, bei denen das überhaupt keine Rolle spielte – wie bei Judith. Sie vermenschlicht die Technik sozusagen. Ich meine, sie schafft es, dass sie und ihr Team nicht hinter der Technik verschwinden. Sie, die Menschen sind immer stärker – das ist so selten! Ich hatte es noch nicht erlebt – nicht in dem Maße.

Es, das Team, ist durch Judith und mit ihr eine Einheit, vom «Materialassi» über die Schärfe bis hin zur Dollyfahrerin. Die Betonung liegt auf «…-in.» Meine erste Frau als Dollyfahrer-in, Meike, die sich kaum Zeichen macht und die Schienen pudert wie einen Babypopo. Und diese Einheit ist für einen da, an einem dran, sie ermöglicht durch ihr echtes Interesse, dass man «es» dann ein bisschen besser kann, und sie freut sich, wenn einem etwas gelingt.

Zwei vom Team sind heute übrigens da, Materialassistentin Lisa Cohrs und Kameraassistent Henrik Sauer. Schön, dass Ihr da seid, und ich weiß auch nicht: Eure Freude ist stärker als die Anerkennung vom Publikum, die man dann ja auch noch kriegt – sozusagen als Belohnung zum Schluss obendrauf, weil Ihr so sehr drin seid im Arbeitsprozess. Und es ist Judith Kaufmann, die diese Einheit zusammen bringt.

Da kann man dann ruhig ein bisschen schwierig sein, das wird dann zur Reibung, die notwendig ist. Sie kehrt die Schwierigkeiten einfach um in positive

Laudatio auf Judith Kaufmann

Monica Bleibtreu bei ihrer Laudatio auf Judith Kaufmann

Energie. Das ist unglaublich und man merkt es kaum. Ich weiß nicht, wie sie es macht – aber es ist so!

Ich habe Bücher gelesen über Film – und Kameraführung, aber das hat mir nur noch mehr klargemacht, dass ich mir ein wirkliches Verständnis nicht in so kurzer Zeit aneignen kann. Ich bin Schauspielerin, und ich stehe eben *vor* der Kamera und meistens muss ich so tun, als ob es sie nicht gibt.

Aber bei meiner Lektüre bin ich auf einen wunderbaren Satz von Fellini gestoßen: «Als Schauspieler ist man oft im Zustand einer wehrlosen Aufrichtigkeit.» Das stimmt, und Judith weiß das.

Privat haben wir ganz wenig geredet, sie kommt ja nicht einmal zur Mittagspause. Und trotzdem habe ich das Gefühl, ja sogar eine Gewissheit, dass sie mich besser kennt als die vielen anderen, mit denen ich ganz viel geredet habe. Sie nimmt einen halt wahr – kommt von Wahrheit – und das will sie auch, das Wahre, so weit es geht. Natürlich mit dem Regisseur zusammen.

Trotzdem bleibt die Frage: Wie kann ich zu jemanden so großes Vertrauen haben, den ich gar nicht oder kaum kenne? Vertrauen kommt von trauen – ich meine jetzt nicht die Trauung, obwohl so ein Filmprojekt manchmal schlimmer ist als eine Ehe in der Krise – zumindest ist es eine heiße Affäre: Nein, ich meine trauen im Sinne von sich was trauen – zutrauen. Und dieses Vertrauen ist es, das einem dann den Mut gibt, über das Konventionelle hinaus zu agieren.

Das erste, was uns Schauspielern einfällt, ist das Klischee. Jetzt muss ich mal eben Max Reinhardt zitieren:

> «Wir haben uns auf eine Reihe allgemeingültiger Ausdrucksformen geeinigt, die zur gesellschaftlichen Ausrüstung gehören. Diese Rüstung ist so steif und eng, daß eine natürliche Regung kaum mehr Platz hat. Wir haben ein oder zwei Dutzend billiger Phrasen für alle Gelegenheiten. Wir haben gebrauchsfertige Mienen der Teilnahme, der Freude, der Würde und das stereotype Grinsen der Höflichkeit. Bei Hochzeiten, Kindestaufen, Begräbnissen wird aus Händeschütteln, Verbeugungen, Stirnrunzeln, Lächeln ein gespenstisches Theater gemacht, dessen Gefühlsleere erschreckend ist. Der gesellschaftliche Kodex hat selbst den Schauspieler, also den berufsmäßigen Gefühlsmenschen, korrumpiert. Wenn man Generationen zur Unterdrückung der Gemütsbewegungen erzieht, bleibt schließlich nichts mehr, was zu unterdrücken oder gar zu erlösen wäre.
>
> Die Natur verleiht jedem Menschen ein besonderes Gesicht. Es gibt ebensowenig Menschen, die einander vollkommen gleichen, wie es an einem Baum zwei Blätter von absoluter Kongruenz gibt. Aber im schmalen Flußbett des bürgerlichen Lebens, vom Alltag hin und her gestoßen, werden die Menschen schließlich so abgeschliffen, wie runde Kieselsteine. Einer sieht wie der andere aus. Sie bezahlen diesen Schliff mit ihrer persönlichen Physiognomie.»[1]

Soweit Max Reinhardt in seiner *Rede über den Schauspieler* 1928. Unwahrscheinlich aktuell finde ich, man sollte ihn öfter lesen. Aber merkwürdigerweise kostet es viel Mut und Kraft, zu seiner Einmaligkeit durchzudringen, warum weiß ich nicht so genau. Immer wieder die Angst sich wirklich zu zeigen. Angst wovor? Durchschaut zu sein als was?

Die Rolle ist der Schutz – Gott sei Dank – es ist alles nur ein großes Spiel! Dabei ist der Schauspieler der letzte in der Reihe. Das ist auch beim Theater so, erst der Dichter, dann die Interpretation des Regisseurs und dann der Schauspieler. Aber wie bei Kameramann oder -frau kommt es dann doch darauf an, das Eigenste und Persönlichste mit den anderen zu vermischen. Und das schafft Judith mit ihren Bildern. Sie kehrt das Innerste nach außen, aber irgendwie von außen stimuliert.

Ich kenne auch nicht so viele Filme von ihr, aber ich habe mir immer wieder die angeschaut, die ich hatte: ERBSEN AUF HALB 6 (2004), ELEFANTENHERZ (2002), SCHERBENTANZ (2002) und FREMDE HAUT (2005).

---

[1] Online verfügbar unter http://www.zeit.de/1953/29/rede-ueber-den-schauspieler (09.01.2013).

Dabei ist mir aufgefallen, wie sie mit den Farben umgeht. Es sind wenige und dabei doch alle: Am vorherrschendsten Blau, Grün, Braun, Schwarz und manchmal Gelb und manchmal Rot, das aber auch Schwarz sein kann – Rotschwarz – wie getrocknetes Blut. Ein Rot, das eigentlich gar kein Rot ist. So wie die Farben bei ihr eigentlich keine Farben sind. Mir scheint, sie benutzt sie nur als besonderes Licht in einem Schwarzweißfilm. Sie gibt den Figuren den Raum, den sie brauchen. Oft ist die linke oder rechte Bildhälfte abgedunkelt, fast schwarz, durch einen Gegenstand oder Hinterkopf im Halbprofil. Das vereinzelt die Figur, trennt sie vom anderen.

Gegenlicht spielt auch eine große Rolle, dadurch drückt sie einem die Figuren entgegen. Man kann sich ihnen nicht entziehen. Bis sie wieder im Dunkel verschwinden. Und immer wieder Unschärfe aus der sie kommen oder gehen. Manchmal durch Regen, der sie verwischt.

Judiths Gegenden sind verfallen. Abstellhäuschen, Menschen im Gerümpel, kalte Unordnung. Verlassene Tankstellen oder ein Kalkwerk – die Menschen darin heimatlos. Sie leben in einer verkanteten Welt. Hinter geschliffenem Glas in einem Vakuum, das nur sie selber spiegelt. Manchmal auch Schwarzfilm. Die Zerstörung ist unglaublich.

Natur gibt es bei ihr fast nur in Feldern, Kohlfelder wie in FREMDE HAUT, Raps in ERBSEN AUF HALB 6 und Kukuruz-, also Maisfelder wie in SCHERBENTANZ. Und immer wieder Wiesen in fast allen Filmen wie eine Pause im Schrecken. Aber das Ganze nie dekorativ, immer nur für die Geschichte und ihre Menschen darin. Immer inhaltlich, nie nur damit es schön ausschaut.

Den Spruch gab es öfter über einen Film: «Ja, es ging so: Die Geschichte war fad, aber schöne Bilder.» Was nützen denn die schönsten Bilder, wenn sie nicht erzählen? So etwas gibt es bei Judith Kaufmann nicht. Im Gegenteil: Sie unterstützt mit ihrem Blickwinkel den Inhalt – erzählt und verstärkt die Geschichte, und es schaut trotzdem sensationell aus.

Theater ist Sprache, da gibt es oft nur einen Raum und der ist meistens klein, und man hat immer die Scheißtotale. Aber es ist live und das ist das Wunderbare. Film, Kino sind Bilder, das habe ich jetzt gelernt. So war die Laudatio auch für mich gut. Ich werde wohl ab jetzt ein bisschen anders zuschauen, ein bisschen anders ins Kino gehen, außer es verzaubert mich wieder und lässt mich all das wieder vergessen, das wünsche ich uns.

Mit Kamerafrauen wie Judith Kaufmann kann das leicht passieren.

Meinen herzlichsten Glückwunsch, Judith, zu dem sehr verdienten Marburger Kamerapreis.

Marli Feldvoß

Nähe und Distanz

Strategien der Kamera in Scherbentanz (2002)

Ich möchte zu einer kleinen Reise durch den Film einladen, ein Stückweit sogar den ganzen Weg vom Roman zum Film nachvollziehen. Das scheint mir wichtig, weil ich von Judith Kaufmann weiß, dass letztlich der Roman Stichwortgeber für die Atmosphäre des Films gewesen ist. Allerdings habe ich den Eindruck, dass die Filmbilder diese vertrackte Familiengeschichte, all das Desolate, Traurige, zugleich Tragikomische mit größerer Intensität wiedergeben als der lakonisch gehaltene, sehr literarische Erzählstil des Romans, dessen Dialoge eins zu eins in den Film eingegangen sind; die Off-Stimme können sie im Roman nachlesen. Die Kamera hat bei dieser Umsetzung mehr als eine rein dienende Funktion, sondern tritt sehr selbstbewusst auf: als Bedeutungsgeber. Ich würde deshalb auch von einem markanten Kamerastil des Films sprechen. Dabei kommen natürlich Fragen nach dem Selbstverständnis der Kamerafrau auf, ob Judith Kaufmann selbst so etwas wie einen eigenen Kamerastil anstrebt oder wie es in der Zusammenarbeit mit Regisseur Chris Kraus, der Roman-, und Drehbuchautor in einer Person vereint, zur Bildsprache dieses Films gekommen ist. Kraus hat 2005, wiederum mit Judith Kaufmann an der Kamera und ihrer Laudatorin, der Schauspielerin Monica Bleibtreu, bereits seinen zweiten Film mit dem Titel Vier Minuten abgedreht.

Aber nun zum Titel *Nähe und Distanz*. Da denkt man vielleicht zuerst an die Story von Scherbentanz, an diese exzentrisch daherkommende Industriellenfamilie, die sich in ihrer Grundproblematik, der Entfremdung der Familienmitglieder voneinander, irgendwie normal anfühlt. Ich finde auch, dass die besondere, tödliche Krankheit Jeskos im Film mehr als eine Zutat erscheint, die angesichts der virulenten Beziehungsprobleme in den Hintergrund tritt. Eigentlich sind hier alle krank.

Der eigentliche Grund für den Titel ist jedoch ein ästhetischer. *Nähe und Distanz* spielt in erster Linie auf das dynamische Wechselspiel von zwei dominanten Kameraeinstellungen an, die für mich das erzählerische Rückgrat des Films bilden. Die unendlichen Anziehungs- und Abstoßungsprozesse, die launischen Kehrtwendungen der Protagonisten werden in ein spezifisches Verhalten der Kamera übersetzt und greifen damit ganz massiv in das Erzählpotenzial des Films ein. Ich spreche

1. von einer Weitwinkeloptik mit einem großen Tiefenschärfenbereich, die eingesetzt wird, wenn Nähe suggeriert werden soll.
2. von einer Teleoptik mit langen Brennweiten und einem flachen Schärfebereich, die eine distanzierte Wirkung hervorrufen und dazu auffordern, das Bild als Bild zu betrachten. Diese Teleoptik mit den langen Brennweiten ist eine sehr moderne, wenn auch schon seit zwanzig bis dreißig Jahren übliche Technik, die von Godard in seinen frühen Filmen bevorzugt wurde («Ce n'est pas une image juste, c'est juste une image.»[1]). Oft werden diese beiden Optiken auch im Wechsel eingesetzt, um entsprechende Stimmungswechsel zu unterstützen, beziehungsweise diese Stimmungswechsel durch eine andere Bildgestaltung zu evozieren.

Darüber hinaus will ich auf die Farbdramaturgie des Films eingehen, die mit einer sorgfältig ausgesuchten Farbpalette von kalten und warmen Farben ihren ganz eigenen Beitrag zum Thema *Nähe und Distanz* leistet. Das gleiche gilt für die opulente Auswahl von Orten, Hintergründen, dem ständigen Wechsel der Schauplätze. Damit meine ich keine dekorative Opulenz, sondern Räume, außen wie innen, die wie Seelenlandschaften fungieren, in denen sich die Befindlichkeiten der Protagonisten widerspiegeln. Wiewohl der Film im Ganzen mit seiner Besessenheit, ständig neue Bilder und Stimmungen vorzuführen, auch etwas überladen sein mag.

Natürlich überschneiden sich da die Kompetenzen von Regie, Ausstattung und Kamera. Film ist schließlich ein Gesamtkunstwerk. Aber ins rechte Licht – und das kann und soll bei Judith Kaufmann durchaus ein natürliches sein – wird das Ganze schließlich von der Kamerafrau oder vom Kameramann gesetzt. Aus meiner Praxis als Filmkritikerin möchte ich anfügen, dass man den visuellen Stil eines Films natürlich zur Kenntnis nimmt – wenn es ihn überhaupt gibt. Aber man kommt im Text selten ausführlich darauf zu sprechen – daran ist aber meistens der Platzmangel schuld. Was Scherbentanz anbelangt, fiel die Kritik gespalten bis ablehnend aus. In allen Fällen wurde jedoch die Kameraarbeit von Judith Kaufmann sehr gelobt, jedoch ohne ins Detail zu gehen.

Aber nun zum Film. Zunächst ein kurzes Zitat aus dem Roman *Scherbentanz*. Es ist ein Aphorismus von William C. Burroughs, den Chris Kraus seinem Roman vorangestellt hat: «Wenn du am Boden bist, bist du auf dem Weg nach oben.»

---

[1] Le vent de l'est (Ostwind; 1970; Regie: Jean-Luc Godard; Kamera: Mario Vulpiani).

Erinnern wir uns an die erste Einstellung des Films, an den brennenden Schneemann in der eisigen Bergwelt und an die dort ausgesprochene Bewunderung Jeskos für seinen großen Bruder Ansgar. Es ist, glaube ich, die einzige Panoramaeinstellung des Films; es kann sein, dass es eine Flug- oder Kranaufnahme ist, das konnte ich nicht so genau erkennen. Hier gibt es den freien Blick, eine Weite, die Freiheit suggeriert, die man im Rest des Films vergeblich sucht. Es ist ein genuin filmisches Bild, das mit der Titelmelodie, dem Klavierstück Jeskos, das im Film mehrmals wiederholt wird, unterlegt ist. Es lässt eigentlich jeden Gedanken an eine literarische Vorgabe vergessen, verbindet sich jedoch auf geheimnisvolle Art mit dem sarkastischen Aphorismus von Burroughs, der eben auch ein Versprechen enthält.

Nähe und Distanz – das lässt sich natürlich auch mit «Wärme und Kälte» übersetzen. In dieser sinnbildhaften Eingangsszene verschmelzen die Kälte- und die Wärmeströme, die auf der Handlungsebene gleich mit dem ersten Bild, mit dem Auftritt des erwachsenen Jesko wieder auseinanderdividiert werden, dann jedoch den ganzen Film lang miteinander ringen, um ein vergessenes Gefühl oder auch die Farbe Rot wiederzufinden. Die Farbe Rot ist gekoppelt an das Gefühl: für sich selbst, für die Mutter oder überhaupt so etwas wie eine Beziehung. Das Eis zum Schmelzen bringen – so hätte eine Regieanleitung des Films heißen können, so könnte man auch die Kameraarbeit von Judith Kaufmann überschreiben. Deshalb noch eine kurze Reise durch die Farbgebung und Beleuchtung des Films. Dazu muss ich sagen, dass meine Vorbereitungen mit einer DVD erfolgt sind. Die Farbe weicht doch um einiges ab, die Filmkopie ist viel weicher, wärmer, und ich fürchte, dass die Blaustichigkeit, von der ich hier sehr intensiv berichte, im Film vielleicht doch nicht so intensiv ist, aber die Tendenz ist sicher da.

Blau und Rot

Das Eis manifestiert sich in der kalten Farbe Blau, die in den Regenfahnen zu hängen scheint, die immer wieder über den Film herfallen. Sie entfaltet ihren kältesten Glanz in der Badezimmerszene, wo Jesko vor den bildschönen blauen Jugendstilkacheln in Ohnmacht fällt. Seine Ohnmacht wird nicht gezeigt, sondern in dem blauen Strudel im Waschbecken versteckt, der die Kamera mit einem mächtigen Sog hinabzieht. Sie taucht in eine andere Welt, in die Welt der Kindheit. Dann wechseln Farbe und Schärfe, vom scharfen Blaustich zum diffusen Jadegrün, wo man den kleinen Jesko in der Badewanne vorfindet und dazu Mutters leise Singstimme hört.

Die Farbe Rot tritt gleich zu Anfang kurz ins Bild. Rot ist das Blut – Jeskos Nasenbluten, das Spuren auf seinem weißen Hemd hinterlässt. Dann traut sie sich erst viel später wieder hervor, zuerst mit dem chinesischen Morgenrock der Mutter, als Dunkelrot, dann als Lüge. Wenn Ansgar Zitrone das rote Kleid schenkt, hat sich der Feigling schon längst für seine alte Flamme entschieden, der bestimmt kein Rot steht. Das sieht man am Ende. Später nimmt die Mutter das rote Kleid an sich, läuft damit hinaus in die Nacht, wie eine Fackelträgerin. Sie trägt es dann bis zuletzt in der Sterbeszene, die zu einer Versöhnungsszene zwischen Mutter und Sohn wird und in der sie zum ersten Mal Gefühle zeigt.

Kamera und Beleuchtung unterstützen den Farbenglanz. Natürliches Licht für die aschfarbenen Regenfahnen, starkes, kaltes Kunstlicht im Bad oder wenn Zitrone Jesko anruft. War es Mord? Dann das Finale, das Fest mit flackernden Lichtern, Fackeln im Park, mit natürlichen, warmen Lichtquellen, die die pietäähnliche Sterbeszene der Mutter wie einen Strahlenkranz einrahmen. SCHERBENTANZ – das ist auch ein Weg zur Farbe Rot.

Judith Kaufmann verehrt den spanisch-kubanischen Kameramann Nestor Almendros. Das Licht von Almendros steht für ungekünstelt, schlicht, naturgemäß. Er bevorzugt natürliches und reflektiertes Licht von Wänden und Decken, notfalls auch von Spiegeln, am liebsten Sonnenlicht. Auch bei Judith Kaufmann gibt es keine voll ausgeleuchteten Räume, wie man sie vom Fernsehfilm gewohnt ist, sondern Tageslicht oder Lichtspots, die indirektes atmosphärisches Licht verbreiten.

Scherbentanz, der Roman

Ich möchte ein Stück aus dem Anfang des Romans zitieren, damit man sich ein Bild davon machen kann, wie eigenständig sich der Film vom Roman wegbewegt:

> «Sie hatten mich angerufen. Und wie. Fünf Stunden später kam ich in Mannheim an. Mitten in der Nacht.
> Mein Bruder holte mich am Bahnhof ab. Wer ihn nicht kennt, hätte ihn kaum für nervös gehalten.
> Wir begrüßten uns, ohne viel zu reden. Ich hatte nur den Aluminiumkoffer dabei. Medikamente. Spritzbesteck. Alles drin. Mein Bruder trug ihn für mich hinüber zum Wagen, den der Chauffeur, ein kleiner, schweißnasser Kerl, Tür für Tür öffnete. Er starrte mich an, als hätte er noch nie einen Mann im Rock gesehen.
> Der Jaguar gehörte meinem Vater. Innen war es zu kühl für mich. Wir schalteten die Klimaanlage aus, nahmen die Hitze der Nacht mit auf die Rückbank und saßen warm und weich wie auf Eingeweiden. Die Lichter der Stadt huschten an den getönten Scheiben vorbei.

Mein Bruder rutschte in seiner Ecke herum und marterte Erdnüsse. Ich hatte mir die Leseleuchte angeknipst und hing über dem blauen Buch von Seneca, das ich immer bei mir trage.
Ich war gerade in dem Kapitel über die Gemütsruhe und dachte über die Stelle nach, in der die Ursachen der Traurigkeit untersucht werden.
‹Wie lange haben wir Mama nicht gesehen?› fragte Ansgar.
‹Was?› sagte ich.
‹Zwanzig Jahre?› fuhr er fort, und erst dann warf er mir einen Blick zu.
‹Ziemlich›, nickte ich.
‹Irgendwann mußte das ja passieren.›
Eine Erdnuß zersplitterte zwischen seinen Kiefern.
‹Wenn du …›, fing er an, aber dann sagte er eine Weile nichts mehr, sondern konzentrierte sich aufs Kauen.
‹Was?› wollte ich wissen.
‹Na ja, ich bin froh, daß du da bist!›
Er bot mir sein Erdnußtütchen an, aber ich hatte keinen Appetit.
Seneca behauptet, die Ursachen der Traurigkeit lägen in uns selber.»[2]

Im Film steht Jesko allein in der Landschaft, eine etwas lächerliche Gestalt – schmächtiger Mann im Rock wirkt umso kleiner neben dem viel größeren, schiefen schwarzen Warnkreuz des Bahnübergangs. Wie bestellt und nicht abgeholt (Farbabb. 31, S. 107).
Erst ist er von hinten zu sehen, dann dreht er sich um und schaut in Großaufnahme aus dem Bild direkt auf den Zuschauer. Ein starkes Bild (Abb. 1).
Wenn sich sein Bruder mit Chauffeur und Jaguar nähert, erscheinen die typischen Phänomene einer langen Brennweite. Ein breiter Streifen Unschärfebereich im Vordergrund, der die Akteure ins Niemandsland zu versenken scheint. Sie erscheinen scharf im Hintergrund, als wären sie auf einem fernen Planeten. Große, parallel verlaufende Horizontalen zerteilen das Bild. Straßenränder, Feldwege im Hintergrund, selbst das Auto fährt auf einem Weg genau im rechten Winkel zum Bildrahmen aus dem Bildausschnitt hinaus.
Der amerikanische Filmwissenschaftler David Bordwell hält viel von den langen Brennweiten und den flä-

1 Jürgen Vogel in SCHERBENTANZ

2   Chris Kraus: *Scherbentanz*. Frankfurt am Main 2002, S. 7 f.

chigen Bildern, die sie erzeugen, die es zu Zeiten von Gregg Toland, dem Kameramann von William Wyler und Orson Welles, in den 1940er Jahren noch gar nicht gab, die aber heute gang und gäbe sind. Sie werden meist als schön empfundene, nicht unbedingt bedeutungstragende Bilder eingesetzt. Das ist bei Judith Kaufmann aber ganz anders. Vor allem auch deshalb, weil sie erstens die Kamera meist im rechten Winkel zu den Hintergrundflächen aufbaut, so dass diese mit der Filmebene bildparallel sind. Zweitens nimmt sie die Figuren nicht schräg von der Seite, im Dreiviertelprofil, auf, sondern lieber von vorn im Profil oder direkt von hinten. Bordwell spricht in diesem Zusammenhang von «planimetrischen» Bildern.[3] Das ist ein Begriff von Heinrich Wölfflin, der besagt, dass räumliche Tiefe durch eine Reihe bildparalleler Ebenen dargestellt wird. So enthält eine an sich flache Aufnahme dennoch räumliche Tiefe. Godard ist ein bekannter Vorläufer dieser Kameraeinstellung, die zu einer stilistischen Norm des europäischen Kinos der siebziger und achtziger Jahre geworden ist. Auf die *Nouvelle Vague* bezieht sich auch Judith Kaufmann, die mit Godards Kameramann Raoul Coutard gearbeitet hat.

Während des absurden Dialogs der Brüder im Auto sieht man flache, planimetrisch angelegte Einstellungen, die wiederum den Rahmen der Heckscheibe als Leitlinie nehmen und die Gesichter frontal davorstellen. Beim Stichwort «Mama» steigt Jesko aus, und sofort übernimmt die Handkamera die Verfolgung der Brüder im Regen, unterstützt mit ihrer Beweglichkeit die aufgeregte Stimmung, reißt von rechts nach links, kann im Vorbeigehen auch einen Blick auf den abgestellten Chauffeur werfen. Aber auch hier dominieren Horizontalen das Bild, der Baumstamm, der über den Holzstapeln liegt, das im Hintergrund quergestellte Auto. Die plötzliche Bewegung hebt sich besonders von der vorherigen, sehr nahen, eher statischen Einstellung ab, die Ruhe und Trägheit evoziert, ganz auf den Dialog konzentriert bleibt. Die Ruhe vor dem Sturm. Trotzdem wirkt die Szene sehr distanziert.

Der Regen, vermute ich, nimmt im Film aus witterungsbedingten Gründen viel mehr Raum ein als im Roman. «Es war ein total verregneter Sommer»,[4] sagt Chris Kraus in einem Interview. Sehr schön finde ich die Ankunft in der Villa, die Unschärfen draußen im Garten, dann den Empfang mit dem Schirm durch Zitrone, die mit diesem sehr lange gehaltenen Bild in der Unschärfe eingeführt wird. In der Villa wird das Bild plötzlich scharf, zeigt die Marmorvertäfelung, den Reichtum, den vertikalen Treppenaufgang. Man spürt plötzlich die vergleichs-

---

3   David Bordwell: Modelle der Rauminszenierung im zeitgenössischen europäischen Kino. In: *Reden über Film. Zeit, Schnitt, Raum.* Frankfurt am Main 1997, S. 20 ff.
4   Das Interview mit Chris Kraus findet sich im Presseheft zu SCHERBENTANZ, das im Internet unter http://www.scherbentanz-derfilm.de/news.html verfügbar ist (25.11.2012).

2–7 Der Schwenk in die Kindheit

weise traditionelle Kamera mit ihrer größeren Tiefenschärfe, die hier auch dazu da ist, das Haus und den wohlhabenden Familienhintergrund einzuführen. Es fehlt eine Art Establishing Shot. Man weiß nicht so genau, wo man ist. Man sieht das Anwesen nie als Ganzes, nur Bruchstücke vom Speisesaal, den festlich gedeckten Tisch, die Bibliothek und das Gartenhaus. Dabei war diese Villa für den Film ein Glücksfall, eine komplett eingerichtete Jugendstilvilla, die fünfzig Jahre leer stand und wo sich eine Familie selbst ausgelöscht hatte. Jetzt soll sie endlich renoviert werden.

Zum eigentlichen Spielort wird das lichtdurchflutete Gartenhaus und seine Umgebung, wo die Mutter ihrem Schatzgräbertum frönen kann. Hier findet schließlich die Annäherung zwischen Jesko und seiner Mutter statt, die sich zum eigentlichen Thema des Films entwickelt. Als Randfigur spielt dabei auch noch Zitrone eine Rolle. Mir gefällt besonders gut die Nachtszene mit den surrealen

Max-Ernst-Bildern, das Toben der Mutter im Unterholz, danach der helle Morgen, das Erwachen der Tiere. Vieles hätte man auch viel länger, kontemplativer zeigen können.

Ich finde es sehr schön, wie der erwachsene Jesko am Flügel mit dem kleinen Jesko an seinem Geburtstag einfach durch einen Schwenk ins Schwarze verbunden wird. Hier wird nicht nur die starke Kontrastwirkung der beiden Objektive vorgeführt, sondern auch, wie weich der Übergang zwischen den Zeitebenen gestaltet wird – auch das ist ein durchgehendes Stilmittel des Films (Abb. 2–7).

Hier sieht man auch sehr gut, wie die verschiedenen Schärfebereiche Nähe und Distanz suggerieren. So nah am Geschehen, dokumentarisch, wie eine Schrittmacherin der Ereignisse ist die Kamera nur noch in der Szene im Arbeitszimmer des Vaters, wenn die allgemeine Prügelei anhebt. Auch da wird plötzlich eine weitwinklige Kamera eingesetzt, um ein Stück Realismus in den Film hineinzutragen.

Ich komme zum Schluss und damit auch zur letzten Einstellung des Films: die beiden Brüder unterm Baum, das erste Mal einträchtig beieinander – so lagen sie nur als Kinder zusammen im Bett. Sie reden miteinander, hören einander zu, interessieren sich überhaupt füreinander. Ansgar interessiert sich für Jeskos Operation, Jesko für Ansgars neue alte Freundin. Dabei fällt Jeskos Blick auf Zitrone, die ihm von fern aus einem anderen Ambiente zulächelt (Abb. 8).

Ein eingefügtes Bild in einem warmen Licht, das wie ein Traumbild wirkt. Dann fragt ihn Ansgar, ob er jemals glücklich gewesen sei, und Jesko verweist mit seiner Antwort auf den Anfang des Films, auf den brennenden Schneemann in den Bergen, der dem Film emblematisch vorangestellt ist. Ansgar kann sich nicht mehr daran erinnern, aber der Schlaflose nickt plötzlich an der Schulter seines Bruders ein. Ein Moment von Glück – vielleicht (Farbabb. 32, S. 107).

Die Kamera bewegt sich nicht, bleibt auf Beobachterposten. Die Bildschärfe liegt in der Bildmitte. Die lange Brennweite bewirkt, dass Vordergrund und Hin-

8 Jeskos Blick auf Zitrone in der Schlusssequenz

tergrund unscharf sind. Ein merkwürdig entrücktes Bild, trotzdem sind die Brüder eng zusammen, besetzen gemeinsam den Raum, der ihnen vom Schärfebereich der Kamera zugewiesen wird. Sie erscheinen nah beieinander, wie Brüder, nah in ihren Gefühlen zueinander – aber wir beobachten sie aus großer Distanz. Durch die Einbettung in die beiden flächigen Horizontalen des Vorder- und Hintergrunds wird Raumtiefe suggeriert, die sich auf die Gefühle überträgt. Sie sind fern und doch nah. Für sich selbst und für die Zuschauer.

«Es geht darum, mit dem Regisseur etwas gemeinsam zu finden»

Judith Kaufmann im Gespräch mit der Filmkritikerin Marli Feldvoß über SCHERBENTANZ (2002)

Judith Kaufmann (rechts) und Marli Feldvoß im Gespräch

Marli Feldvoß: Ich möchte jetzt nicht unbedingt allein ein persönliches Zwiegespräch führen, also in jedem Fall dürfen, ja müssen Sie sich beteiligen. Ich fange einfach mal an, aber wir können die Diskussion natürlich sofort ins Publikum verlagern.

Frau Kaufmann, wie ist es eigentlich zur Bildsprache dieses Films gekommen? Wie waren die Vorstellungen von Chris Kraus, wie waren Ihre? Gab es ein regelrechtes Bildkonzept vorher oder hat sich das ergeben? Ich gehe davon aus, dass dieses starke Wechselspiel zwischen Schärfe und Unschärfe, auch der Einsatz der Objektive, der Kamera, dass dies alles nicht zufällig entstanden ist. Oder doch?

Judith Kaufmann: Zunächst einmal: Es ist schön, hier zu sein!

Judith Kaufmann im Gespräch mit der Filmkritikerin Marli Feldvoß

Also – ich bin mit Chris irgendwann zusammengekommen und wir haben, nachdem wir uns mehrmals getroffen hatten, um über das Drehbuch zu sprechen (ich hatte allerdings davor auch den Roman gelesen) und Chris sich dann entschlossen hatte, dass er gerne mit mir diesen Film machen möchte, uns über fast zwei Monate hinweg immer wieder getroffen und haben dabei wirklich nur über die Szenen gesprochen. Bild für Bild. Über das, was die Personen treibt und worum es in diesem Film geht. Und wir haben erst ein paar Wochen vor Drehbeginn in dem Motiv vor Ort angefangen, überhaupt über so etwas wie eine Auflösung zu reden und zwar ganz konkret an den Orten, in den Szenen. Wir haben mit Bild 1 angefangen und haben uns gefragt, wo könnte das spielen, wie sieht das aus, worum geht es da? Und über Stil und Kamera und Aussehen im Sinne eines optischen Konzepts wurde zunächst überhaupt nicht gesprochen. Ich glaube aber trotzdem, dass das Drehbuch und auch der Roman etwas davon vorgeben, worum es in dem Film geht und ich finde, dass die Worte Nähe und Distanz und was dahinter steht viel mit dem zu tun haben, worum es im Film geht, und dies auch natürlich Elemente waren, die dann in die Umsetzung sehr stark eingeflossen sind.

Marli Feldvoß: Hatten Sie denn auch großen Einfluss auf die Wahl der Locations und der Hintergründe? Ihnen ist ja auch immer sehr wichtig, dass der Hintergrund zu der Persona des Schauspielers passt, dass eine Stimmigkeit da ist. Ich weiß nicht, inwieweit Sie mit dem Ausstatter zusammenarbeiten. Wie war das bei diesem Film?

Judith Kaufmann: Der Szenenbildner wurde vor dem Drehbeginn dreimal gewechselt. Ich glaube, weil auch die Verzweiflung angesichts des geringen Budgets so groß war, einen Ort zu finden, den wir dann schließlich doch gefunden haben und der so war, dass man ihn direkt nehmen konnte. Also diese Jugendstil-Villa, die wir vorfanden und die auch lange leer stand. Als es dann diese Villa als Hauptschauplatz gab, haben wir überlegt, was könnte dort wie spielen? Wie können wir die Räume nutzen? Und dieses sogenannte «Tantenhaus», der Ort, wo Jesko immer auf seine Mutter trifft, der wurde gebaut, an die Villa dort angebaut. Eigentlich ist die gesamte Auflösung wirklich mit Chris vor Ort entstanden. Er war früher Illustrator und man konnte mit ihm überhaupt nicht abstrakt über Bilder sprechen, sondern er musste immer vor Ort sein. Es hat mich etwas angestrengt, stundenlang die Dekorationen abzuzeichnen, um irgendeine Großaufnahme als Einstellung festzuhalten oder eine Totale. Und insofern ist das gesamte Aussehen des Films wirklich dort quasi *on Location* entstanden und war sehr, sehr langwierig.

Marli Feldvoß: Das wundert mich doch etwas, weil Chris Kraus ja eigentlich ein erfahrener Drehbuchautor ist und auch schon vorher mit Film zu tun hatte, nicht direkt mit dem Filmemachen aber doch mit der Vorstellung davon. Ein Drehbuch ist ja nun einmal die Vorlage für einen Film. Andererseits sagte er aber auch, wie ich in einem Interview gelesen habe, dass er auch erst während des Drehs geprobt habe, obwohl er eigentlich ein Proben-Fan sei. Da ergeben sich einige Widersprüchlichkeiten, die erkennen lassen, dass das keine einfache Produktion war.

Judith Kaufmann: Ich finde, das ist sehr schön, wenn man die gesamte Auflösung eines Films vor Ort entwickeln kann. Das bedeutet, ich hatte auch viel Zeit, und wir haben dort wirklich Wochen, ich weiß nicht, wie viele, verbracht und haben immer an diesen Orten überlegt, worum es geht. Und dass Drehbuchautoren und selbst auch Regisseure wenig optisches Vorstellungsvermögen haben, ist aus meiner Sicht gar nicht so ungewöhnlich. Ich habe das schon ab und zu erlebt.

Marli Feldvoß: Meinen Sie, es hängt auch damit zusammen, dass Sie oft mit Anfängern arbeiten und daher auch als Beraterin auftreten müssen?

Judith Kaufmann: Ich weiß gar nicht, ob ich das so wichtig finde, dass Regisseure so eine genaue optische Vorstellung schon haben und mitbringen. Es geht auch nicht darum, dass ich eine genaue Vorstellung habe; und wenn mich jemand nach der Lektüre des Drehbuchs gefragt hätte: «Wie soll dieser Film aussehen?», hätte ich dazu auch gar nichts sagen können. Ich glaube, es geht darum, für mich zumindest, in den Gesprächen vor Ort mit der Regie etwas gemeinsam zu finden, was sich auch die Regisseurin oder der Regisseur wirklich vorstellen kann. Ob es nun über Zeichnungen geht oder dass wir mit unterschiedlich verteilten Rollen immer die Szenen gespielt haben, was ich gern mache. Irgendwie findet man, glaube ich, einen Weg und erkennt eine Vision, die hinter diesem Film steht. Das ist einfach im Buch wirklich angelegt und auch, dass dort Bilder sind und dass der Regisseur eine sehr genaue Vorstellung hat von den Gefühlen, die hinter der Sprache liegen.

Marli Feldvoß: Es gibt ja auch Vorbilder an die man denkt, die auch sehr bekannt sind, nämlich zum Beispiel FESTEN (DAS FEST; 1995; Kamera: Anthony Dod Mantle) von Thomas Vinterberg, THE ICE STORM (DER EISSTURM; 1997; Kamera: Frederick Elmes) von Ang Lee und THE SWEET HEREAFTER (DAS SÜSSE JENSEITS; 1997; Kamera: Paul Sarossy) von Atom Egoyan. Man kann ja auch einzelne Ideen aus diesen Filmen in Ihrem Film direkt wiederfinden. Ich habe mir die Anfänge noch einmal angeschaut. Das Betreten des Hauses, als sie in den Speisesaal mit dieser großen Tafel kommen – das ist auch bei Vinterberg ähnlich in einer Aufsicht aufgenommen. Und das fand ich auch sehr gelungen, weil man plötzlich mit in den Raum hineinkommt, eine Hineinnahme des Zuschauers stattfindet. So gibt es sicher noch andere Ideen. Das soll aber nun überhaupt nicht heißen, dass irgendwas abgeguckt wurde. Ich finde das nur interessant, wenn man andere Filme kennt und man auch noch direkt auf gewisse Ähnlichkeiten gestoßen wird. Wie geht das ein? Ich weiß nicht, ob diese Vorstellung jetzt mehr vom Regisseur oder von Ihnen kam.

Judith Kaufmann: Die Aufsicht, die Sie ansprechen, war die Idee von Chris. Es war am Anfang sehr schwer, überhaupt Bilder zu finden. Wenn man so lange an einem Roman geschrieben und dann anschließend am Drehbuch gesessen hat, dann ist es schwierig, wirklich in die konkrete Umsetzung zu gehen. Was man im Bild sehen soll, ist für jemanden, der Regie macht, sehr, sehr schwierig zu entscheiden, weil er genau weiß, dass das dann auch wirklich gedreht wird und es kein Zurück mehr gibt.

Der wesentliche Grund für die Aufsicht war der Boden. Chris fand den Boden toll und hat gesagt, er will da von oben drauf gucken. Dass dadurch etwas entsteht, was in anderen Filmen vielleicht ähnlich gemacht wurde, war hier reiner Zufall. Ich habe auch mit Chris zusammen nie Filme geguckt. Ich habe nichts von ihm vorher gesehen. Wir haben auch eigentlich nicht über Bilder gesprochen. Es mag jetzt etwas merkwürdig klingen, aber trotzdem finde ich, dass das, was dort gesagt wird und was eben auch nicht gesagt wird, einfach Bilder entstehen lässt.

Wolfgang Treu: Auch hier wieder merke ich in dem Gespräch zwischen der Filmtheorie und der Filmpraxis, wenn Sie mir diese Kategorien erlauben, etwas, was in der praktischen Filmarbeit nach meiner Erfahrung eigentlich eher selten vorkommt. Das Entscheidende ist ja gerade, dass ein Regisseur sich für einen Kameramann oder eine Kamerafrau nicht deswegen entscheidet, weil die entsprechende Person gerade billig zu haben ist, sondern weil man, vielleicht durch einen vorangegangenen Film, bemerkt hat, dass es eine hohe Übereinstimmung in Geschmacksfragen gibt. Und das ist im Grunde genommen das, was dann zu den Bildern führt, die funktionieren. Wie Sie vorhin richtig gesagt haben, ist Film ja die einzige, vielleicht abgesehen vom Theater, Gemeinschaftskunst, wo es in der Regel völlig egal ist, wem welcher Standpunkt oder welche Stimmung, technisch, also mit Licht hergestellte Stimmung, eingefallen ist. Oder ob sie vom Szenenbildner her kommt, weil er die Szene so gebaut hat, dass man das Licht eigentlich gar nicht anders machen kann.

Und das ist nun ganz anders als das, was man häufig in Kritiken liest, das bis hin zu der Behauptung geht, der Regisseur mache ja die Bilder sowieso. Ich habe sogar in Kritiken gelesen, die Bilder seien dem Drehbuchautor eingefallen. Es besteht in der Öffentlichkeit zumeist eine falsche Vorstellung darüber, was sich beim Drehen vollzieht und zwar vor Ort, nicht vorher mit einem Storyboard. Man hört die Schauspieler sprechen, man weiß natürlich vorher schon, was für Texte sie sprechen, aber wie sie diese sprechen, das diktiert für mich häufig einfach den Standpunkt, wo die Kamera zu stehen hat, welche Einstellungsgröße und welche Brennweite man nimmt.

Judith Kaufmann: Das ist immer die Frage nach dem optischen Konzept, nach der Idee vor dem Film, die man im Kopf entwickelt. Aber so einfach ist es nicht. Aus meiner Sicht gibt es für verschiedene Szenen optische Ideen, aber vieles ist noch nicht klar. Und selbst wenn man sich vorher alles genau überlegt hat, kommt der eigentliche, der entscheidende Moment erst dann, wenn die Schauspieler wirklich diese Texte sprechen und es dann auch kein Zurück mehr gibt. Das ist dann die Szene und trotz aller Planung muss man dann auch vielleicht ganz andere Wege gehen. Ich selbst bin immer ein bisschen zögerlich, von einem optischen Konzept zu sprechen, weil sich das immer sehr definiert, überlegt und konsequent anhört. Ein solches Konzept gibt es wirklich so nicht. Bei jedem Film ergibt sich eine je eigene Form der Bildfindung. Ob daraus dann ein Stil entsteht oder etwas Geschlossenes, das ist ganz selten so, manchmal aber geschieht es doch, und wie man dahin kommt, das ist die entscheidende Frage in den Kameragesprächen heute und morgen. Dass man sich fragt, wieso sieht ein Film so aus und nicht anders? Und das würde mich selbst auch brennend interessieren.

Walter Lassally: Ich finde in diesem Film gibt es eine sehr interessante Mischung von Kamera auf Stativ oder auf Dolly und Handkamera. Und es würde mich interessieren zu hören, zu welchem Zeitpunkt diese Entscheidungen getroffen wurden und aus welchen Gründen.

Judith Kaufmann: In meiner Arbeit werde ich im Wesentlichen durch das Buch inspiriert und durch die Gespräche mit der Regie und dann natürlich, wenn die Schauspieler dazu kommen. Der Film handelt von einer scheinbaren Nähe der Familie und dem Nicht-Entrinnen-Können aus der eigenen Vergangenheit. Die Hauptperson Jesko hat ja auch eine große Distanz zu sich selbst, zu den Menschen um sich herum, und langsam, im Verlauf des Films muss er lernen, dass es so nicht weitergeht. Er muss sich seiner Vergangenheit stellen und einer der wesentlichen Sätze war immer, ich weiß nicht, von wem der kommt: «Man kann nicht ohne Vergangenheit leben und gleichzeitig hindert sie einen daran, weiter zu gehen.» Jesko ist nun jemand, der eine große Distanz zu sich und zu den Menschen hat, und die wird dann vollkommen aufgehoben. Es kommt zu Aggressionen, aber auch zu Nähe. Diese beiden Pole von scheinbarer Nähe, die wir über das Teleobjektiv und über die festen Brennweiten versucht haben sichtbar zu machen, steht im Gegensatz zu den sehr dynamischen und vielleicht auch teils aggressiven Handkameraeinstellungen, die eben auch zwei Seiten eines Menschen sind in einer Extremsituation.

Frage aus dem Publikum: Ein bisschen Vorbereitung muss ja auch sein beim Film und entgegen dem Buch, was Frau Feldvoß erwähnte, regnet es ja in dem Film sehr viel, am Anfang auch, nicht wahr? Im Buch regnet es überhaupt nicht. Da ist es sehr warm in diesem Auto. Das heißt, dem liegt ja schon eine Idee zugrunde und zwar vorher, weil das ja vorbereitet werden muss. Und es regnet ja nicht soviel in dem Film, weil das ein verregneter Sommer war, sondern weil die Regenanlage läuft. Und ich würde gern wissen, ob da nicht doch schon Ideen vorher entstanden sind, vor Drehbeginn.

Judith Kaufmann: Ja, es sind ganz viele Ideen vor Drehbeginn entstanden, unter anderem natürlich der Regen. Und die wenigsten Szenen in diesem Film sind so, dass es tatsächlich geregnet hat und man diesen Regen auch sehen würde. Trotzdem waren dadurch die Arbeitsbedingungen sehr schwierig und in einigen Szenen im Film regnet es tatsächlich, und in den meisten anderen haben wir natürlich den Regen gemacht.

In der ersten Szene zwischen den beiden Brüdern, in der es regnet, in diesem Stellvertreterdialog über den Regen, wird eigentlich schon die ganze Familiengeschichte besprochen. Es ging eigentlich darum, einen ganz geschlossenen Raum im Bild zu suchen, aus dem beide nicht entrinnen können und auch einen Architekturraum, den man erst mal nicht verlässt und nicht verlassen kann. Die Szene, in der Jesko dann zur Villa fährt, und auch hier regnet es, war technisch sehr, sehr aufwändig. Denn die Auffahrt zu der Villa war sehr schmal, und der Jaguar musste eine Regenmaschine ziehen, die mit einem Schlauch verbunden war. Der Wassertank durfte allerdings nicht so groß sein, weil das Schleppfahrzeug zu klein war und es musste also dauernd Wasser nachgetankt werden. Der Regisseur ist schier verrückt geworden, weil wir sechs Stunden nur an dieser Auffahrt zur Villa gedreht haben, damit im Bild etwas passiert. Ich habe natürlich aus ganz pragmatischen Gründen gesagt: «Lass uns bei der Auffahrt den Regen vergessen. Das wird uns Stunden kosten nur für ein paar Aufnahmen.» Aber der Regisseur hat sich, Gott sei Dank, durchgesetzt und so, unter den Bildern liegt ja der Off-Ton über Heimat, passiert etwas merkwürdig Unscharfes, Abstraktes, was der Geschichte einfach, so glaube ich, hilft. Wäre der Regen nicht gewesen, hätte dieses Bild von der verregneten Feier nicht diese Merkwürdigkeit. Und die ganzen Regen-Szenen sind natürlich unglaublich zeitaufwändig. Es musste nachsynchronisiert werden.

Frage aus dem Publikum: Ich habe drei verschiedene Fragen. Die erste betrifft die Farbgebung. Wurden die Farben nachträglich bearbeitet oder sind sie durch die Charakteristik des Filmmaterials so entstanden?

Judith Kaufmann: Nein, der Film ist auf Kodak Super 16 gedreht worden. Es gab verschiedene Tests mit Bleichbadüberbrückung. Die Idee war schon, dass der Film eine bestimmte Härte und Körnigkeit haben sollte. Es gab Tests, wie man am besten zu diesem Aussehen, zu dieser Oberfläche kommen könnte. Die Bleichbadüberbrückung konnte dann aber technisch nicht realisiert werden, weil Fernsehsender an dieser Produktion beteiligt waren und so weiter. Und dann wurde der Film digitalisiert und ausbelichtet. Er wurde in PAL digitalisiert, also in einem dem Super 16 nicht entsprechenden Format. Und dann ist der Film so lichtbestimmt worden, dass seine Charakteristik sich in Richtung Bleichbadüberbrückung bewegt, die aber zu teuer geworden war. Damit waren die beteiligten Sender nicht einverstanden.

Frage aus dem Publikum: Ich frage deswegen, weil diese Farbigkeit mir auch von der Fotografie her, vom Kodak-Film her, bekannt ist, im Gegensatz zu Fuji oder anderen Materialien. Aber dann gibt es Sequenzen, die sehr farblos, fast monochrom wirken. Da gibt es eine Terrassenszene, wo die Farben sehr pastellartig-monochrom, fast schon surreal wirken.

Judith Kaufmann: Bei der Terrassenszene verhält es sich so: Von der Ausstattung her gab es ein gelbes Plastikdach und dadurch ist dieses gelbe, monochrome Licht entstanden. Das war gewiss auch mein Fehler, weil ich glaube, wenn man sich für so eine Farbe an einem bestimmten Ort entscheidet, muss man das auch in die Auflösung mit einbeziehen, so dass der Zuschauer versteht, warum es da plötzlich gelb ist. Jetzt sitzen die da plötzlich wie mit einem Gelb-Filter in so einer Insel, und man versteht es nicht. Ich finde das nicht gelungen.

Frage aus dem Publikum: Es war aber trotzdem eine sehr interessante Farbwirkung, gerade durch dieses Pastell- und Monochromartige. Meine zweite Frage bezieht sich auf eine sehr lange Unschärfesequenz, in der die Farben auch changieren: Es gibt eine ganz lange Kamerafahrt von links nach rechts, in der man kaum Personen erkennen kann. Wie sind sie darauf gekommen?

Judith Kaufmann: Es gibt zwei längere, etwas merkwürdige Fahrten. Die eine ist im Badezimmer unscharf, endet auf Jesko scharf und die andere ist durch so ein geschliffenes Glas hindurch aufgenommen, als die Mutter den Schreibtisch durchsucht.

Wir haben an verschiedenen Stellen auch versucht, mit dem Off zu arbeiten, so dass man nicht im Bild sieht, was gesprochen wird, sondern dass es eigentlich

Judith Kaufmann im Gespräch mit der Filmkritikerin Marli Feldvoß

um eine Atmosphäre geht, die darunter liegt. Dass man etwas zwar wahrnimmt, aber nicht ganz scharf wahrnimmt, also im Unterbewusstsein, oder dass Dinge eben nicht über den Dialog oder die Handlung gezeigt werden. Es war ein Experiment. Ich schätze es sehr, dass die Regisseure, die ihre ersten Filme machen, einfach mehr bereit sind für Experimente, die man dann dreht und nachher sehen kann, ob es richtig war.

Frage aus dem Publikum: Und dritte und letzte Frage: Die Szene am Anfang, in der Zitrone die Treppe herunterkommt. Ist die auf einer höheren Empfindlichkeit gedreht worden?

Judith Kaufmann: Nein, der Regen war so stark und das war eine lange Brennweite, so dass das Material an seine Grenze gelangt und es zu dieser wirklich krassen Unschärfe gekommen ist, einfach durch den Vordergrund.

Frage aus dem Publikum: Und das ergab also praktisch eine Art Push-Entwicklung des Materials?

Judith Kaufmann: Ja, wir haben versucht, aus dieser völligen Wässrigkeit heraus zu drehen, dass man sie kaum noch sieht. Aber das hat ja schon fast etwas von völlig verwaschenen Super 8-Aufnahmen, und das fanden wir dann auch ganz schön.

Transkription: Bernd Giesemann

«Mein Wunsch ist es, bei jedem Film immer wieder neu anzufangen»

Judith Kaufmann im Gespräch mit dem Kameramann Martin Langer über ELEFANTENHERZ (2002)

1 Judith Kaufmann und Martin Langer im Gespräch

Martin Langer: Ich freue mich, hier zu sein und möchte mich erst einmal bei den Veranstaltern der Marburger Kameragespräche bedanken. Ich war gestern sehr beeindruckt, mit welcher Warmherzigkeit und Aufrichtigkeit die Redner und die Laudatoren bei der Verleihung des Marburger Kamerapreises über die Kameraarbeit und die Persönlichkeit von Judith Kaufmann gesprochen haben. Das ist in Deutschland, denke ich, schon etwas Außergewöhnliches, dass man sich zwei Tage lang mit einer Kameraperson beschäftigt. Und das beeindruckt mich sehr, auch wie das Publikum reagiert und wie groß das Interesse ist.

Judith Kaufmann im Gespräch mit dem Kameramann Martin Langer

Judith Kaufmann zu ehren, das ist angebracht, weil ich sie als Kollegin schon lange im Auge habe. Man beobachtet doch, was die Kollegen so treiben, welche Sichtweisen sie auf Geschichten haben, wie sie das umsetzen, wie sie Schauspielgesichter ins Bild bringen, weil man ja mit Schauspielern andauernd zu tun hat, wenn man in diesem Beruf arbeitet. Wie geht man mit Emotionen um? Wie nähert man sich der Person innerhalb der Geschichte? Und es hat mir immer schon sehr gefallen, wie Judith das gemacht hat. Wobei ich mich oft gefragt habe, wie man es schaffen kann, solche Emotionen zu erzeugen. Und ich weiß auch, dass man das einfach über die Kameraposition, über die Atmosphäre am Set schaffen kann. Aber man muss dafür Einfühlungsvermögen haben und Durchsetzungskraft, auf eine bestimmte Art. Nachdem gestern Monika Bleibtreu so eine wunderbare Laudatio über die Persönlichkeit von Judith gehalten hat, muss ich gar nicht mehr so viel sagen, weil man bereits einen großen Eindruck davon bekommen hat, wie es Judith dank ihrer Persönlichkeit gelingt, am Set eine außergewöhnliche Stimmung entstehen zu lassen. Es geht jetzt also gar nicht um das Technische, sondern es geht eigentlich um die Emotionalität, die oft zu kurz kommt. Die wirklich guten Filme, die einen berühren, sind emotional ganz, ganz stark. Es gibt viele, viele Kollegen, auch im Werbebereich, und da arbeite ich auch häufig, die unglaubliche Fähigkeiten haben, unglaublich schöne Bilder zu machen, die einen aber kalt lassen, weil diese Kollegen es nicht schaffen, sich zu öffnen, sich der Geschichte zu nähern, die Geschichte auch zu begreifen. Auch ich stelle mir immer wieder, wenn ich ans Set komme, die Frage: Verstehe ich überhaupt, was diese Szene vermitteln soll? Begreife ich das auch als Kameramann? Bin ich jetzt außen vor, ist dies nur die Vision des Regisseurs oder hab ich genau verstanden, was er möchte? Ich denke, dass dann die Zusammenarbeit zwischen Regie und Kamerafrau, in dem Fall, unglaublich entscheidend ist, und ich sehe auch, dass Judith immer wieder mit denselben Leuten arbeitet, was davon zeugt, dass man sich verstanden hat und dass man sich gegenseitig wertschätzt.

Es ist ja nun schon einige Jahre her, dass du ELEFANTENHERZ gedreht hast. Ich möchte erst einmal fragen, wie das aussieht, wenn man jetzt mit zeitlicher Distanz auf diesen Film blickt? Was ist da eigentlich geblieben? Was nimmst du aus diesem Film mit in deine Arbeit, die du jetzt machst? Ist da etwas, das dich immer noch berührt, wenn du dahin schaust, wenn du die Filme siehst, oder musst du dir diesen Film gar nicht mehr ansehen? Willst du eigentlich eine Weiterentwicklung, so dass du sagst, das war damals und jetzt möchte ich etwas anderes machen?

Judith Kaufmann: Ich habe gestern zwar SCHERBENTANZ (2002) gesehen, aber mir ELEFANTENHERZ jetzt nicht noch einmal angeschaut. Mir ging es auch gestern bei SCHERBENTANZ nicht so gut, weil ich doch sehr viel Kritik gegen mich selbst vorzubringen habe. Ich kann mich überhaupt nicht in so einen Film fallen lassen. Ich mag SCHERBENTANZ, ich mag auch ELEFANTENHERZ, auch ERBSEN AUF HALB 6 (2004), aber ich habe so einen merkwürdig entfernten Blick darauf, dass ich auch bei vielen Dingen gar nicht mehr weiß, wie sie entstanden sind. Mein Wunsch ist eigentlich mehr, immer wieder bei jedem Film neu anzufangen und neu zu gucken. Mir fällt es schwer, mich in die eigenen Filme einfach so fallen zu lassen und zu sagen, da ist mir etwas gelungen. Aber das ist, glaube ich, ein persönliches Problem, dass es mir schwer fällt, einfach im Nachhinein zu sagen, das ist wirklich gut, weil ich es auch wirklich nicht weiß, eben deshalb, weil ich in diesen Film so eingetaucht bin während des Machens, dass ich es im Nachhinein nicht mehr beurteilen kann.

Frage aus dem Publikum: Weil du gerade gesagt hast, dass du gar nicht weißt, wie du das gemacht hast, und wie du das vielleicht noch einmal reproduzieren könntest. Mein Eindruck bei deinen Filmen und deinen Bildern ist der, dass jede gut geschriebene Figur über ein Geheimnis funktioniert, das sie besitzt und das ihr auch gelassen wird. Aber diesem Geheimnis nähert man sich so nach und nach als Zuschauer, und ich habe das Gefühl, dass du dich mit deinen Bildern diesem Geheimnis sehr behutsam näherst, ihm immer näher kommst und immer suchst und nie eine Antwort darauf hast und dadurch nie mehr weißt als die Figur selbst, vor allem auch nie mehr als der Zuschauer. Und dadurch kommt man der Geschichte und den Figuren wahnsinnig nah.

Judith Kaufmann: Ganz so einmalig ist das jetzt auch wieder nicht. Ich weiß natürlich, was wir da gemacht haben. Ich weiß, was wir technisch gemacht haben. Eines der schlimmsten Dinge ist jedoch, einen Drehtag nochmal zu machen. Das werden auch die Kameraleute hier im Saal sicherlich bestätigen. Wenn man einmal eine Szene gedreht hat und dann ist sie technisch verloren aus irgendwelchen Gründen, diese Szene dann nochmal zu machen, ist nicht schön, auch wenn man sie sehr viel besser machen könnte. Die Unschuld ist weg und ich glaube, die Unschuld ist einfach auch etwas, was eine große Rolle spielt in dem ganzen Beruf, sowohl für Schauspieler, Regisseure als auch für Kameraleute.

Martin Langer: Was glaubst du, warum Regisseure dich anrufen und dich fragen, ob du für sie die Kameraarbeit machen möchtest? Wie schätzt du dich selbst ein? Warum sind die neugierig auf dich? Was glaubst du, was dich besonders qualifiziert für ein Projekt?

Judith Kaufmann: Ich könnte mir vorstellen, dass, wenn ich mich in einen Regisseur, eine Regisseurin hineinversetze, vor allem nur eins zählt und das ist das

Resultat, das man durch eine Zusammenarbeit erzielen will. Und das einzige, was man sich wünscht, ist einfach jemand, der dasselbe auch unbedingt will, der einen befragt. Das ist wie im Leben. Was wünscht man sich von einem Partner? Dass er sich einem widmet, einem zuhört und einen befragt und wirklich auf den Grund der Dinge kommen will. Das ist etwas, was ich in dem Moment, wenn ich eine Geschichte lese, die mich wirklich berührt oder beschäftigt, auch einfach gerne tue, weil ich es auch selber verstehen will. Insofern ist es von meiner Seite einfach mein Interesse, und ich kann mir vorstellen, dass dies für Regisseure vielleicht ebenfalls ein Grund ist.

Martin Langer: Es wird gerade im Kamerabereich immer sehr viel von Technik geredet. Und meistens haben alle Angst, dass durch die Technik alles andere erdrückt wird. Wie gehst du an so etwas heran? Ist die Technik für dich Beiwerk oder bist du neugierig auf neue Techniken, die auf dem Markt sind und die du einbringen möchtest in den Film?

Judith Kaufmann: Ich war zehn Jahre Kameraassistentin, da musste ich mich mit der Technik relativ lange beschäftigen. Mir hat das nie besonderen Spaß gemacht, aber so eine Kamera, das ist schon ein tolles Gerät. Das ist einfach schon etwas sehr Physisches, es ist ein schöner Apparat. Mir ist eigentlich gar nicht wichtig, mit welcher Kamera ich drehe, und natürlich steht die Geschichte für mich im Vordergrund, das ist ganz klar. Aber ich finde es wirklich wichtig, dass man sich auch mit der Technik beschäftigt und dass man die Technik auch über den Inhalt hinaus auslotet. Gott sei Dank, Henrik Sauer, mein Kameraassistent, sagt mir immer, was ich ausprobieren soll. Dann arbeite ich auch ab und zu, vor allem in den letzten Jahren, in der Werbung, wo neue Techniken ausprobiert werden. Bis jetzt allerdings nur mit Regisseuren, mit denen ich auch Spielfilme gemacht habe. Ich finde, es ist einfach ein wesentlicher Teil unseres Berufes, dass wir uns technisch auskennen müssen und die Technik eben auch einsetzen, ohne dass sie in den Vordergrund kommt und ohne dass sie sich verselbständigt. Für mich ist es eine besondere Vorliebe, in der Arbeit eine Mischung zu schaffen zwischen Präzision, auch technischer Präzision, und Dilettantismus, einer Unfertigkeit, einer Unsauberkeit, die ich auf der anderen Seite auch reizvoll finde.

Martin Langer: Die nächste Frage ist natürlich immer abhängig davon, mit welchem Regisseur man zusammenarbeitet: Inwieweit nimmt man Einfluss auf die anderen Parameter, die dazu gehören, um einen Film fertigzustellen? Wie ist das mit den Kostümbildnern, wie ist das mit den Maskenbildnern, wie ist das mit der Ausstattung? Wie eng ist da die Zusammenarbeit? Wie verläuft die Zusammenarbeit innerhalb der Kameraabteilung? Setzt man sich auch damit auseinander, welche Techniken es gibt? Bei mir ist es so, dass mein Kameraassistent eigentlich derjenige ist, der technikverrückt ist und der mir immer wieder die neuesten Sachen unterjubelt. Damit bin ich dann manchmal überfordert und lasse mir das von ihm erklären und werde so eigentlich an neue Sachen herangeführt. Ich möchte gern wissen: Bist du sehr direktiv in den Anweisungen? Was muss das Kostüm erfüllen, was muss die Ausstattung erfüllen? Wie gehst du damit um? Wie beeinflussen dich die Menschen, mit denen du arbeitest?

Judith Kaufmann: Ich kann gar nicht so bestimmend sein, weil für die Filme sehr oft so wenig Geld zur Verfügung steht, dass einfach auch die Kreativität der einzelnen Abteilungen so gefragt ist, dass jeder in seinem Bereich gucken muss, was er oder sie in den Film einbringen kann. Ich mache eigentlich, wenn ich auf die letzten zwölf Jahre zurückblicke, immer weniger genaue Anweisungen. Früher hatte ich vor allem diese typische Panik der Kameraleute, dass nicht genug Lichtquellen im Raum sind, von denen man ausgehen könnte. Die Räume standen dann voll mit irgendwelchen Lampen, die alle an waren und im Hintergrund bereit standen. Dass man auf Sicherheit geht, dass man überall dunkle Wände hat, dass man sich die Bedingungen so schafft, dass man sofort in idealer Weise loslegen kann. Aber dadurch, und das ist mein Eindruck über die Jahre hinweg, entsteht einfach eine Künstlichkeit, weil das eben viel mit Routine zu tun hat, dass man sich immer wieder optimale Arbeitsbedingungen schafft, in denen dann vielleicht auch etwas verloren geht und alles nur reproduziert wird. Bei der Ausstattung versuche ich, wie in allen Bereichen, immer wieder mit denselben Leuten zu arbeiten, und wenn man nach einer Weile weiß, dass diese auch mit derselben Leidenschaft der Geschichte dienen, dann verlässt man sich so aufeinander und lässt sich auch gegenseitig Raum.

Martin Langer: Inwiefern bist du risikobereit? Also bereit, beim Drehen Grenzen zu überschreiten, wo du weißt, das könnte gründlich schiefgehen, aber man könnte auch einen großen Gewinn daraus ziehen.

Judith Kaufmann: Ja, sofort, wenn die Regie mitgeht. Es gibt kaum etwas Schöneres, als wenn die Regisseurin oder der Regisseur sagt: «Wir machen das jetzt und es gibt dazu auch keine Alternative und wenn das nicht klappt, dann klappt es nicht!», weil jedes Risiko, das man eingeht, mit einer zweiten oder dritten gedrehten Sicherheitseinstellung einfach keines ist.

Rolf Coulanges: Ich würde gerne auf den Film ELEFANTENHERZ eingehen, den wir eben gesehen haben, weil er eine Fülle von wichtigen Dingen zeigt, die Judith in ihrer Arbeit macht. Ich finde es wirklich toll, dass dieser Film in Super 16 gedreht wurde und dass er diese Vorläufigkeit hat und diese Abstraktionen im Material.

Wenn er in 35 mm gedreht worden wäre, mit aller Perfektion, die das Kino zu bieten hat, wäre mir das viel zu genau geworden, viel zu deskriptiv und zu detailliert. Dagegen passt das *Blow-Up* sehr viel besser zu diesem Film, dadurch dass wir diese abstrahierende Struktur des Materials erhalten, und ich glaube, dass dies deiner Intention unheimlich stark entgegen gekommen ist. Der Film wirkt ganz stark aus dieser Abstraktion, aus diesen Emotionen, die nur mit diesen Bildern möglich sind und mit dieser Unvollständigkeit des Bildes. Das ist etwas, was man nur über das Material herstellen kann und vielleicht auch nur über so eine unvollständige Technik. Du sagst, der Film hatte kein großes Budget und das war ja vielleicht auch ein Grund, um auf 16 mm zu drehen. Vielleicht war es aber auch eine bestimmte, sehr bewusste künstlerische Entscheidung. Auf jeden Fall kommt es der Intention sehr entgegen. Und es ist eine ganz herausragende Koinzidenz von Emotionen und der Qualität des Materials, die man in diesem Film findet.

Dann ist mir etwas Zweites aufgefallen. Der Film hat einen überzeugenden Schluss, nämlich dann, als Gerd den Finanzspekulanten im Parkhaus fast umbringt und er von Marko daran gehindert wird. Das war für mich das eigentliche Ende des Films. Bis dahin war der Film für mich absolut authentisch und der Schwebezustand in dieser Familie, in dem Schicksal von Marko, entsprach ziemlich genau deiner Kameraarbeit. Man hat aber auch gesehen, dass die ganze Kraft aus der Fotografie kommt, was mit dieser starken, inneren Spannung des Films zu tun hat. Also das geht ganz stark zusammen und die Fotografie ist deswegen gut, weil das Drehbuch diese Spannung erzeugt. Nach diesem, für mich authentischen Schluss des Films gab es eigentlich nur noch eine Problembewältigung in der Familie und die gleiche Fotografie, die ich dann sehe, beispielsweise auf dem unschuldigen Gesicht von Marko, wirkt auf einmal überhaupt nicht mehr. Da habe ich gemerkt, es wird eine leere Hülle und das ganze Korn war nur noch Korn. Ich fand das sehr aufschlussreich, weil man sieht, wie stark die Kameraarbeit von der Regie abhängt und von der Gesamtkonzeption des Films. Aber ich würde gerne wissen, wie du die Arbeit an diesem Film empfunden hast und ob ich mir da jetzt etwas einbilde oder ob das vielleicht tatsächlich so gelaufen ist.

Judith Kaufmann: Aus meiner Sicht, auch wenn ich gerne die Kamera gemacht habe, hat der Film einige Schwächen, auch vom Drehbuch her. Dass er zum Teil in Andeutungen bleibt und Dinge nicht differenziert genug erzählt, und dazu gehört für mich auch der Schluss, den ich als unglaubwürdig und etwas angeklebt empfinde, weil so getan wird, als gäbe es da die Möglichkeit einer wirklichen Versöhnung oder einer wirklichen Begegnung zwischen Vater und Sohn, die nach dem Film nicht wirklich glaubwürdig erscheint. Daher stimme ich diesem Eindruck zu und empfand diesen Schluss als eine Problematik, mit der man ja bei der Entstehung der Filme immer wieder konfrontiert wird. Für wen macht man denn den Schluss? Für das Publikum, das zum Schluss eben erleichtert oder froh aus dem Film gehen will mit einer Hoffnung? Oder sollte der Schluss dem Film gerecht werden? Und das ist einfach eine sehr schwierige und heikle Frage.

Marli Feldvoß: Meine Frage geht jetzt leider wieder weg von Elefantenherz und zielt mehr ins Allgemeine. Da ja immer von diesen «armen» Filmen gesprochen wird, die kaum Geld haben und alles improvisiert oder billig gemacht wird. Welches war denn der teuerste Film, den Sie fotografiert haben? Und wie war da die Herangehensweise? War die dann optimal? Wie konnte man vor allem das Licht vorbereiten?

Judith Kaufmann: Der Regisseur des teuersten Films, den ich gemacht habe, sitzt hier, das ist Lars Büchel und das ist eigentlich der einzige Regisseur, mit dem ich Filme drehe, die so richtig finanziert sind. Und das Schöne dabei ist, dass man wirklich im Vorfeld nicht nur einer Phantasie nachgeht, was man gerne machen würde, sondern, dass das dann auch sehr oft möglich ist und umgesetzt werden kann. Bei Elefantenherz hatten wir an fünf Tagen einen Dolly, die übrige Zeit aber nicht, also musste man sich mit bestimmten Mitteln zurechtfinden. Aber egal welches Budget ein Film hat, ich glaube, diese Frage des Zurechtfindens mit den zu geringen Mitteln, egal wie viel Geld da ist, steht eigentlich immer wieder an. Es ist immer wieder zu wenig Zeit, es ist immer wieder zu wenig Geld, es stehen immer wieder zu wenig Mittel zur Verfügung. Und gleichzeitig weiß man, dass das nicht wirklich das Entscheidende ist für den Film. Das wissen die Regisseure, und ich weiß es natürlich auch. Es ist aber schon etwas anderes, die Freiheit zu besitzen, um Entscheidungen zu fällen, die eben über diesen kleinen Rahmen hinaus gehen. Diese Freiheit gab es in so einem Film wie Elefantenherz einfach nicht, obwohl die Hubschrauberfahrt am Ende dann doch gemacht wurde, obwohl sie nicht finanziert war. Irgendwie sind eben auch in den kleinsten Filmen kleinere oder größere Wunder möglich; aber ich mag es ebenso, für Filme zu arbeiten, wo viel Geld da ist. Aber das Schlechte an großen Filmen mit viel Geld ist einfach auch immer wieder ein großer Apparat. Das Gute ist die Freiheit und die Vielfalt an Möglichkeiten, die man hat.

Marli Feldvoß: Ich möchte gerne auf das Licht zu sprechen kommen, weil ich auch selber gerne Licht sehe im Kino, ein großer Rohmer-Fan bin und das natürliche Licht liebe. Wie entwickeln Sie am liebsten Ihr Licht bei einem Film? Gibt es da eine Grundkonzeption? Jeder Film benötigt ja ohnehin eine Kohärenz von Lichtstimmungen.

Judith Kaufmann im Gespräch mit dem Kameramann Martin Langer

Judith Kaufmann: Ich habe eindeutig Vorlieben, was das Licht und was Lichtsetzung angeht. Ich arbeite gerne mit weichem, gerichteten Licht. Ich mag hohe Kontraste. Ich scheue mich etwas vor sehr direktem, punktuellem Licht. Ich arbeite wenig mit farbigem Licht, auch wenig mit Farbfiltern oder überhaupt mit Filtern. Ich gehe eher stark vom natürlichen Licht aus, was ich dann gerne breche mit einer zweiten oder anderen Farbigkeit oder was ich gerne breche über Kontraste. Ich bevorzuge also eine Art Mischlicht. Ich bin aber Regisseuren sehr dankbar, die mich dazu zwingen, diese Vorlieben einfach auch mal zu lassen und die nicht so naturalistisch vom Licht her an die Geschichten und an die Lichtsetzung gehen, weil man manchmal auch sehr in diesen Vorlieben fest steckt. Nestor Almendros war früher ein großes Vorbild für mich, weil er wirklich in konsequenter und unnachgiebiger Weise diesen Weg vorgibt und für sich selbst verfolgt, auch was die Glaubwürdigkeit der Filme angeht. Aber es ist auch wichtig, ganz andere Dinge auszuprobieren. Die von Ihnen angesprochenen gleichbleibenden Lichtverhältnisse gibt es natürlich nicht. Aber das, was ich versuchen würde, wäre in Einstellungen, die innerhalb einer Szene sind, eine bestimmte Verteilung von Helligkeit und Dunkelheit beizubehalten und es nicht zu allzu großen Sprüngen kommen zu lassen. Aber darüber hinausgehende, übergeordnete Lichtkonzepte habe ich nicht.

Marli Feldvoß: Eine Nachfrage: Nestor Almendros ist ja offensichtlich eine legendäre Figur. Könnte sich ein Kameramann denn heute noch so durchsetzen mit solch einem strikten Konzept?

Judith Kaufmann: Ja, das glaube ich schon. Und zwar in Kombination mit der Regie. Es gibt einfach Gespanne, die sich auch ästhetisch vollkommen einig sind, dass sie in dieser Weise arbeiten wollen, beispielsweise Christian Petzold und Hans Fromm. Bei Almendros und Rohmer war das ja genauso. Durchsetzen kann ich mich jetzt natürlich nicht mit einem Lichtkonzept, aber da die Regie aus meiner Erfahrung sich selten wirklich mit Licht auskennt, habe ich darauf einen bestimmten Einfluss.

Wolfgang Treu: Dazu würde ich gern noch eine Beobachtung nachschieben, die sicherlich nicht nur meine ist. Es gibt ja Paarungen wie eben Nestor Almendros und Eric Rohmer oder über eine lange Zeit Bernardo Bertolucci und Vittorio Storaro oder vielleicht das treffendste Beispiel: Sven Nykvist und Ingmar Bergman. Die Genannten haben jeweils auch mit anderen Leuten gearbeitet, mit anderen Regisseuren, mit anderen Kameraleuten, und es finden sich manchmal eben Glücksfälle. Ich behaupte mal, Nykvist hat dem immer schon vorhandenen, stark optisch orientierten Stil von Bergman-Filmen noch eins draufgesetzt. Also die Filme vor der Zusammenarbeit zwischen Bergman und Nykvist sehen anders aus und haben nicht diese optische Kraft, die die beiden dann zusammen gefun-

«Mein Wunsch ist es, bei jedem Film immer wieder neu anzufangen»

2 Martin Langer, Judith Kaufmann und Monica Bleibtreu (v.l.n.r.) in einer Pause der Kameragespräche

den haben. Und das kann man auf alle anderen Paarungen ausdehnen. Es ist eben immens wichtig, dass man den gleichen Geschmack hat, also Dinge gleich beurteilt hinsichtlich ihrer optischen Wirkung. Und insofern ist es durchaus möglich, auch heute noch. Es gibt Beispiele auch in Amerika, von großen, prominenten Leuten wie Roger Deakins, dessen Handschrift man überall erkennt, weil er auch in der Paarung meinetwegen mit den Coen-Brothers diesen Stil total durchhalten oder pflegen kann. Und er kann weitgehend die Produktionsbedingungen auch so beeinflussen, dass er das hat, was er meint zu brauchen.

Walter Lasally: Das war sehr interessant. Dies wollte ich auch gerade noch fragen, inwiefern Sie sich frei fühlen, Super 16 oder 35 mm oder Schwarz-Weiß zu beantragen und ob das überhaupt noch glücken kann. 1975 habe ich einen Film gedreht für den Regisseur Vojtech Jasny – FLUCHTVERSUCH. Er handelte von einem Gastarbeiterkind, einem zehn- oder elfjährigen Jungen, der aus Wien per Anhalter zurück nach Jugoslawien fährt. Und der ganze Film spielt auf der Straße. Das ist der einzige Film, wo ich keinen Dolly hatte, denn man konnte keinen *Elemack* gebrauchen. In diesem Film habe ich eine große Schwierigkeit gehabt, ich konnte ihn nicht körnig genug machen. Ich wollte ihn realistischer haben, aber es musste auf 35 mm gedreht werden, es musste Farbe sein. Das Material konnte nicht forciert werden, und am Ende ist aus diesen Gründen der Film für mich zu schön, denn diese Körnigkeit, die wir eben gesehen haben, in SCHERBENTANZ und in ELEFANTENHERZ, hätte er gut gebrauchen können. Aber ich konnte das nicht durchsetzen. Denn die Gegebenheiten waren eben so, dass man so drehen musste. Inwiefern existiert da überhaupt noch irgendwelche Freiheit?

Wie betrachten Sie die Möglichkeit oder die Chance, mit Video zu arbeiten? Die nächste Generation von Filmen wird sicher auf Video gedreht. Ich glaube, nur die ganz großen Hollywood-Schinken werden auf 35 mm gedreht. Ich glaube, alles andere wird «sooner or later» auf Video übergehen. In den letzten zehn Jahren habe ich ein paarmal auf Video Kurzfilme gedreht und es hat mir sehr imponiert, was da möglich ist. Da habe ich beispielsweise in einem Kurzfilm auf einer Schiffsfahrt von Europa nach Brasilien den Mond fotografieren können, in der Nacht mit Video. Da waren nicht nur der Mond und die Wolken um den Mond zu sehen, sondern die Spiegelung des Mondes und die Spiegelung der Wolken im Meer. Ich glaube, das kann man auf Film auch heute noch nicht machen. Sogar mit 1000 ASA würde das nicht gut hinkommen. Also es gibt Möglichkeiten, die auf Video besser sind als die vorhandenen Möglichkeiten auf Film. Aber Ihre Reaktion würde mich interessieren, wenn jemand zu Ihnen kommt und sagt, wir möchten Sie gerne haben für diesen Film, aber er muss auf Video gedreht werden?

Judith Kaufmann: Wenn er nachts spielt, dann ja. Obwohl ich noch keinen Film auf Video gedreht habe, sehe ich in den Tagszenen und den hellen Szenen das Problem der Überbelichtung. Soweit ich das technisch beurteilen kann, sind bei Videoproduktionen nach wie vor das größte Problem die Überbelichtung und die Außen-Tag-Szenen. Einen Film bei Nacht würde ich sofort machen. Ich würde auch sonst gerne einmal in diesen Bereich vorstoßen, mit Video, also nicht nur mit HD, sondern auch eben mit kleineren Formaten wie DV zu drehen. Wir arbeiten jetzt gerade an einem Film, an einem kleinen, auch gering budgetierten Spielfilm, wo es darum ging, ein Roadmovie in 25 Tagen zu drehen, wo wieder ganz klar die Frage ist, wie man das in der kurzen Zeit schafft. Es sind 18-Stunden-Tage. Wir hatten vorher gesagt, wir müssen schnell sein. Wie können wir schnell sein? Wir haben das technische Equipment ganz minimal gehalten, trotzdem drehen wir auf 35 mm. Wir haben uns entschlossen, auf 35 mm zu drehen, um einen ganz geringen Lichtaufwand zu haben, weil man einfach ein sehr viel größeres Negativ hat. Jetzt ist es aber so, dass dieser Apparat trotzdem ein Filmapparat ist, die Material-LKW kommen und doch alles in einer bestimmten Reihenfolge nacheinander passiert. Wenn man aber mit DV dreht und wirklich nur einen Wagen hat und da passt alles rein, und dieses gegenseitige Warten fällt dann einfach weg, dann glaube ich, dass man wirklich schneller sein kann. Das würde mich sehr interessieren. Ansonsten habe ich die ganz normalen Vorurteile und Berührungsängste mit Video, die ich durch die Arbeit damit gerne ausräumen würde. Was den Einfluss auf 35 mm und 16 mm angeht, kann ich natürlich immer sagen, ich würde gerne auf 16 mm drehen, wenn ein Film das Budget für 35 mm hat, aber umgekehrt kann ich das eigentlich nie.

Rolf Coulanges: Es gibt einen wirklich großen Film, Prénom Carmen (Vorname Carmen, 1983) von Jean-Luc Godard, bei dem Raoul Coutard die Kamera gemacht hat, der hier in Marburg 2001 Preisträger gewesen ist. Er hat uns damals gesagt, dass Godard zur Bedingung gemacht hat, dass das ganze Equipment in den Kofferraum seines Peugeot 504 passen muss und das haben sie auch eingehalten. Sie haben auf 35 mm gedreht und nur mit diesem Auto, mit der neuen Aaton-Kamera. Damit möchte ich sagen, dass die Frage des Equipments heute überhaupt nicht mehr das Problem ist. Die Frage ist vielmehr, wie man an den Film herangeht und wie weit man in der Lage ist, mit dem Regisseur zusammen wirklich individuelle Lösungen für diesen Film zu finden. Robby Müller, der 2003 mit dem Marburger Kamerapreis ausgezeichnet wurde, hat uns gesagt, dass ihn beim Film in den USA am meisten störe, dass man die Technik nicht loswerde, dass man nicht frei sei. Dass alles da sei, weil jeder Produzent Angst habe, es könnte im falschen Moment irgendeine Lampe fehlen und deswegen ist eben prinzipiell alles da, weil die Zeit so teuer ist. Und dass ihn das so stark stört, dass er immer froh ist, wenn es mal kein Geld gibt zum Filmemachen, wenn er mal nur drei Lampen hat. Dann kann er es nämlich darauf schieben und dem Regisseur oder dem Produzenten sagen:«Ich habe nur die drei Lampen, ich kann gar nicht mehr machen.» Er empfindet das manchmal als eine große Freiheit, weil er der Meinung ist, die Kreativität spielt sich doch woanders ab. Und ich glaube, so ähnlich wird es auch mit dem Video gehen. Ich sehe das so wie Judith, die technischen Probleme sind genau die mit der Überbelichtung. Mit der neuen Kamera von ARRI zeichnet sich jetzt eine andere Lösung ab, nämlich dass man auf Video dreht und auf Film ausbelichtet und dann hat man diese Probleme weit weniger stark. Das könnte eine Lösung sein, aber wir werden immer vor einem ganz anderen Problem stehen, nämlich wie weit sind wir in der Lage, mit einem kleinen Team und mit einer großen Kreativität mit dieser Lösung zu arbeiten. Die Größe der Kameras ist heute eigentlich nicht mehr das Problem. Eine professionelle Videokamera ist jetzt schon wieder größer als eine 35 mm, also wir bewegen uns da im Kreis. Entscheidend ist die Frage, wie wir an das Problem rangehen und wie weit die ganze Crew in der Lage ist, mit dieser ganz einfachen Lösung Filme zu drehen. Ich glaube, das müsste diskutiert werden und die Frage zwischen Film und Video, die verschwindet für mich eigentlich immer mehr, weil sie überhaupt nicht die Lösung der Probleme ist. Ein Videofilm kostet heute schon wesentlich mehr als auf 35 mm zu drehen. Das sind die neuesten Botschaften.

Judith Kaufmann: Ich glaube allerdings nicht, dass bessere Filme dadurch entstehen, dass man keinen technischen Aufwand betreibt. Ich verstehe das Problem der Regisseure zutiefst, dass die fehlenden Probezeiten und der Apparat der Technik absolut einengend sind und wirklich dem Film schaden, weil dieser Apparat einfach Zeit schluckt. Wenn man PRÉNOM CARMEN sieht, dann sieht man, wie lange – und das war ja bei der Zusammenarbeit mit Godard auch ganz entscheidend – auf Licht gewartet und dann an bestimmten Momenten gedreht wurde. Die Regie hat dann auch gesagt: Ich gehe dieses Risiko wirklich ein und warte, bis das Licht da ist und wir drehen die Szene dann auch tatsächlich in dieser Zeit. Ich habe aber auch auf der anderen Seite die Erfahrung gemacht, dass Regisseure sagen, ich möchte ohne Licht drehen, ganz ohne Aufwand. Es muss schnell gehen, es muss beiläufig sein und trotzdem möchte ich alles sehen oder es soll alles schwarz sein, aber dann soll doch irgendwo etwas zu sehen sein. Und das ist einfach eine Inkonsequenz, die auch daher rührt, dass die Regisseure vielleicht an dieser Stelle doch nicht ganz genau wissen, wie konsequent sie nun wirklich sein wollen und was das nun wieder nach sich zieht. Insofern gebe ich zu, dass dies auch eine Ängstlichkeit von meiner Seite ist, zu sagen, nehme ich doch auf Sicherheit irgendwas mit für den Fall, dass… Und weil ich dieses Risiko auch nicht alleine tragen will. Aber ich glaube, dass PRÉNOM CARMEN nach einer ganz langen Zusammenarbeit entstanden ist, in der man auch gegenseitig gewusst hat, okay, ich kann mich wirklich darauf verlassen. Das ist, so finde ich, ein wichtiger Punkt.

Frage aus dem Publikum: Ich hätte eine Frage, die ein bisschen von der Technik wegführt. Würde es Sie reizen, einen Film zu drehen, der auf ganz schnellen Schnitten basiert? Eine Komödie vielleicht oder einen Action-Film wie LOLA RENNT (1998; Regie: Tom Tykwer; Kamera: Frank Griebe)? Oder würden Sie dann sagen: «Da fehlt mir irgendetwas. Ich kann da meine Einstellungen nicht ausleben. Ich kann nicht genug rausholen aus den Personen, wenn ich nur zwei, drei Sekunden habe für eine Einstellung und das sofort wieder zusammengeschnitten wird.»

Judith Kaufmann: Klar würde ich das machen, gerne.

Frage aus dem Publikum: Würde Ihnen da nicht etwas fehlen?

Judith Kaufmann: Meinen Sie, ich brauche immer lange Einstellungen oder Schmerzen? Und alles ohne Humor? Herr Lassally hat das vorhin angemerkt und er hat recht. Wenn man die Filme SCHERBENTANZ und ELEFANTENHERZ nacheinander sieht, ist einfach zu wenig Humor da.

Frage aus dem Publikum: Ich habe zwei Fragen oder Bemerkungen. Eine betrifft das Vertrauen in Bilder und das andere die Skepsis gegenüber Bildern. Die erste Frage bezieht sich auf das Verhältnis der Zeit, in der «reine» Bilder zu sehen sind, zu der, wo Bilder mit Musik oder Text unterlegt werden. Ich hatte jetzt bei den beiden Filmen den Eindruck, dass viel Zeit mit reiner Bildbetrachtung vergeht. Das fand ich interessant und das bringt mich auf die Frage, ob es möglich oder denkbar oder reizvoll wäre, Filme zu drehen, die nur vom Bild leben, wo Musik und Sprache immer weiter in den Hintergrund treten und reine Bildfilme entstehen. Mich würde interessieren, ist das für Sie ein Reiz, noch mehr die Bilder in den Vordergrund zu stellen gegenüber den anderen Elementen?

Und die zweite Frage: Etwas mit eigenen Augen gesehen zu haben, gilt ja gewöhnlich als Ausweis dessen, dass etwas stimmt oder stimmig ist, aber gleichzeitig sind wir ja skeptisch gegenüber Bildern und wissen, dass man getäuscht und irritiert werden kann. Da stellt sich für mich die Frage an die Kameraleute, ob es denkbar ist, Skepsis gegen Bilder in die Bildproduktion gleich mit einzubauen. Dass man den Bildern nicht unmittelbar verfallen muss, sondern auch eine Distanz zu den Bildern wieder haben kann um zu sehen, Achtung, hier könnte eine Täuschung vorliegen. Oder will man geradezu die Technik der Täuschung perfektionieren?

Judith Kaufmann: Ich glaube, ehrlich gesagt, die Skepsis in Bilder einbauen, das ist wirklich Regiearbeit, weil das nach meiner Überzeugung ein Bild überfordert. Bei Michael Hanekes Film CACHÉ (2005; Kamera: Christian Berger) habe ich den Eindruck, dass er auf dieser Ebene mit Bildern, mit Wirklichkeit und Wahrnehmung versucht zu arbeiten. Aber in die Bilder selbst eine Skepsis hineinzubringen, da wüsste ich nicht, wie das gehen soll. Gestern, nach dem Film SCHERBENTANZ₂, kam ein Zuschauer auf mich zu, der mir offensichtlich ein Kompliment machen wollte. Er fand den Film sehr schwierig, fand aber die Kamera sehr gut. Das ist immer wieder eines der Dinge, die einfach sehr traurig sind, wenn dieser Eindruck entsteht, aus welchen Gründen auch immer. Es ist auch nichts, was einen freut, wenn man die Kamera macht, und sich die Bilder vom Inhalt, von der Geschichte lösen und reine Bildfilme werden. Die gibt es, ja, aber das wäre gar nichts, was mich explizit reizen würde.

Martin Langer: Ich möchte wissen, ob du dich, wenn du jetzt einen neuen Film angehst, manchmal limitiert fühlst durch deine Vorstellungskraft, wenn du Motive anschaust, die Geschichte reflektierst, mit dem Regisseur dich zusammensetzt? Hast du manchmal Angst, immer wieder in die selben Muster zu fallen, die man kennt, weil man jetzt den siebten, achten oder neunten Film macht? Und woher holst du deine Inspiration?

Judith Kaufmann: Ja, das ist tatsächlich eine große Angst. Das ist einfach auch Teil dieses Berufs, dass man sich auch wiederholt, wenn man das eine Weile macht. Und das einzige, was da hilft, sind Regisseure, die eine sehr genaue eigene Vorstellung haben und durch die ich mich dann im Wesentlichen inspiriere. Für mich ist es außerdem eine große Inspirationsquelle, andere Filme zu sehen. Auch wenn ich das so kurz vorm Drehen eigentlich weniger mache, ist das etwas, was mich dann sehr umtreibt, auch nervös macht, denn es gibt ja unendlich viele andere gute Filme, andere gute Kameraleute, andere sehr begabte Menschen, viel begabtere. Immer wieder wird man damit konfrontiert, was andere Kameraleute wirklich unglaublich toll und gut fotografieren und ausdrücken. Und man bemerkt dann, man macht das nicht richtig, man macht das nicht gut. Das sind dann die Selbstzweifel, die absolut quälend aber vielleicht auch eine Inspirationsquelle sind, weil man weiß, man tritt auf der Stelle. Aber die Frage würde ich gerne mal an dich richten.

Martin Langer: Ich muss sagen, dass ich mich von mir selbst gelangweilt fühle, wenn ich einen Film mache, vor allem, wenn er ein bisschen länger geht und ich in die Muster gucke und denke, oh Gott, oh Gott. Interessiert das überhaupt jemanden? Packe ich da jemanden mit diesen Bildern, mit dieser Kadrage, mit dem Licht, mit dem Ausdruck? Hast du das Richtige unterstützt in dem Augenblick, als du am Set warst oder hast du dem Regisseur falsche Vorschläge gemacht? Hast du ihn, weil man doch immer sehr stark auch Einfluss nimmt, in die falsche Richtung gedrängt an diesem Tag? Es sind eigentlich stetige Zweifel. Ich bin eigentlich ziemlich unglücklich während der Drehzeit, weil ich im Grunde die Muster gar nicht anschauen mag. Ich marschiere eigentlich am liebsten vorwärts. Ich habe auch schon Filme im Ausland mit über dreißig Drehtagen gedreht, wo ich nicht einmal Muster geschaut habe. Da war ich am glücklichsten, weil ich einfach nur an den nächsten Tag gedacht habe und mit den Schauspielern zusammensaß, mit dem Regisseur und man hat nicht das reflektiert, was man gemacht hat, sondern wir gingen bloß vorwärts. Man hat jeden Tag eigentlich nur das, was man im Kopf hatte, eingebracht und nicht das, was man wieder bei den Mustern gesehen hat, wo man sich wieder mit dem bereits gedrehten Material auseinandergesetzt hat. Ich fand das eigentlich sehr schön, ohne Muster zu arbeiten. Aber dieses Glücksgefühl hat sich erst eingestellt, als ich schon etliche Filme gedreht hatte. Am Anfang musste ich irgendwie immer die Muster sehen, damit ich in Ruhe alles für mich noch einmal anschauen konnte. Aber je länger ich dabei bin, desto weniger brauche ich das. Es gibt sicherlich technische Sachen, die man sich angucken muss, aber manchmal denke ich: «Let it flow, mach' einfach und reflektier' nicht zu viel jetzt im Nachhinein, sondern denke an das, was vor dir liegt», also der 25. Drehtag, der 30. Drehtag, «und guck' dir die Leute an und guck' dir die

Geschichte an und guck' nochmal ins Drehbuch und lass' dich noch mal inspirieren.» Ich gucke während der Drehzeit lieber abends einen Film, den ich ganz toll finde, ich weiß nicht zum hundertzwanzigsten Mal THE GODFATHER (DER PATE; 1972; Regie: Francis Ford Coppola; Kamera: Gordon Willis) oder IL CONFORMISTA (DER GROSSE IRRTUM; 1970; Regie: Bernardo Bertolucci; Kamera: Vittorio Storaro), wo ich einfach die Überzeugung gewinne, dass es doch irgendwie geht und dass man doch etwas machen kann und das baut mich dann immer sehr auf.

Frage aus dem Publikum: Warum werden eigentlich die Muster geschaut? Hat das möglicherweise auch eine ästhetische Korrektur zur Folge? Schauspielern sagt man ja immer, sie sollen auf keinen Fall die Muster schauen, weil sie sich dann plötzlich von außen sehen und vielleicht eine veränderte Selbstwahrnehmung haben. Also wozu werden die Muster geschaut? Hat das nur technische Gründe?

Judith Kaufmann: Ja, zum einen. Ich muss aber für mich sagen, ich freue mich immer wieder, dass etwas drauf ist. Ich habe da irgendwie noch so eine kindliche Freude. Ich glaube, das Muster-Gucken ist so eine scheinbare Kontrolle, eine scheinbare Möglichkeit, nochmal einzugreifen. Bei einem Film im letzten Jahr war es so, dass wir vier Tage Muster gesehen haben und dann hat der Regisseur gesagt, wir müssen wirklich alles ganz anders machen. Wir sind völlig falsch. Ob das jetzt richtig war, was wir gemacht haben, weiß ich nicht. Ich glaube, das Muster-Schauen dient einer gewissen, allgemeinen Befriedigung. Wir haben etwas gedreht, wir haben etwas gemacht. Es ist ja so, dass die Muster allgemein immer als ganz toll empfunden werden und dass alle einfach froh sind, dass sie sehen können, was sie gemacht haben. Das ist so ein psychologischer Effekt der gemeinsamen Arbeit, weil jeder ja nur auf sein Eigenes guckt und dann plötzlich sieht man auf einem Fernseher, dass man wirklich etwas gemacht hat an dem Tag. Ich finde, das ist schon eine schöne Erfahrung. Aber das, was Martin anspricht, dass man beim Muster-Anschauen meistens immer wieder im Boden versinken möchte, das geht glaube ich allen Abteilungen so.

Frage aus dem Publikum: Ich finde, es gibt überhaupt keinen Grund, jetzt in so eine Depressivität zu verfallen, weil Ihre Bilder ja doch sehr stark sind. Beispielsweise so ein Detail wie die Spiegelung in den Autoscheiben in ELEFANTENHERZ. Autofahrten gibt es ja in vielen Filmen, aber Sie schaffen es trotzdem, einen anderen Blick darauf zu werfen.

Ich habe noch eine Detailfrage bezüglich der Sequenz im Fahrstuhl. Da habe ich mich wirklich gefragt, wie Ihnen das gelungen ist, weil das ja ein relativ kleiner, enger Raum ist, in diesem Wohnhaus, wo der Türke gezwungen wird, das Geld herauszugeben und Marko ihn bis in den Aufzug verfolgt und zum Messer greift. Das ist ja ein sehr enger, beschränkter Raum. Es passiert sehr viel in dieser Sequenz, und es gibt ja auch noch eine metallene Oberfläche, in der sich doch auch immer mal etwas spiegelt. Wie haben Sie das geschafft? Ist das in einem realen Aufzug gedreht oder haben Sie das im Studio nachgebaut?

Judith Kaufmann: Nein, das ist ein realer Aufzug in diesem Hochhaus. Das Merkwürdige ist ja, dass man mit der Kamera immer da steht, wo überhaupt kein Platz ist. Man findet sich ja meistens in irgendwelchen Ecken, auf dem Boden, im Dreck wieder – oder ist das vielleicht nur meine Vorliebe? – ich weiß nicht. Aber das haben wir tatsächlich dort in dem Aufzug gedreht. Es ist kein Nachbau.

Ich möchte sehr gerne meinen Kameraassistenten Henrik Sauer auf das Podium bitten. Ich habe mit Henrik jetzt, bei ENGEL & JOE hat es angefangen, den achten Film zusammen gemacht. Speziell bei ELEFANTENHERZ war es so, dass diese Boxszenen besonders schwierig waren. Das ist auch technisch gar nicht so leicht, weil so ein Schlag unglaublich hart ist. Ich habe nur Ansätze davon erfahren, als ich durch die Kamera geschaut habe. Henrik ist jemand, der die ganze Zeit mit überlegt, wie man diese ganzen technischen Probleme lösen könnte, ob es der Aufzug ist, ob es das Boxen ist, ob es die langen Brennweiten sind, die geringe Tiefenschärfe. Und ich könnte meine Arbeit ohne ihn ganz explizit gar nicht machen, weil dieses Risiko einfach auch ein geteiltes Risiko ist, was ich alleine gar nicht übernehmen könnte und wozu ich ihn einfach brauche. Wenn er jetzt sagt, er will Chefkameramann werden, dann freue ich mich aber auch.

Henrik Sauer: Schönen Dank, dass ich hier etwas beitragen darf. Um auf den Aufzug einzugehen, das war eine 16 mm-Kamera, eine SR 3. Da hat man hinten einen Aufsteck-Akku, den kann man schon mal verlieren. Man kann aber eine andere Stromquelle anschließen, dann kommt man ein bisschen weiter zurück. Wir haben versucht, die Kamera irgendwie klein zu halten, und da muss man dann einfach nah ran. Also stellt man sich in die Ecke und dann geht das irgend-

3 ELEFANTENHERZ: Fatih Çevikkollu im Aufzug

4 Judith Kaufmann (rechts), Regisseur Züli Aladag und Kamera-Assistent Henrik Sauer bei den Dreharbeiten zu ELEFANTENHERZ

wie. In dem engen Aufzug waren dann die Kamerafrau, der Assistent, Daniel Brühl und Fatih Çevikkollu drin (Abb. 3).

Das sind erschwerte Bedingungen, ganz klar. Vielleicht vergisst man auch einfach mal das Kompendium. Man hat dann nur noch die Optik oder ich ziehe einfach an der Optik die Schärfe. Das ist machbar. Es gibt, glaube ich, keinen Raum, wo wir nicht irgendwie reinpassen würden. Wie auch in diesem Fall: Die Kamera steht mit Jib-Arm auf dem Dolly, eine Moviecam 35 mm-Kamera, das ist dann ein großer Trümmer, in einem Durchgang. Da passt kein Mann mehr rein – eigentlich. Und komischerweise geht das trotzdem. Das ist immer wieder sehr erstaunlich. Wir haben bei FREMDE HAUT (2005) sogar in einer Flugzeugtoilette gedreht. Die wurde dann ausgebaut, aber irgendwie konnte die Kamera dann trotzdem da rein, und das Ding ist so, so klein. Nein, es finden sich immer wieder Möglichkeiten, dass man die Kamera an unmögliche Positionen bringt.

Du hast gerade die Boxszenen angesprochen. Da stellte sich bei dem Make-Up Test heraus, den wir mit Daniel gedreht und wo wir verschiedene Geschichten ausprobiert haben, mit erhöhter Bilderzahl, mit Shutter-Veränderungen, dass die Einzelbelichtung kürzer wird, die Bilder schärfer werden. Gerade wenn jemand so wahnsinnig schnell zuhaut, dann geht da doch recht viel verloren, in den Bewegungsunschärfen vielleicht. Wir haben aber festgestellt, dass man, wenn jemand auf die Kamera zuhaut und man mit einem 12mm-Objektiv auf Super16-Material dreht, nicht den Eindruck hat, dass auch wirklich zugeschlagen wird. Es sei denn, man würde wirklich die Kamera treffen. Und das ist natürlich nicht möglich. Wenn jemand da durchguckt, wenn Daniel Brühl, der für den Film ganz gut trainiert hatte, dann richtig zuhaut, dann fliegt einem das Auge weg. Also haben wir überlegt, was wir machen (Abb. 5).

5 ELEFANTENHERZ: Boxhiebe auf die Kamera

Wir hatten auch keine Möglichkeit, großes technisches Gerät aufzufahren, das so etwas vielleicht kann. Ich weiß nicht, ob es überhaupt Box-Kameras gibt. Wir haben schließlich einfach eine SR 3 genommen, haben eine zweite Verschiebeplatte obendrauf geschraubt, haben Rohre drangemacht und eine riesen Plexiglasscheibe, die wir mit Schaumstoff abgedämmt haben. Den Sucher haben wir zugemacht und haben innen noch einen kleinen Monitor angeklebt, so dass Judith das Bild beurteilen konnte und Daniel also wirklich mit der Faust draufhauen konnte. Die Vorrichtung war so ausgeschnitten, dass er mit seinem Box-Handschuh nicht auf die Optik treffen konnte, aber er hat wirklich letztendlich auf die Kamera gedroschen. Und auf wundersame Weise ist das Ding nicht kaputtgegangen. Nur beim letzten Boxkampf, am letzten Tag, ist uns dann diese Plexiglasaufhängung um die Ohren geflogen. Es gibt auch auf der DVD ein Quasi-Making-Of. Da kann man das sehen. Dieses Gerät ist echt abenteuerlich, hat aber letztendlich nur 20 DM gekostet. Es funktioniert, man muss sich nur ein bisschen reinfummeln (Abb. 6).

Vorhin wurde schon angesprochen, dass die Technik nicht im Vordergrund stehen darf. Generell finde ich die Technik extrem lästig beim Film. Also wenn ich etwa höre: «Sag mal, dein Kollege da beim letzten Film, der hat das alles mit Funkschärfe gemacht», dann sage ich mir immer: «Ja, wenn er die Zeit dazu hatte, dann ist das schön.» Denn es kostet mich einfach viel Zeit, die mir fehlt, und wenn Judith dreht, dann ist es meistens doch so, dass ich auch durch die Kamera gucken muss. Und dies einfach nur, um das Bild zu beurteilen. Judith empfindet es selbstverständlich als störend, wenn dauernd einer ankommt, mit irgendeinem Schraubenschlüssel oder irgendwelchen Motoren, die dann nicht funktionieren oder die Kalibrierung nicht hinhaut. Also lasse ich das Zeug eigentlich weg. Ich habe auch keine Schärfenringe oder so etwas. Am liebsten ziehe ich an der Optik, wenn es geht. Also ich finde, dass die Technik wirklich im Hintergrund stehen muss, weil es erstens die Schauspieler einschränkt, zweitens den Regisseur und drittens die Kameraführung. Insgesamt empfinde ich es für mich als sehr angenehm, wenn ich möglichst wenig Technik an der Kamera dran habe.

«Mein Wunsch ist es, bei jedem Film immer wieder neu anzufangen»

6 Dreharbeiten zu ELEFANTENHERZ; im Rollstuhl: Judith Kaufmann

Martin Langer: Ich finde es auch sehr gut, wenn man die Technik vergessen kann. Aber das kannst du nur machen, wenn du ausgezeichnete Leute um dich herum hast, die die Technik aus dem Effeff beherrschen. Dann kann ich mich auch auf sie verlassen. Wenn ich einen super Oberbeleuchter habe, einen super Assistenten, einen super Dolly-Mann, vergesse ich das Ganze. Aber sobald es nicht klappt, dann vergesse ich es nicht mehr. Dann gibt es Probleme und dann wird alles sehr schwierig.

Wolfgang Treu: Ich habe noch eine Frage zum Verhältnis von Technik und Schauspieler. Gestern in der Laudatio wurde ja schon gesagt, es gibt bei deinen Drehs keine Markierungen. Das würde mich interessieren. Diese Freiheit, deine besondere Art zu arbeiten, kommt mir so leicht vor. Es sieht zumindest alles ganz leicht aus. Dabei weiß ich, dass alles schwer herzustellen ist. Ich würde mal gerne das Geheimnis erfahren, wie du das machst. Offensichtlich stellst du die Technik so weit in den Hintergrund, dass du den Schauspielern große Freiheit lässt. Also eben keine Marken. Du arbeitest ja auch viel mit Mini-Jib-Arm, da sind die Marken sowieso fast überflüssig. Ist das das Geheimnis, dass alles so leicht wirkt?

Judith Kaufmann: Pro Film setzen wir ein- bis zweimal das Stativ ein. Ich lasse mich nicht gerne festlegen auf einen bestimmten Punkt. Aber ich glaube, das ist auch ein bisschen eine Schwäche, dass ich nicht gerne selbst fixiert werde auf einen Punkt und dann nicht mehr reagieren kann auf das, was passiert. Deshalb hat sich daraus eine Arbeitsweise entwickelt, die ich im Übrigen bei Gernot Roll gelernt habe, als ich bei ihm assistierte. Der hat mit dem Jib-Arm gearbeitet und ich habe bemerkt, dass er absolut spontan und intuitiv auf das reagieren kann, was passiert, was einfach eine große Freiheit nach sich zieht. Ich mag es auch, kurz vor der Einstellung erst die Einstellung exakt festzulegen. Da braucht man eben, wie schon gesagt, Mitarbeiter, die mitgehen. Und es ist tatsächlich nicht schwierig, wenn man dieses Gerät beherrscht. Aber mehr Geheimnis ist es nicht.

Frage aus dem Publikum: Wir haben eben von den Mustern gesprochen und ob man sie braucht. Ich habe von dir gehört, dass es ja doch ein Glücksgefühl bei allen Beteiligten auslöst, wenn sie ihre Arbeit auf dem Monitor sehen. Das Wort Monitor hat mich jetzt ein bisschen gewundert. Muster auf der Leinwand gemeinsam zu gucken, ist natürlich eine schöne Vergangenheit. Heutzutage gibt es auch bei Filmdrehs in der Regel nur Video-Muster, die man dann auch auf einem kleinen Videomonitor sieht. Ich glaube, das war in Eurem Fall auch so. Aber wenn ich ELEFANTENHERZ auf der Leinwand sehe, glaube ich einfach, das war beim Muster-Gucken noch nicht so zu sehen, wie wir es heute auf der Leinwand gesehen haben. Ich denke, es ist ja einiges an Bearbeitung drin, was bei einer Arbeitskopie so noch nicht zu sehen ist, wie es in der fertigen Theaterkopie sein wird. Inwieweit findest du das schwierig oder leicht oder wie ist dein Weg? Wo haben die Muster dann überhaupt noch einen Wert?

Judith Kaufmann: Ich finde es tatsächlich ein großes Problem, dass das, was wir jetzt immer auf den DVDs sehen, wirklich wenig mit dem zu tun hat, was nachher auf der Leinwand zu sehen ist. Ich kann nur das Negativ in einer Weise belichten, wie ich das Negativ kenne und was ich aus der Erfahrung aus früherem Muster-Gucken gezogen habe. Aber ich finde es nicht nur für mich ein Riesenproblem, dass ich eigentlich in einem viel größeren Abstand zum Endprodukt bin als früher, als man Muster geguckt hat. Ein weiteres großes Problem besteht darin, dass die Regie sich eigentlich an die DVD-Muster gewöhnt hat und dann möglicherweise an einer bestimmten Stelle schockiert ist, was dann am Ende als Bild herauskommt, weil es sich doch sehr unterscheidet von dem, was vorher zu sehen war. Und weil die Regisseure sich verständlicherweise im Schnitt an das, was sie sehen, gewöhnen. Dieses superscharfe Avid-Bild hat einfach nichts mit dem Endprodukt zu tun, auch wenn man auf 35 mm dreht. Und ich bedauere daher zutiefst, dass es keine Muster mehr gibt, aber das ist nun mal so.

Transkription: Bernd Giesemann

Karl Prümm

Blindheit als inneres Sehen

Zur Bildgestaltung in Erbsen auf halb 6 (2004)

Der Prolog sagt alles

Von den ersten Bildern an wird dieser Film durch ein formbetontes Erzählen bestimmt. Die visuelle Form beansprucht eine besondere Expressivität, schon im Vorspann wird dies überdeutlich. Dies gilt aber zugleich für alle Ausdruckselemente. Bildgestaltung und Bildkomposition, Rhythmus und Bewegung, Ton und Musik zielen auf eine Beeindruckungskraft der Form. Gerade in der Kooperation mit dem Regisseur Lars Büchel sind die Bilder von Judith Kaufmann auffällig formakzentuiert, sind artistischer, heben sich ab von der emotionalen Nähe, der bedingungslosen Empathie, die sie in den anderen Filmen sofort und direkt zu den Protagonisten einnimmt. Beide finden offenbar Gefallen am spielerischen Umgang mit visuellen Formen, am Ausprobieren von Formmöglichkeiten. Jetzt oder nie, ihr erster gemeinsamer Film aus dem Jahr 2000, beeindruckt durch ein schier unerschöpfliches Repertoire von unerwarteten Optiken und überraschenden Perspektiven. Die spielerische Leichtigkeit dieser Komödie wird durch eine niemals zur Ruhe kommende Beweglichkeit und Variabilität der Form gewährleistet, die damit dem Phantasiereichtum der Akteure gewachsen ist, jenen drei alten Damen, die nun endlich, kurz vor ihrem Tod, eben «jetzt oder nie», ihre Träume per Bankraub realisieren wollen.

An diesen lustvollen und experimentellen Umgang mit der Form schließt Erbsen auf halb 6 unmittelbar an. Der Anfang ist in dieser Hinsicht paradigmatisch, der Beginn der Erzählung, ein ganz entscheidender Augenblick, das Initiationsmoment der Geschichte, der Unfall, der dem jungen Theaterregisseur Jakob (Hilmir Snaer Gudnason), dem «Helden» des Films, wie sich schnell herausstellt, das Augenlicht kostet. Zugleich umfasst der Beginn aber auch im Sinne einer Vorausdeutung die gesamte Geschichte und ihr Ende. Es ist ein echter Prolog, der zwar mit der Handlung des Films eng verknüpft, aber zugleich deutlich abgesetzt ist, der das Ganze reflektiert und spiegelt. Alle zentralen Motive scheinen hier auf: Zwei Lebenslinien kreuzen sich, fallen im Sprung und im Sturz zusammen, werden zu einer einheitlichen Bewegung. Zwei Menschen, ein Mann und eine Frau sind füreinander bestimmt, sie müssen es nur noch entdecken, sich selbst und den anderen erkennen, müssen den anderen finden, ohne dass sie sich sehen können – damit ist eigentlich alles über den Film gesagt. Die Welt, die Sphäre, in der sie am Ende zusammenfinden, werden klar gezeigt und wie eine präzise Bilderschrift aneinander gereiht: Eine weibliche und eine männliche Hand ertasten das Element des Wassers, den Strahl einer Dusche und den heftigen Regenguss auf einer nächtlichen Landstraße, das Autofenster ist heruntergekurbelt. Die Blindheit als ihr gemeinsames Schicksal ist hier schon vorweggenommen. Sie realisieren, vollkommen synchron und mit der gleichen Hingabe, jenes haptische Erfassen der materiellen Welt, jenes «innere Sehen», auf das es dem Film vor allem ankommt. Durch diese doppelte Funktion – Erzählanfang und prologartige Reflexion des Ganzen – beanspruchen die Bilder einen besonderen Status. Sie erhalten einen zeichenhaften Mehrwert, eine gesteigerte Sinnlichkeit, denn extreme Nähe und Mikroblick der Kamera übertragen im Cinemascope-Format die haptischen und taktilen Effekte unmittelbar auf den Zuschauer. Die Bilder erfahren einen weit gespannten Bedeutungshorizont, können einen eigenen Diskurs der Form entfalten, gerade weil sie außerhalb der erzählerischen Ordnung, quasi im Vorraum der Geschichte angesiedelt sind. Diese freie Beweglichkeit der Bilder, die sich von der Narration lösen und damit offen werden für neue zeichenhafte Bedeutungen, ist eine Errungenschaft des modernen Kinos. Michelangelo Antonioni ist am Ende der 1950er Jahre mit seinen strengen Formalisierungen ein Pionier einer solchen neuen Bildlichkeit. Jean-Luc Godard erschloss in den 1960er Jahren gerade durch seine hartnäckige Verweigerung, eine Geschichte zu erzählen, einen zeichenhaften, einen entdeckenden Blick auf die Oberfläche des Sichtbaren. Aber auch im kontemplativen Kino von Andrej Tarkowskij findet sich, von einem ganz anderen Ausgangspunkt her, diese Verschiebung auf eine eigentlich unergründliche Mehrdimensionalität des filmischen Bildes, was dann zur Entdeckung und Entwicklung neuer visueller Formen führt – am entschiedensten in STALKER (1979; Kamera: Alexander Knjaschinski). Daran knüpften die Filme von Krzysztof Kieslowski an, verdichtet vor allem in seiner Trilogie TROIS COULEURS (1993/94), auf die wiederum ERBSEN AUF HALB 6 schon beinahe zitathaft rekurriert, die Ähnlichkeit mit dem Anfang von TROIS COULEURS: BLEU (DREI FARBEN: BLAU; 1993; Kamera: Slawomir Idziak) ist unübersehbar, bis hin zum Stofflichen, zum Autounfall, der als plötzliche Katastrophe in das Leben der Protagonistin einbricht und der alles von Grund auf verändert, bis hin zu den Bildmotiven und zu den visuellen Strategien – eine Hommage, so könnte man sagen, an Kieslowski und an seinen ingeniösen Kameramann Slawomir Idziak.

Die Potenziale einer im Sinne des modernen Kinos *freigesetzten* Bildlichkeit kann man hier besichtigen: Es beginnt mit Vorstellungsbildern des Wassers, die beinahe bis zum Grafischen und bis zur Abstraktion vorangetrieben werden. Mikrooptik und *Slow Motion* enthüllen wie in einem Lehrfilm der Physik ein Geschehen, das sich dem menschlichen Auge entzieht, erzeugen also eine neue, eine phantastische Sichtbarkeit. Schon mit den ersten Bildern des Vorspanns betreten wir eine Sphäre des Sehens, die jenseits der Normalität angesiedelt ist. Dabei nimmt die Kamera etwas ganz Gewöhnliches auf, den Regen, ahmt die Pioniere des Mediums nach, die sich diesem Motiv bevorzugt zuwandten. Der herunterprasselnde Regen ist die Bildsensation zahlloser früher Filme, ein dokumentarisches Interesse durchdringt dabei stets die Filmerzählung oder gewinnt gar die Oberhand wie im Kurzfilm REGEN (1929) von Joris Ivens. Wassertropfen prallen auf eine Wasseroberfläche, konzentrische Kreise nehmen die Bewegungsenergie auf. Die Oberfläche reagiert zudem mit einer Gegenbewegung, einer Gegenfigur, schleudert in einer reizvollen Bogenform einen Wassertropfen in die Höhe. Das Bild ist merkwürdig abgedunkelt und bewegt sich auf der Grenze zwischen einem düsteren Blau und einem tiefen Schwarz. Es ist dies zum einen die kunstvolle Verbildlichung jenes Elements, in dem die blindgeborene Lilly (Fritzi Haberlandt) ganz zu Hause ist und das Jakob zum Verhängnis, schließlich aber auch zum Medium seiner Wiedergeburt wird. Es ist zum zweiten eine erste Annäherung an das Sehen der Blinden, an die innere Wahrnehmung der äußeren Welt. Mit dem ungewöhnlichen Regenbild ist das Wasser als ein Leitmotiv der Blindheit, besser gesagt: der Erfahrung von Blindheit, etabliert. In vielfältigen Varianten wird der Film an entscheidenden Stellen immer wieder darauf zurück kommen. Um dem blinden Sehen nahe zu kommen, sind neue Bildordnungen zu erschließen, die nur noch wenig zu tun haben mit den vertrauten Repräsentationsmodi des Erzählkinos. Diesem besonderen Abenteuer der Bildfindung, das vor allem die Kamerafrau Judith Kaufmann herausfordert, stellt sich der Film bereits im Vorspann und in der Eingangssequenz. Mit dem Instrument der Zeitlupe bricht er sofort aus der planen, mechanischen Zeit aus. Auch dies wird sich noch mehrfach wiederholen, denn das innere Sehen verlangt nach einer eigenen Zeitlichkeit.

Im Prolog sehen wir, wie Lilly sich vorsichtig im menschenleeren Schwimmbad an das Wagnis des Sprungs vom Dreimeterbrett herantastet, wie sie die Leiter langsam, aber nicht zögerlich emporsteigt, wie das Vorstellungsbild des Wassers, die Vorerwartung das Bild überlagern und so eine andere Zeitschicht eingeschrieben wird (Farbabb. 33, S. 107).

Ihr innerer Blick hinterlässt Spuren im Bild, das die physische Berührung, das Eintauchen vorweg nimmt. Als Lilly das Sprungbrett erreicht hat, erwecken

1 Schon im Prolog überkreuzen sich zwei Lebenslinien

Spiegelungen, Schattenwürfe und Lichtreflexe den Eindruck, als würde die Bildoberfläche in eine wellenartige Bewegung versetzt, als würde der Körper der Protagonistin bereits vom Wasser getragen. Umfassend werden die beiden Protagonisten charakterisiert, durch kontrastive, aber ineinander fließende Bilder, die den Schnitt aufheben und die Parallelmontage unkenntlich machen. Lilly ist ganz versunken in ihr inneres Sehen, ist ganz bei sich, zeigt die selbstsichere Souveränität, eine traumwandlerisch sichere Beherrschung des Raumes, die Blinde oft ausstrahlen. Jakob dagegen vernachlässigt am Steuer eines knallroten Käfer-Cabrios sein Sehen, geht leichtfertig mit dieser Gabe um, versinkt in ein Erinnerungsbild seiner Proben zu Shakespeares *Sommernachtstraum*, ist fahrig und unkonzentriert, ignoriert lachend die Warnzeichen und kommt vom Wege ab, rast über die Kaimauer und stürzt in ein Hafenbecken. Selbst das menetekelhafte Vorzeichen des Unheils, den glühend roten Ring des Zigarettenanzünders, sieht er nicht. Er ist blind noch vor seiner Erblindung. Mit geschlossenen Augen stürzt er ins Wasser herab, während Lilly, die nur die Blindheit kennt, mit weit geöffneten Augen aus dem Schwimmbecken auftaucht (Abb. 1).

Mit knappen Strichen wird dies alles nur angedeutet, und doch sind die Bildzeichen vieldimensional, mehrfach codiert und mehrfach gebrochen. Auch eine erste Wertung der Gestaltungsleistung ist schon an dieser Stelle möglich, sie drängt sich geradezu auf: Die Artistik dieser Bilder kann nur als brillant bezeichnet werden, die Form wird perfekt beherrscht, die Eleganz ist bemerkenswert. Eine solche *Bewusstheit der Form*, die Lust an der konsequenten Ausnutzung formaler Elemente und an der pointierten Gestaltung sind im deutschen Gegenwartskino eher selten. Analogien zu den Filmen von Tom Tykwer und zur Kameraarbeit von Frank Griebe tun sich auf. Rückbezüge zum *Cinéma du look* der 1980er und 1990er Jahre, zu einem Kino der perfekten und eleganten Oberflächen, zu Filmen von Luc Besson und Leos Carax sind offenkundig.

Neben der Formemphase ist eine zweite grundsätzliche Qualität des Films hervorzuheben, die ebenso bereits im Prolog aufscheint: ERBSEN AUF HALB 6 gibt der naheliegenden Versuchung nicht nach, dem Thema der Blindheit mit einem Übermaß an Dialog und Sprache zu begegnen. Die Erzählung wird ganz aus der Bildhaftigkeit, im bildhaften Diskurs entwickelt. Der Erkenntnisprozess, den Jakob durchläuft, die Einsicht, dass es kein Zurück mehr gibt in die alte Identität des Sehenden, dass er als Regisseur das Licht zwar setzen, es aber nicht mehr wahrnehmen, dass er Bilder veranlassen, sie aber nicht mehr kontrollieren kann, der Entschluss, sich umzubringen, der zweite Sturz vom Hochhaus in die Tiefe und die zweite Rettung, sein langer Weg in eine neue Identität – all dies wird mit eindrücklichen Bildern erzählt. Auch dies verleiht der Kameraarbeit von Judith Kaufmann ein zusätzliches Gewicht.

Das Motiv der Blindheit in der Filmgeschichte

Das unausgesprochen Reflexive von Form und Bildhaftigkeit, das ERBSEN AUF HALB 6 auszeichnet, ergibt sich ganz unmittelbar aus dem Grundmotiv. Filme über Blindheit handeln notwendigerweise vom Sehen und der Wahrnehmung der Welt. Sie bedeuten daher eine Selbstthematisierung des Kinos, eine Selbstreflexion seines entscheidenden Prinzips, der Sichtbarkeit. Das Motiv der Blindheit forciert und relativiert das Sehen. «In der Figur des Blinden», so schreibt der Filmkritiker und Essayist Stefan Ripplinger, «denkt das Kino über sich selbst nach. Es denkt über seine Grenzen nach, darüber, dass es sein Reich auf Illusionen errichtet hat, dass sein Material höchst unsichere bewegte Bilder, Bilder von Bildern und Nachbilder sind.»[1] Mit der Bearbeitung dieses Motivs belastet das Medium Film sich selbst und vor allem auch die Zuschauer, die sich beim Anblick der Blindheit ihrer Beobachterposition in besonderer Weise bewusst werden, die direkt einbezogen sind in eine oft schmerzhaft asymmetrische Interaktion der Blicke. Die Zuschauer blicken auf Akteure, denen der Blick versagt wird, sie sehen in leere Augen, die oft – und das steigert noch einmal den Schrecken – keine Iris mehr besitzen. Die Zuschauer sind nicht nur unmittelbar involviert in dieses wirkliche Drama der Blicke, ihnen fällt gar eine Schlüsselrolle zu, ein Metablick, die Kontrolle, wie sich die Sehenden gegenüber den Blinden verhalten, wie sie sich schließlich offenbaren. Denn die Blindheit wird im Kino ganz

---

1 Stefan Ripplinger: *I can see now. Blindheit im Kino*. Berlin 2008, S. 66/67.

zwangsläufig zu einem Spiegel, in dem das sehende Gegenüber die Hüllen fallen lässt und in seiner Eigentlichkeit erscheint.

Blindheit ist ob dieser vielfältigen Reize und Provokationen daher auch ein bevorzugtes Thema des Erzählkinos – von den Pionierzeiten an. Blindheit ist für das Auge der Kamera ein spektakuläres, hochemotionales Schauspiel, das Angst, Schrecken und Mitleid hervorruft. Blinde Figuren sind stets Träger großer, sehr unterschiedlicher Gefühle: «Der Blinde im Film ist nicht selten ein Bote des Unheils und ein Bild des Jammers. Der Blinde ist ein Engel und eine fügsame Frau.»[2] Blindheit befeuert das melodramatische Potenzial des Kinos, das macht sich vor allem das frühe Kino zunutze. Es interessiert sich in besonderer Weise für die radikalen Zäsuren, die Umschwünge, die komplette Verkehrung des In-der-Welt-Seins, die plötzlichen Identitätswechsel, mit denen das Thema Blindheit verbunden sein kann. In Friedrich Wilhelm Murnaus DER GANG IN DIE NACHT (1920; Kamera: Max Lutze) erhält ein blinder Maler (gespielt von Conrad Veidt) durch eine Operation das Augenlicht zurück, erblickt in der Tänzerin Lily seine Liebe, die daraufhin ihren Geliebten verlässt, jenen Arzt, der den Maler geheilt hatte. Jahre später erblindet er aufs Neue und bittet den Arzt um Hilfe, der sich aber verweigert und die ehemalige Geliebte in den Selbstmord treibt. Um diese Tragödie des Künstlers gruppiert Murnau ein Geschehen, das durch Begehren, Verrat und Opfergang bestimmt ist.

Die Übermacht der Sehenden gegenüber der Blicklosigkeit der blinden Figuren provoziert ein Spiel im Spiel, ein Vortäuschen falscher Identitäten, Verstellung, Lüge und Verrat. Nur der Zufall bringt Charly, den Tramp, in CITY LIGHTS (LICHTER DER GROSSSTADT; 1931; Regie: Charly Chaplin; Kamera: Rollie Totheroh / Gordon Pollock) in die Lage, gegenüber dem blinden Blumenmädchen, die als ein Urtyp der schönen Blinden gelten kann, als ein anderer zu erscheinen. Ein großzügiger Passant, der zufällig in die Quere kommt, das Zuschlagen einer schweren Autotür – und schon hält die Blinde im Verkehrsgetümmel der großen Stadt Charly für einen reichen Jüngling. Aus reiner, selbstloser Liebe füllt Charly diese imaginäre Rolle aus, besorgt schließlich Geld für die das Sehen zurückgewinnende Operation. Am Ende bleibt offen, was nach dem Blick auf den wirklichen Charly passiert, auf den abgerissenen Streuner, den die Straßenjungen verspotten.

In DIE LIEBE DER JEANNE NEY (1927; Regie: G.W. Pabst; Kamera: Fritz Arno Wagner/Walter Robert Lach) geht das Spiel-im-Spiel in die umgekehrte Richtung. Hier gaukelt der von Fritz Rasp verkörperte skrupellose Schurke der blinden Tochter eines Pariser Rechtsanwalts (gespielt von Brigitte Helm) Leiden-

---

2 Ebd., S. 1–2.

schaft und Hingabe nur vor, um dann bei nächstbester Gelegenheit den Tresor des Vaters auszurauben.

Ebenso häufig wie mit Illusion und Täuschung wird Blindheit im Film mit dem eigentlichen, dem tieferen Sehen verbunden. Die antike Mythologie des «Blinden Sehers» und des hellsichtigen Propheten wird hier weitergeführt. In Fritz Langs erstem Tonfilm M. Eine Stadt sucht einen Mörder (1931; Kamera: Fritz Arno Wagner) sind es die blinden Bettler und Straßenhändler, die den Kindermörder noch vor der Polizei entlarven und brandmarken, die effektiver und zielsicherer handeln als der Staatsapparat mit seiner ganz auf das Visuelle fixierten Spurensuche, mit all seinen Fahndern und Sonderkommissionen, weil die Blinden den Raum mit ihrem akustischen Signalsystem perfekt beherrschen. In diesem Pionierfilm der neuen Technologie siegt der Ton ganz eindeutig über das Bild.

In Scent of a Woman (Der Duft der Frauen; 1992; Regie: Martin Brest; Kamera: Donald E. Thorin) überlistet der von Al Pacino gespielte Held, der erblindete Oberst, sein Nicht-Sehen. Allein am Parfum der Frauen entziffert er mit untrüglicher Sicherheit ihren Körper und ihre Erscheinung, überträgt seine olfaktorische Wahrnehmung in eine erotisierende, beschreibende und vergegenwärtigende Sprache, prangert aber auch in einer langen Schlussrede die bigotte Moral der Internatswelt an, die er scharfsichtig durchschaut, und bewahrt so seinen Schützling vor der Ächtung und dem Verweis.

In der Paris-Episode von Jim Jarmuschs Night on Earth (1991; Kamera: Frederick Elmes) tastet sich eine junge Frau (Béatrice Dalle) mit ihrem Blindenstock energisch und zielsicher durch das menschenleere, nächtliche Paris, gefährlich nahe am Seine-Ufer, hart an der Kante der Kaimauer. Sie hält ein vorbeibrausendes Taxi an, indem sie die Hand erhebt, genau so wie es die Sehenden tun. Sie verblüfft den Taxifahrer durch die Genauigkeit ihrer Wahrnehmung, die ohne den Blick auskommt. Präzise benennt sie dessen Herkunft von der Elfenbeinküste, weist auf die Abweichungen von der abgesprochenen Route hin, verliert in keinem Augenblick die Orientierung und bemerkt sogar, dass er ihr aus Mitleid und Bewunderung den auf der Uhr angezeigten Fahrpreis erheblich reduziert. Almosen weist sie selbstbewusst zurück: «Ich erspüre Dinge, von denen du keine Ahnung hast», hält sie ihm entgegen. Noch ganz benommen von dieser Perfektion des blinden Sehens fährt der Taxifahrer los und rammt mit einem lauten Knall ein abbiegendes Auto. «Bist du blind?», schreit ihn der Unfallgegner an. Die junge Frau mit dem Blindenstock und den irislosen Augen quittiert es mit einem sanften Lächeln. Die Blinden-Filme befreien die Blindheit oft auf komödiantische Weise aus dem Ghetto der Behinderung und der Einschränkung. Blindheit behandeln sie als ein frei verfügbares, übertragbares Phänomen. Als blind erweisen sich gerade die Sehenden, die so stolz sind auf ihren Scharfblick.

Der jedem Film über Blindheit immanente moralische Diskurs wird in der australischen Produktion PROOF (1991; Regie: Jocelyn Moorhouse; Kamera: Martin McGrath) noch einmal zugespitzt, indem die Interaktionen zwischen Blinden und Sehenden zum Thema gemacht werden. Martin, ein blindgeborener junger Mann, muss mit dem Trauma leben, dass die früh verstorbene Mutter ihn in seiner Blindheit nie angenommen, seine Existenz nie bejaht hat. Da sie ihn vor der Welt abgeschirmt hat und der Vater abwesend war, gibt es für ihn keine Erfahrung von Vertrauen. Das Misstrauen wird ihm zur Lebensform und schärft noch einmal sein blindes, sein inneres Sehen. Wie die junge Frau bei Jarmusch vollbringt er grandiose Leistungen in der Wahrnehmung und Raumorientierung. Die Personen in seiner Umgebung fürchten ihn, als sei er ein allgegenwärtiger, alles sehender, strafender Gott. Er vertraut allein dem fotografischen Medium als einzig gültigem Wahrheitsbeweis, durch die fotografische Apparatur will er sich der Welt versichern. Er wird zu einem blinden Fotografen, der manisch seinen Fotoapparat zückt, der immer wieder den Sucher vor das tote Auge hält, um damit sein Blick- und Aneignungsbegehren sichtbar zu machen. Panoramatisch tastet er die Welt mit der Fotolinse ab, nichts soll ihm entgehen. So entsteht ein Universum der Bilder, die aber für den Blinden nur durch die Beschreibung eines Anderen, eines Sehenden zur Bedeutungsfläche werden können, der somit den Fotografien seine eigene Unterschrift, eine neue Signatur, hinzufügt. Als komprimierte Bildlegende überträgt Martin die fremde Beschreibung in die Blindenschrift, die er mit einem Klebestreifen auf der Rückseite des Fotos anbringt. Damit gerät er aber in die Falle des vermeintlich objektiven Mediums, das der subjektiven Verzerrung, der egozentrischen Interpretation, also der Lüge, Tür und Tor öffnet. Am Ende gewinnt er die Einsicht, dass jenes absolute Wahrheitsgebot, ohne das sein Kontrollsystem nicht funktionieren könnte, die Sehenden, die Beschreibenden überfordert. Er lernt zu unterscheiden zwischen der Lüge als Strategie der Macht, der Unterwerfung und der Demütigung und der «akzidentiellen» Lüge, die nur dem Moment und der Notsituation geschuldet ist. Erst dann gelingt es ihm, Vertrauen zu schenken und Vertrauen zu empfangen.

Am bemerkenswerten sind sicherlich jene Filme, die mit einer genauen Empathie das Phänomen der Blindheit erforschen, die mit einer offenen Parteilichkeit der Ausgrenzung blinder Menschen widersprechen und deren Mut, Kraft und Lebensleistung vor Augen führen, die also das kollektive Nicht-Wahrnehmen, das Verdrängen der Blindheit durchbrechen. THE MIRACLE WORKER (LICHT IM DUNKEL; 1962: Regie: Arthur Penn; Kamera: Ernesto Caparros) ist dafür ein eindringliches Beispiel. In einem harten Schwarz/Weiß und in einem beinahe dokumentarischen Gestus fotografiert, geht der Film in das 19. Jahrhundert, in die Anfänge der Blindenbetreuung und Blindenerziehung zurück. Er zeigt wie es einer Erzieherin, die selber am Rande der Blindheit steht (gespielt von Anne Bancroft), gelingt, ein taubstummes und blindes Kind in einem zähen, oft in Gewalt ausufernden Kampf zur Wahrnehmung des eigenen Ichs und des Anderen zu bringen, Sprache und Kommunikation zu entdecken. «Niemand muss im Dunkeln leben», heißt es an einer zentralen Stelle des Films. Die Befreiung aus einer rein animalischen Existenz und die Einführung in eine zivilisatorische Gemeinschaft sind dabei nicht ohne Ambivalenz. Das verschweigt THE MIRACLE WORKER ebenso wenig wie L'ENFANT SAUVAGE (DER WOLFSJUNGE; 1970; Regie: Francois Truffaut; Kamera: Nestor Almendros).

Auf die Dramatik des verlöschenden Sehens und des Versinkens in der Dunkelheit lassen sich in der jüngsten Filmgeschichte zwei Filme mit einer besonderen Intensität und Vitalität ein. In LES AMANTS DU PONT NEUF (DIE LIEBENDEN VON PONT NEUF; 1991; Regie: Léos Carax; Kamera: Jean-Yves Escoffier) versucht die von einer schleichenden Erblindung bedrohte Malerin Michèle (gespielt von Juliette Binoche) verzweifelt, die Welt und vor allem auch die großen Kunstwerke wie ein Abschiedsbild in sich aufzunehmen. Sie dringt nachts in den Louvre ein, um in ungestörter Nähe, bei Kerzenlicht, Rembrandts *Nachtwache* mit ihrem bereits kranken Auge abzutasten, quasi abzuscannen. DANCER IN THE DARK (2000; Regie: Lars von Trier; Kamera: Robby Müller) schließlich überträgt den zunehmenden Verlust der Raumbeherrschung und der sich steigernden Desorientierung auf den Nahblick der Kamera und damit auf den Zuschauer. Brillanz, Klarheit und Farbe haben nur die Traumbilder, die auf das klassische Filmmusical verweisen, in denen der Tanz, mit der von er Erblindung bedrohten Protagonistin im Mittelpunkt, ganz selbstverständlich über den Raum verfügt und dem Körper die Schwerkraft nimmt.

Zur Programmatik von ERBSEN AUF HALB 6

An die Traditionen der Blindenfilme schließt ERBSEN AUF HALB 6 vielfältig an. Die Tragödie des blinden Künstlers wird hier fortgeschrieben, der ganz in Bildern denkt, der in Bildern lebt und den die Blindheit daher aller seiner Ausdrucksmittel beraubt und ihm einen totalen Neuanfang abverlangt. Der moralische Diskurs ist in diesem Film gewichtig, obwohl er ins Komödiantische gewendet ist. Die Profiteure der Blindheit werden prompt bestraft. Die pommersche Bäuerin muss für ihre Anmaßung büßen, das heruntergekommene Haus den blinden Gästen als gepflegte Pension zu verkaufen. Ihr Voyeurismus wird durchkreuzt, die «Opfer» wissen sich zu wehren, der durch den Türspalt geschleuderte Schuh trifft die spähende und Lauschende am Kopf. Der Zechkumpan, der Jakob in der öden Kneipe eine aufreizende junge Frau vorgaukelt und sich an der Wirkung seiner Lügengeschichte ergötzt, wird selbst zum Blinden, rennt in der dunklen Nacht mit voller Wucht gegen eine Verkehrsampel, schlägt böse auf dem Boden auf. Er erhält aber am nächsten Morgen die Chance, sich als Helfer zu rehabilitieren. Lillys Mutter, die eine Liebe der beiden Blinden mit allen Mitteln verhindern will und Jakob nicht von der Seite weicht, wird buchstäblich «angepinkelt», kann sich nicht mehr in Sicherheit bringen, als der Verfolgte seine Notdurft verrichtet. Für den nur vorgespiegelten ‹Herzenswunsch›, mit der blinden Lilly zusammenzuleben, muss der «Verlobte» Paul (Harald Schrott) bitter büßen. Auf der Ostseefähre wird er von einer üblen Seekrankheit heimgesucht, sein Handy wird ihm gestohlen und als er im Überlandbus die Fassung verliert, gegen Reisende handgreiflich wird, setzen diese ihn erbarmungslos mitten in der Ödnis aus. ERBSEN AUF HALB 6 ist den Blinden gewidmet. In der DVD-Version ist die Hörfilm-Fassung für Blinde und Sehbehinderte der vorgegebene Normalmodus. Wer die Fassung für Sehende abspielen möchte, muss erst mit dem Cursor herunterklicken. Man könnte auch von einem parteilichen Film sprechen, der stets auf der Seite der Blinden steht, der dafür sorgt, dass sie noch aus der extremsten Bedrohungssituation herausfinden, dass sie ihr Ziel erreichen und die Sehenden in einer plötzlichen Wendung ihr Ansinnen aufgeben, blinde Menschen zu beherrschen und zu bevormunden. Wie viele Blinden-Filme so will auch ERBSEN AUF HALB 6 die Augen dafür öffnen, dass Blinde die Welt tiefer und sinnlicher erfahren, den Anderen besser verstehen, ihn selbstloser lieben können, gerade *weil* sie ihn nicht sehen können. Um dieses andere Sehen begreiflich zu machen, muss jedoch auf den Urstoff des kinematografischen Erzählens und der filmischen Inszenierung verzichtet werden: auf den Blick. Blicke kehren das Innere nach außen, offenbaren Interessen, Ansprüche und Begehren der Akteure. Sie strukturieren aber auch Räume, stellen Verbindungen über die Einstellungsgrenzen hinaus her, verknüpfen die Figuren miteinander, sind wiederum Leitlinien für den Blick und das Agieren der Kamera. Judith Kaufmann ist sich der Tatsache bewusst, dass die filmische Bearbeitung der Blindheit eine ganz andere Grammatik des Zeigens und der szenischen Auflösung notwendig macht. In einem Interview mit der Zeitschrift *Film & TV Kameramann* stellt sie folgende Fragen: «Wie geht man zum Beispiel mit Schuß-Gegenschußaufnahmen um? Wenn der eine links-rechts und der andere rechts-links guckt, suggeriert das dem Zuschauer, dass die beiden sich doch sehen können? Oder muss man sie aneinander vorbeisehen lassen, um das Blindsein zu akzentuieren?»[3]

Das Gewohnte und oft Erprobte entzieht sich, dafür wird aber eine neue Form des Blickens gewonnen. Das Auge des Blinden ist ja nicht wirklich leer. Sein

---

3   Ian Umlauff: Liebesreize. In: *Film & TV Kameramann*, 20.03.2004, S. 128.

Blick ist vielmehr nach innen gerichtet, auf die eigenen imaginären Wirklichkeitsbilder, die durch das Ertastete, Erspürte und Erahnte gespeist werden. Einen solchen Anblick bieten die Sehenden, wenn sie sich in den Tagtraum verloren haben oder in die Absenz hinübergleiten. Dann wird der Sehende, der angeblickt wird, blind für das, was ihn umgibt, er vollzieht eine Verlagerung von den äußeren zu den inneren Reizen, sein Blick ist quasi ‹abgeschaltet›.

Caravaggio ist ein Meister in der Darstellung dieses inneren, nach innen weisenden Sehens. In dem 1595/96 entstandenen Bild *Heilige Maria Magdalena* geht er so weit, den Augenblick der Konversion gänzlich zu entäußern und nach innen zu verlagern. Der Kopf der von Alltagsutensilien umgebenen jungen Frau ist wie im Schlaf zur Seite gesunken, die Augen sind geschlossen und vom Betrachter abgewandt. Nur Körperzeichen, die geröteten Wangen und Ohren, die Entrücktheit der ganzen Erscheinung und die Intensität des Lichts, das auf sie fällt, verweisen auf das Außerordentliche des Moments, auf die sich vollziehende Verwandlung.[4] Auch dann, wenn Caravaggio seine Modelle den Betrachter direkt anschauen lässt, stattet er sie oft mit einem Blick aus, der als traumverloren und entwirklicht erscheint. Damit eröffnet er eine neue, eine geheimnisvolle und unergründliche Dimension des Bildes (Farbabb. 35, S. 108).

Die Schauspielerin Fritzi Haberlandt in der Rolle der Lilly erweist sich als Virtuosin dieses inneren Blicks. Sie beherrscht perfekt die Technik, zu schauen, ohne zu fixieren, den Blick quasi zurück zu wenden von der Außenwelt in die Dunkelheit des Körperinneren und den Eindruck des Numinosen mit einem rätselhaften Lächeln noch einmal zu verstärken. Ihre Nachahmung des blinden Sehens wirkt daher auch niemals peinlich oder aufgesetzt. Wenn die Kamera ihre weit geöffneten Augen in Nah- und Großaufnahmen erfasst, dann sind dies zweifellos Höhepunkte des Films. In ihrem Augenspiel verdichtet sich die Programmatik des Films, das innere Sehen sichtbar zu machen, ihm gerecht zu werden.

Erbsen auf halb 6 begnügt sich nicht damit, von außen auf die Blindheit zu blicken. Der Film wagt sich an das Paradox heran, dass einerseits Blindheitserfahrung im Kino nicht darstellbar ist, weil dieses Medium elementar auf das Licht angewiesen ist, nur aus Lichtbildern besteht, dass aber zum zweiten Blindheitserfahrung *nur* im Kino darstellbar ist, weil der Film mühelos in andere Bezirke von Bildwahrnehmung hinübergleiten kann, in den Traum, in die Vorstellung, in das Denken, dass also nur das Kino das Nicht-Sichtbare sichtbar machen kann. Doch wie kann es gelingen, dieses Paradox in einer konkreten filmischen Erzählung aufzulösen? Der *Vorgang* der Erblindung ist mit den traditionellen Mitteln des Erzählkinos relativ problemlos darstellbar. Der Prolog von Erbsen auf halb 6

---

4 Vgl. dazu: Sebastian Schütze: *Caravaggio. Das vollständige Werk.* Köln 2009, S. 75.

entscheidet sich für eine metaphorische Form, zeigt die Erblindung als Sturz in die dunklen Tiefen eines Gewässers. DIE STADT DER BLINDEN (2008; Regie: Fernando Meirelles; Kamera: César Charlone), ein Film, in dem die Blindheit eine gigantische Metropole, ja die ganze Welt wie eine Massenepidemie überfällt, visualisiert das Erblinden durch eine Weißblende, die Farben und Konturen der Dinge auslöscht. Blindheit als *Zustand* entzieht sich hingegen dem planen Realismus und der Bildroutine. Wer das Sehen der Blinden erschließen, dessen Phänomenologie erkunden und sich ihrer Weltwahrnehmung annähern will, der sieht sich dazu veranlasst, nach neuen visuellen Ausdrucksformen zu suchen, in die Zwischenzonen des Bildes zu gehen, mit Übergängen und Überlagerungen zu arbeiten. Normalbild und Normalsicht müssen in gewisser Weise «porös» gemacht werden, damit die sinnlichen Effekte außerhalb des Sehens zur Geltung, zur *Evidenz* gelangen können. Jeder filmische Erzähler, der das blinde Sehen ernst nimmt, verwandelt sich selbst radikal. Das Akustische gewinnt überhand, aus dem Filmbild wird ein Hörbild, die multisensuellen Dimensionen des Filmischen werden hervorgekehrt, die haptischen und taktilen Qualitäten scheinen durch und selbst der Geruchssinn wird evoziert. Schon im Prolog, wie gezeigt wurde, wird der Zuschauer auf dieses Abenteuer des neuen Sehens eingestimmt.

Sehen mit dem ganzen Körper

Bei ihrer bildgestalterischen Annäherung an die Weltwahrnehmung der Blinden bezogen Lars Büchel und Judith Kaufmann, wie sie im Gespräch erläuterten,[5] wesentliche Anregungen durch ein außerordentliches und weltweit erfolgreiches Buch von John M. Hull, das 1992 unter dem Titel *Im Dunkeln sehen. Erfahrungen eines Blinden* in deutscher Übersetzung erschienen war.[6] Hull (geb. 1935) stammt aus Australien und lehrte als Dozent der Religionspädagogik an verschiedenen englischen Universitäten. Er erblindete im Alter von 45 Jahren und schildert in seinem Buch mit überwältigender Genauigkeit, wie die Blindheit seine Existenz bis auf die Fundamente erschütterte, Wahrnehmung, Fühlen und Denken total veränderte und wie er mühevoll hinein fand in ein neues Welterleben. In seine Aufzeichnungen ist eine Ebene der philosophischen Reflexion eingezogen. Hull will das Blindsein als eigene «Seinsweise» ergründen, einen «Archetypus» der Blindheit ausformulieren und deutet sein Schicksal christlich-theologisch. An die sprachmächtigen und poetischen Wahrnehmungsprotokolle schließt der Film

---

5 Vgl. das Protokoll des Gesprächs nach der Projektion von ERBSEN AUF HALB 6 auf S. 80 dieses Bandes.
6 John M. Hull: *Im Dunkeln sehen. Erfahrungen eines Blinden.* München 1992. Die 1990 in London erschienene Originalausgabe trug den Titel: *Touching the Rock. An Experience of Blindness.*

vor allem an und erreicht so eine Authentifizierung der Darstellung, eine Wiedererkennbarkeit auch der blinden Zuschauer. Als erste elementare Erfahrung der Erblindung bezeichnet Hull die Erkenntnis, dass der «eigene Körper, das auf

2 Rückzug in den eigenen Körper

das eigene Innere gerichtete Bewußtsein» das Einzige ist, was ihm aus dem alten Leben noch geblieben ist. In diesen Körper ziehe sich der Erblindete reflexartig wie in einen Schutzraum zurück, weil er wisse, dass er diese «Welt», in die die Sehenden nicht «eindringen» könnten, noch zu «kontrollieren» vermag (Abb. 2).[7]

Als Jakob aus dem Koma zu erwachen beginnt, entfernt er seinen Arm von der am Bett sitzenden Freundin Nina, führt ihn fast schon instinktiv zum Körper zurück, verschränkt die Hände miteinander, als würde er sich vor der bedrohlichen, erst allmählich bewusst werdenden Dunkelheit verschanzen wollen. Er ist allein im Krankenzimmer, als er zum ersten Mal aus dem Bett aufsteht. Er muss schockartig erfahren, was Hull so umschreibt:

> «Das Blindsein nimmt einem das Recht auf ein Territorium. Man verliert Territorium. Der Radius der Aufmerksamkeit und des Wissens verkürzt sich, so dass man in einer kleinen Welt lebt. Fast jedes Territorium wird potentiell feindlich. Nur das Gebiet, das mit dem Körper berührt oder mit dem Stock angetippt werden kann, wird zu einem bewohnbaren Raum. Der Rest ist unbekannt.»[8]

Außerhalb des Ertastbaren stößt Jakob sich an unbekannten, nicht identifizierbaren Objekten, die zu gefährlichen Waffen mutieren und sich gegen ihn wenden. Nichts als Desorientierung, Angst und Panik verspürt er, mit einem Schrei des Entsetzens reagiert er auf diesen Schock. Dass der Raum auf das Berührbare «geschrumpft» sei, betont auch der blinde Fotograf Evgen Bavčar. Und dennoch beherrsche dieser eingeschränkte Raum den Blinden vollkommen, weil er beständig Orientierung und Kontrolle verlange.[9] Mit nur einer leichten Verschiebung hin zur Wahrnehmung des Protagonisten verbildlicht Judith Kaufmann diese

---

7   Ebd., S. 70.
8   Ebd.
9   Evgen Bavčar: *Das absolute Sehen*. Aus dem Französischen von Sybille Kershner. Frankfurt am Main 1994, S. 11.

3 Der Vertikalshot als Ausdruck der Verlorenheit

Grunderfahrung des Blinden. Als sei der Abschied von der sichtbaren Welt noch nicht ganz vollzogen, wird das Bild verschattet. Eine diffuse Lichtquelle im Hintergrund nimmt dem Raum die Tiefe, der Vordergrund ist verdunkelt. So entsteht ein wirkungsvolles Bild des Verlusts und der Bedrohung, ohne dass es eines Sprungs in eine ganz andere Bilddimension bedürfte. Ein Vertikalshot spitzt dieses Ausgeliefertsein an den zugleich geschrumpften und bedrohlich unendlichen Raum noch einmal zu (Abb. 3).

Die Aufsicht, der Kontrollblick von oben, verbunden mit der Überschärfe des Weitwinkelobjektivs, bringt die Paradoxie der filmischen Darstellbarkeit von Blindheit auf den Punkt. Noch an zwei anderen Stellen wird dieser Vertikalblick wirkungsvoll eingesetzt: Als Jakob in der Toilette einer Gaststätte die Hilfe von Nina verweigert und noch ganz in der Illusion befangen ist, er könne den Raum komplett beherrschen, Raum und Körper miteinander koordinieren. Und schließlich in der Rapsfeldsequenz, der Schlüsselszene des ganzen Films. Die Empathie der Sehenden mit den Blinden, auf die der Film aus ist, erreicht hier, in einer fast schmerzhaften Kollision der Wahrnehmungen, ihren Höhepunkt. Der Moment tiefster Verlorenheit in einer dunklen Welt wird in ein Naturgemälde von atemberaubender Schönheit eingelagert (Farbabb. 34, S. 108).

Lilly und Jakob irren durch ein weites sonnenüberstrahltes Rapsfeld, das in voller Blüte steht. Das strahlende Gelb, das satte Blau des Himmels, die klare Luft, der offene, unverschleierte Horizont – all dies lässt den Zuschauer das Glück des Sehens und die Schrecken der Blindheit gleichzeitig erfahren. Durch den Vertikalshot kippt das Bild. Nun werden die Fluchtbewegungen quer durch das blühende Feld wie auf einer Schiefertafel als Schrift der Verzweiflung, als zielloses Nebeneinander von Fluchtlinien lesbar gemacht.

Auf direkte und manifeste Zeichen der Blindheit verzichtet Judith Kaufmann. Wenn sie die binden Protagonisten mit ihrer Kamera in halbnahen Einstellungen erfasst, dann arbeitet sie häufig mit langen Brennweiten und einem unscharfen Bildhintergrund. Doch dem Zuschauer wird kaum bewusst, dass dies ein bildhafter Ausdruck des «geschrumpften», des reduzierten Raumes ist, dem sich Blinde unterwerfen müssen. Nur an wenigen Stellen schwenkt die Kamera als Schlussgeste einer Einstellung in den Schwärzebereich eines Bildes, eher sparsam wird von der Schwarzblende Gebrauch gemacht. Stattdessen führt der Film die Verschiebung blinder Wahrnehmung vom Sehen auf das Hören geduldig und detailgenau vor. An einer Stelle seines Buches analysiert John M. Hull eindringlich die Differenz der beiden Wahrnehmungsmodi. Durch den Sehsinn sei der Mensch in jedem Augenblick mit der Materialität der Welt eng und dauerhaft verbunden. Der «akustische Raum» ermögliche dagegen bloß einen fragmentarischen Kontakt, denn Töne, Geräusche, Stimmen seien Klangereignisse, die nur in der Zeitlichkeit des Erklingens existierten und dann verschwänden. Während die sichtbare Welt jedoch das aktive Subjekt erfordere und trotz permanenter Wechsel der Blicke und der Fokussierungen, der Bewegungen der Augen und des Kopfes nie ganz erfassbar sei, könne der Hörende passiv und bewegungslos bleiben und dennoch den Hörraum als Totalität erfahren. Das Akustische sei eine «Welt, die zu mir kommt, die für mich erblüht, die nur existiert, wenn sie sich mit ihren Lebensäußerungen an mich wendet.»[10] Es sei wichtig, dieses Angebot anzunehmen, in die akustische Welt einzudringen und sie in der Fülle ihrer Differenzierungen zu erfassen. Hull beendet diese zentrale Passage mit dem pathetischen Satz: «Der akustische Raum ist eine Welt der Offenbarung.»[11] Den Hörraum neu zu erfahren als eine Offenbarung für die Sinne – das will auch der Film dem Zuschauer nahe bringen. Akustische Überblendungen verbinden die Sequenzen miteinander, nachdem Jakob mit seiner Blindheit konfrontiert wurde, wirken wie ein Signalement für die Zuschauer, die Bedeutungsverschiebung der Sinne mit zu vollziehen, sich im Orientierungshören zu üben. Das Erlebnis des Regens spielt in der Weltwahrnehmung der Blinden eine herausragende Rolle, Hull erläutert dies an mehreren Stellen seines Buches. Durch die Geräusche des Regens beginnt der Raum zu sprechen, setzt zu einer kontinuierlichen und reichhaltigen Rede an. Für den Blinden ist daher der dunkle Raum nicht mehr unermesslich, er gewinnt Endlichkeit, Struktur und Konkretion.

> «Regen hat die Eigenart, die Umrisse aller Dinge hervorzuheben; er wirft eine farbige Decke über Dinge, die vorher unsichtbar waren; wo vorher eine unter-

10 Ebd., S. 100.
11 Ebd., S. 101.

4 Das innere Vorstellungsbild des Regens

brochene und damit zersplitterte Welt war, schafft der gleichmäßig fallende Regen eine Kontinuität akustischer Wahrnehmung.»[12]

Auf ihrer Wanderung durch die russische Steppe suchen Lilly und Jakob in einem stallartigen Verschlag Schutz vor einem heftigen Regenschauer (Abb. 4).

Lilly, die im analytischen Hören Erfahrene, erläutert die Dinge und Oberflächen, die für das Ohr sichtbar werden. Jeden einzelnen Regentropfen hört sie heraus und überschreitet damit bei weitem die Kapazität des Auges. Evgen Bavčar geht sogar so weit, dem Reich der Töne, das der Blinde unvergleichlich differenzierter wahrnimmt, den Charakter des Lichts zuzuschreiben. Die «Finsternis» ist demnach für ihn nur «Schein».[13] Judith Kaufmann illustriert das überscharfe, die Dinge enthüllende Hören mit Bildern, die das Strukturierende, Regelmäßige des Regens betonen. Mehrfach wechselt sie in reine, monochrome Strukturbilder, die an das bilderlose Sehen des Prologs anknüpfen.

Die Bemerkung von John M. Hull, bei einem Blinden sei die «spezialisierte Funktion des Sehens» auf den «ganzen Körper übergegangen»,[14] macht ERBSEN AUF HALB 6 vornehmlich an der Figur der Lilly anschaulich. Sie sieht mit den Händen, eignet sich ihre Umwelt haptisch an, ertastet Gegenstände geduldig und ausdauernd. Jede ihrer Bewegungen ist selbstkontrolliert, mit dem Blindenstock erkundet sie den vor ihr liegenden Raum. Der Körper ist hoch aufgerichtet, das Gesicht weit geöffnet, um mit jeder Pore die Bewegungen des Windes, die Wärme der Sonne zu spüren und zu deuten. Sie besitzt die Fähigkeit, die auch Hull eindringlich erläutert, Hindernisse, die sich vor ihr aufbauen, an der Echowirkung des Luftdrucks, den diese zurückwerfen, an der «Haut des Gesichts» zu spüren[15] und ihnen wie ein Sehender zu begegnen. Sie kann die Präsenz von Körpern, von Personen im Raum erspüren. Dieses erahnende Sehen wird in zwei Sequenzen verdichtet. Lilly bleibt auf dem Bahnsteig vor dem Abteilfenster stehen, hinter

12 Ebd., S. 46.
13 Vgl. Bavčar, S. 21.
14 Hull, S. 241.
15 Ebd., S. 41–44.

dem der flüchtende Jakob Platz genommen hat. Es kommt zu einem ‹Quasi-Blick› der beiden wie in einer klassischen Abschiedsszene. Ähnlich entsteht eine ‹Quasi-Berührung› der beiden, die sich zu lieben beginnen, durch die trennende Wand der «Pension» hindurch.

Bilderreise in eine neue Identität

Nicht allein bei der Phänomenologie des blinden Sehens lehnt sich ERBSEN AUF HALB 6 eng an Hulls Tagebuch an, sondern auch die innere psychologische Dramaturgie der Erblindung und ihrer Verarbeitung wird adaptiert. Die schreckliche Gewissheit, dass die Blindheit unumkehrbar ist, die Welt der Sichtbarkeit und der Bilder immer mehr verblasst, die Erinnerung an Gesichter und an das eigene Spiegelbild sich immer mehr auflösen, stürzt Hull in eine tiefe Krise und treibt ihn in Panikattacken. Erst allmählich lernt er, mit der Blindheit umzugehen, sie zu akzeptieren, sie zu entdecken, um am Ende zu einem neuen Selbstbewusstsein zu finden. Dieses Schema übernimmt der Film, gestaltet es aber erheblich aus. Jakob revoltiert gegen das Schicksal der Erblindung und verweigert jede Anpassung. Er hält illusionär an seiner Subjektmächtigkeit fest, stößt alle Helfer von sich. Statt sich langsam in das Reich der Dunkelheit vorzutasten, scheuert er sich die Hände an einer Mauer blutig.[16] Statt behutsam in das Vertraute zurück zu finden, läuft er gegen sein altes Leben Amok, verwüstet seine Wohnung, die sich ausnimmt, als sei sie von Dieben durchwühlt worden. Die letzte Konsequenz, der Selbstmord, scheitert jedoch. Der zweite Sturz vom Hochhaus endet auf dem Kaffeetisch einer Dachterasse. Auch dies ist eine paradoxe Pointe, denn allein die Blindheit, der er entfliehen wollte, bewahrt ihn vor dem Tod. Die Revolte endet im Rapsfeld, mit dem Erlebnis der tiefsten Verlorenheit und mit dem Schrei nach Hilfe. Von da an beginnt Jakob, die Blindheit nicht als Ende, sondern als den Beginn von etwas Neuem zu begreifen. Der Film wird zu einem *Road Movie* der besonderen Art, zu einer Reise in ein neues Leben, in eine neue Identität, eine Reise, die aber auch zu den Ursprüngen zurückführt, zur Mutter, die im fernen Onega, am Weißen Meer, den Tod erwartet. Ende und Anfang fallen zusammen. Die Genrewahl ist einerseits konsequent, denn die Akteure in einem *Road Movie* verwandeln sich im Laufe ihrer Reise, schlüpfen in eine neue Haut. Andererseits wird die Paradoxie einer Sichtbarmachung blinder Welterfahrung heillos überspannt, schließlich leben *Road Movies* vom Abenteuer des Sehens, von malerischen und exotischen Landschaften, von der Begegnung mit dem Fremden, von Zufällen und Unberechenbarkeiten. Allerdings dämpft der Film das Risiko mit

---

16   Auch dies ist ein zitathafter Rückgriff auf Kieslowskis TROIS COULEURS: BLEU.

einer doppelten Rückversicherung, er lässt das blinde Paar in der Fremde, in den unbekannten Welten nicht allein. Die Form des Märchens, in die das *Road Movie* gekleidet wird, erlaubt jederzeit den Eingriff des Wunderbaren und die Fügungen einer metaphysischen, einer über allem schwebenden und wachenden Erzählinstanz, um die Geschichte zu einem guten Ende zu bringen. Daher laufen auch alle Einwände, die in vielen Kritiken gegen das Gesuchte, Weit-Hergeholte, Unlogische der Handlung vorgebracht wurden, ins Leere. Solche Kritiken haben die Strukturnotwendigkeiten und Strukturmöglichkeiten eines Films nicht verstanden, der auf den Plakaten als «Die wunderbare Geschichte einer blinden Liebe» angekündigt wurde. Das Märchen des jungen blinden Paars, das durch alle Prüfungen hindurch unbeirrt seiner Bestimmung entgegen strebt, hat aber auch eine stabile Anbindung an das Reale. Es hat einen «Sitz im Leben», vor allem durch die Kontrastierung mit dem «normalen» Sehen. Die Verfolgungsjagd, die Mutter und Freund unternehmen, um ‹ihre› Lilly wieder einzufangen, ist ein geschickter Kunstgriff, der die märchenhafte Reise der Blinden mit dem Sichtbaren «unterfüttert» und gleichzeitig das innere Sehen kontrastiv hervorhebt. Bodenhaftung liefert auch die komödiantische Spiegelung durch eine ganz andere, nicht weniger angstbesetzte Initiation, die Alex und Ben als Abschied von der Kindheit erfahren. Auch sie ist mit dem Paradigma der Sichtbarkeit eng verknüpft. Auch sie kulminiert in einem ersten, einem neuen Blick auf den nackten Körper des anderen Geschlechts.

Das blinde Paar bricht zu etwas Neuem auf. Das gilt auch für Lilly, obwohl sie in ihrer Blindheit zunächst als unverrückbar erscheint. Die Blindgeborene ruht in ihrem referenzlosen, reinen und absoluten Sehen, das sich ja auf kein Außen, auf keinen Objektbezug, auf keine Sichtbarkeitserinnerung berufen kann. Ihre Erlebniswelt ist eine vollkommene Selbstschöpfung, das macht ihre Stärke und ihre Sicherheit aus. Sie muss sich aber aus der falschen, verlogenen fürsorglichen Bevormundung befreien, um das Glück einer echten Partnerschaft erleben zu können.

Schritt für Schritt, in einzelnen Stationen des Märchens werden Jakob und Lilly ein Paar. Nach einem dritten Sturz vereinigen sie ihre Energien auf ein gemeinsames Ziel, Lilly wird zur Reisebegleiterin und Helferin. Wie in Breughels berühmten Gemälde *Blindensturz* fallen sie in einem Moment kompletter Desorientierung und Hilflosigkeit in einen unabsehbaren Abgrund, werden durch die sich schließende Verladerampe der Fähre nach unten geschleudert (Abb. 5).

Nun achten sie sorgfältig aufeinander, einen weiteren, einen vierten Sturz von einer Rampe verhindert Lilly im letzten Moment. Beide profitieren bei ihrer Selbstverwandlung voneinander. Sie, die sich im Land der Dunkelheit aus langer

Erfahrung auskennt, führt ihn in die Orientierungs- und Übersetzungssysteme blinden Sehens ein. Das abstrakte Ordnungsmuster der Uhr überträgt sie auf die Anordnung der Speisen auf dem Restaurantteller: Die Erbsen liegen auf «halb 6». Sie beschert damit dem Film einen wunderbaren Titel. Er verfügt hingegen über ein Erinnerungsbild des Sichtbaren und kann so dem «inneren Sehen» Farbe und Realitätshaltigkeit verleihen. Beide bilden gemeinsam eine Sprache der Blindheit aus. Als Jakob der sterbenden Mutter die Geliebte beschreibt, beherrscht er bereits perfekt dieses reiche multisensuelle Idiom: «Ihr Haar fällt langsam. Ihr Geruch ist wie der Wind. Ihre Stimme ist blau.»

5 Der Blindensturz auf die Fähre

Im Dialog gegen Ende des Films wird noch einmal pointiert zusammengefasst, was vorher im bildlichen Diskurs zur Entfaltung kam. Judith Kaufmann entscheidet sich dafür, den Reichtum blinder Weltwahrnehmung in gleitenden Übergängen von einer Bildlichkeit in die andere sichtbar zu machen. Blindheit und Sehen sind demnach nicht prinzipiell voneinander getrennt, sie nähern sich vielmehr einander an. Im Prolog vollzieht Judith Kaufmann eine interne Grenzüberschreitung, um ganz beiläufig von einem erzählerischen ‹Normalbild›, von der ‹Normalsicht› zu einem subjektiven, inneren Vorstellungsbild, einem Berührungsbild und einem Gefühlsbild des Wassers zu gelangen. Nach seiner Erblindung wird Jakob von betörend sinnlichen, leuchtend-farbigen Erinnerungsbildern regelrecht heimgesucht, die den Schmerz über den Verlust des Sehens noch einmal steigern. Die Detailaufnahme eines Teebeutels, der in ein Teeglas mit kochendem Wasser getaucht wird und sein Aroma in einer Farbwolke entfaltet – das ist ein solcher Erinnerungsflash. Die Reise zu den Ursprüngen, zum Abschied von der Mutter, wird von Jakobs Erinnerungen gelenkt. Mit Hilfe seiner Erinnerungsbilder markiert er die ihm vertraute Reiseroute und kann so die Dunkelheit zumindest partiell auflösen. Den Hamburger Hauptbahnhof, in den er vor Lilly und dem Blindenzentrum flieht, sieht Jakob mit den Augen der Erinnerung. Wir sehen ihn in seinem eigenen Erinnerungsbild agieren (Abb. 6).

Das Bild geht in monochrome Farben über, die Bahnhofsbesucher sind seltsam zeitlos gekleidet, aus der Mode gefallen, die Inschriften sind altertümlich. Die Massenszene wirkt wie entleert, der Blick wird auf Details gelenkt, auf die

6 Das Erinnerungsbild öffnet sich beim Betreten des Bahnhofs

Blütenblätter einer Rose, die auf dem Bahnsteig zurückbleiben und wohl ein konkretes Erinnerungsbild heraufbeschwören. Gleichzeitig sind die Geräusche gefiltert und forciert, ein zweiter Übergang zu einem *Hörbild* hat stattgefunden.

Bei den Busreisen des blinden Paars und ihrer sehenden Verfolger wird der Kontrast von Vergangenheit und Gegenwart ausgespielt. Da gibt es das farbige Erinnerungsbild mit den freundlichen, hilfsbereiten Bauern, mit markanten, lächelnden Gesichtern und allerhand Federvieh – und die eintönig braune und graue, aggressive, mürrische und unforme Gegenwart. Da muss der Zuschauer genau hinsehen, um die Bildpointen nicht zu verpassen.

Einer der Höhepunkte der Reise stellt das von jeder Erinnerung abgelöste Vorstellungsbild dar. Lilly und Jakob erwachen in einem Albtraum. Sie sind die einzigen Passagiere in einem verlassenen, fensterlosen, zur Ruine gewordenen Bus, der mitten in der Steppe gestrandet und wie ein Uralt-Wrack auf den Grund des Ozeans herabgesunken ist. Nur der Fahrer ist übrig geblieben. Er ist zu Tode erschöpft, sein Körper liegt auf dem Lenkrad. Es hat den Anschein, als ob auch er in das Reich der Blindheit eingetreten sei. Seine Augen werden durch eine gigantische Schutzbrille verdeckt. Die Blinden sind einem blinden Fahrzeugführer ausgeliefert – ein ins Phantastische radikalisiertes Vorstellungsbild der Verlassenheit und Verzweiflung (Abb. 7).

Das eigentliche Ziel der Bilderreise ist die Erfüllung und die Selbstgewissheit des inneren Sehens. Lilly gewinnt eine neue Identität, als sie sich von der Diktatur der Sehenden befreit und auf ein selbstbestimmtes Leben, auf ihr Liebesglück pocht. «Ich bin nicht blind, ich weiß nur, dass ich nicht sehen kann», hält sie Mutter und Freund entgegen, die ihr brutal die Blindheit vorhalten. Das wandelt den Kernsatz von Hulls Buch ab, mit dem er die Blindheit als eigene

Blindheit als inneres Sehen

7 Die Busruine und der erblindete Fahrer

«Seinsweise» begründet und um Achtung und Respekt wirbt: «Ich habe mir immer wieder gesagt, dass ich kein Blinder bin, sondern ein Sehender, der nicht sehen kann».[17]

Jakob wiederum erlebt seine Wiedergeburt, indem er das Schicksal der Erblindung akzeptiert und das innere Sehen erlernt. Nur dadurch wird er fähig, Lilly wirklich zu begegnen. In einem Motel finden die beiden Körper zueinander. Für das Sehen mit den Händen, für das Ertasten und Erkunden der Körperlandschaften findet Judith Kaufmann außerordentliche, mehrschichtige, mehrdimensionale Bilder, die aus der linearen Zeit herausfallen und dem inneren Sehen eine eigene Zeitlichkeit gewähren. Der Film mutet aber dem Paar noch eine letzte Prüfung zu. Er trennt die beiden und führt sie im Trubel einer russischen Hochzeitsgesellschaft nun endgültig zusammen – in einem leeren Bild. Die Hochzeitsgäste sind vor einem heftigen Platzregen geflüchtet, das Mikrofon wird durch einen Kurzschluss als Suchinstrument außer Kraft gesetzt (Abb. 8).

Allein durch die Resonanz der Regentropfen finden sich die beiden. «Ich höre dein Haar, dein Gesicht, ich höre dich», kann nun auch Jakob sagen. «Gehen wir!» Das Märchen beansprucht am Schluss die Allgemeingültigkeit einer Parabel. Es transzendiert die Blindheit und geht alle an. «Trau dich, erkenne dich selbst, folge deiner Bestimmung, finde deinen Weg» – das sind die Botschaften des Schlusstableaus.

8 Das Paar findet sich wieder

17 Hull, S. 57.

Die reiche Phänomenologie des inneren Sehens, die spielerischen Übergänge zwischen den Bildklassen und Bildformen funktionieren allerdings an einem Punkt nicht, bei der Welt der Mutter, dem Sterbeort und Zielpunkt von Jakobs Reise. Da gibt es nämlich keine Realitätsspiegelung und Realitätsunterfütterung, keine Rückversicherung durch Erinnerung. Das Haus am Strand und der aus Kunstobjekten gebaute Garten sieht niemand anders als der blinde Protagonist Jakob. Die sterbende Mutter am Meer ist ein rein imaginäres Bild, das aber wie ein objektives Erzählbild gestaltet ist. Eine Surrealität des Bildes misslingt, die Szenerie ist mit einem Übermaß an sentimentalen Zeichen und Motiven überfrachtet. Es gibt ein Zuviel des Poetischen und Anrührenden: Das Abschiedsfest am Strand, inszeniert wie eine Angelopoulos-Sequenz, die Sterbende vor dem Sonnenuntergang und einem monumentalen Wolkenpanorama, der Leichenwagen im Gegenlicht vor der Meereskulisse. Hier büßt der Film seine kluge Ökonomie der Bilder ein, die er ansonsten gewahrt hatte. Dazu wird das viel zu gewichtige Thema «Sterbehilfe» viel zu leicht genommen.

Epilog: Selbstaufhebung der Sichtbarkeit

Blindenfilme sind ein gefährliches Genre. Indem sie sich dem blinden Sehen intensiv widmen, es gar als tieferes und eigentliches Erkennen zur Geltung bringen, stellen sie das ‹normale› Sehen nachhaltig in Frage. Sie setzen damit ihr Grundkapital aufs Spiel: die Sichtbarkeit. Gerade bei ERBSEN AUF HALB 6 wird diese fast zwangsläufige Selbstrelativierung des filmischen Mediums besonders prägnant deutlich. Jakob musste erst erblinden, um sich aus einem falschen Leben, aus einer oberflächlichen Beziehung zu befreien. Nur die Blindheit eröffnete ihm die Chance, Lilly zu begegnen, sie zu entdecken. Ist die Liebe zwischen Jakob und Lilly nicht deshalb so unverbrüchlich und bedingungslos, *weil* sich die beiden nicht sehen, der Täuschung des Äußeren nicht verfallen können? Werden nicht die Sehenden allesamt als Täuscher, Lügner und Manipulateure entlarvt? Das Äußerliche und die Oberfläche, die Welt der Erscheinungen behauptet nun aber das fotografische Medium Film als das Wirkliche und Authentische. Blindenfilme besitzen demnach das Potenzial, sich selbst aufzuheben. ERBSEN AUF HALB 6 agiert dieses kritisch-selbstreferenzielle Potenzial gehörig aus. Als Paul der arglosen Lilly den Bau einer Villa als ihr Liebesnest vorgaukelt, da verstärkt die Kamera seine Lüge, greift zu einem Filmtrick, um den Zuschauer in die Irre zu führen (Abb. 9).

Ein puppenhausähnliches Modell, durch dessen Fenster sie blickt, erscheint für Momente als ein wirklich ausgeführter, komplett eingerichteter Bau. Mit Größenverhältnissen kann das Kino spielen, das Miniaturisierte im engen Bild-

Blindheit als inneres Sehen

9 Die Augentäuschung des Kinos

ausschnitt als das Wirkliche ausgeben, kann winzige Modelle in gigantische Kulissen einspiegeln.

Auf seiner Wanderung durch die russische Steppe stößt das blinde Paar auf eine Kulissenstadt. Fassaden sind täuschend echt hochgezogen, Türen und Fenster führen aber ins Nichts. Aus dem Bonusmaterial erfahren wir, dass dies einen ehemaligen Truppenübungsplatz darstellen soll. Es könnte aber auch eine aufgelassene Filmstadt sein, in jedem Fall ein Ort des *Als Ob*, der Simulation (Abb. 10).

ERBSEN AUF HALB 6 treibt sein Täuschungsspiel mit dem Zuschauer aber noch in einem weit umfassenderen Sinn. Das *Road Movie* ist gar kein *Road Movie*. Die Reise in die Tiefen der russischen Steppe bis hin an die Küste des Weißen Meeres fand mitnichten an Originalschauplätzen statt. Die Filmcrew hatte es nicht weit.

10 Das blinde Paar vor der Kulissenstadt

77

Die russische Verlorenheit wurde im stillgelegten Braunkohlenrevier der ehemaligen DDR nachgestellt, das Weiße Meer ist die dänische Ostseeküste. Der wilde Osten, der im Film vermeintlich durchmessen wird, jene Mischung aus gigantischen Industrieruinen, entgleistem Kapitalismus, heftiger Folklore und inbrünstiger Religiosität, ist also bloße Imagination, nur für den Film entworfen und aufgebaut. Die russischen Ureinwohner sind eigens für den Film verpflichtete Komparsen. Nichts ist das, was es zu sein vorgibt. Auch in der Selbstaufhebung des Sichtbaren zeigt der Blindenfilm ERBSEN AUF HALB 6 eine ungewöhnliche Konsequenz.

«Das eigentliche Thema des Films ist die Erkundung einer anderen Wahrnehmung»

Judith Kaufmann im Gespräch mit dem Medienwissenschaftler Karl Prümm über ERBSEN AUF HALB 6 (2004)

1 Judith Kaufmann, Karl Prümm und der Regisseur Lars Büchel (v.r.n.l.)

Karl Prümm: Ich würde gerne wissen, wie das Grundkonzept des Films, das sehr differenzierte Umgehen mit dem Thema der Blindheit, entstanden ist? Wir könnten, wenn Sie einverstanden sind, mit der Chronologie des Films beginnen. Wann sind Sie an dieses Drehbuch gekommen? In welchem Maße waren Sie von Anfang an beteiligt? Vielleicht auch an der Ausarbeitung und Ausgestaltung des Drehbuchs? Und daraus ergibt sich dann ja ganz konsequent die visuelle Konzeption.

Judith Kaufmann: Ich hatte vor ERBSEN AUF HALB 6 einen Film zusammen mit Lars Büchel gemacht, JETZT ODER NIE, das war im Jahr 2000. Während wir diesen Film gedreht haben, hat er mir damals das Drehbuch *Erbsen auf halb 6* zum Lesen gegeben. Es war zunächst schon ein sehr anderes Buch. Es beschrieb zwar auch die Begegnung dieser zwei Hauptpersonen, dieser Frau Lilly Walter, die von Geburt an blind ist, mit Jakob, der zu Beginn des Films erblindet. Der Film spielte allerdings sehr stark in der Klinik, in Innenräumen, zu Hause, sehr statisch an einem Ort, kreiste eigentlich nur um die beiden und hatte einen sehr lakonischen und relativ trockenen Ton. Dieser Film, diese Geschichte haben sich dann im Laufe der nächsten Jahre gewandelt. Ich war teilweise auch nicht dabei bei der dann folgenden Entwicklung des Drehbuchs. Lars hatte für sich beschlossen, dass dieser Film mit dem vorliegenden Drehbuch, so wie ich es bis dahin kannte, für das Kino nicht ausreichend ist. Er wollte daher diese beiden Menschen gerne in die Welt, auf eine Reise schicken und auch in eine Zweisamkeit schicken, die alles andere ausschließt. Er wollte sie zugleich auch Situationen des Lebens aussetzen, die eine Absurdität, die vielleicht auch eine Komik haben und damit diese zwei anderen Parallelstränge aufmachen.

Ich war in diese Umarbeitungen nicht eingebunden. Ich habe das Drehbuch zu einem späteren Zeitpunkt wieder gelesen und da hatte es sich sehr verändert.

Karl Prümm: Das führt dann zu der Frage, zu welchem Zeitpunkt dann die konzeptionellen Entscheidungen in Bezug auf die Bildlichkeit getroffen wurden. Eine der Grundentscheidungen besteht darin, zunächst bei einem objektiven Erzählbild zu bleiben. Das ist so etwas wie die Ausgangsbasis des Films. Man könnte sich ja auch vorstellen, dass mehr mit einer subjektiven Bildebene, dass mit Verzerrungseffekten gearbeitet wird, oder dass man da durchaus andere Bildebenen auch kennzeichnet. Auf der Basis des objektiven Erzählbildes gibt es dann diese gleitenden Übergänge in andere Bildkategorien, etwa in das Erinnerungsbild und in Vorstellungsbilder, die zu den ästhetischen Höhepunkten des Films zu zählen sind. Zu welchem Zeitpunkt ist dieses visuelle Grundkonzept entstanden? Gestern haben Sie erzählt, dass es für Sie ganz wichtig sei, von den Schauplätzen her sehr spontan und unmittelbar zu Entscheidungen zu kommen. ERBSEN AUF HALB 6 scheint mir demgegenüber so durchgefeilt in den Bildstrukturen, dass Sie vielleicht diese Entscheidungsmomente noch einmal genau benennen sollten.

Judith Kaufmann: Für mich war eigentlich schon in der Vorbereitungszeit klar, und das war auch eine gemeinsame Entscheidung von Regie und Kamera, dass es in diesem Film eigentlich um die Erkundung einer anderen Wahrnehmung geht. Dass dies aber nicht geschieht, indem wir als Sehende so tun, als ob wir wüssten, wie es ist, blind zu sein.

Aber dennoch, wie erfolgt diese Annäherung? Wir haben mit blinden Menschen gesprochen und wir haben vor allem natürlich Filme gesehen. Aber das prägende Erlebnis war ein Buch eines Australiers, John M. Hull, mit dem Titel *Im Dunkeln sehen. Erfahrungen eines Blinden.* In diesem Buch beschreibt dieser

«Das eigentliche Thema des Films ist die Erkundung einer anderen Wahrnehmung»

Mensch seine langsame Erblindung. Kurz nach seiner Heirat und der Geburt seines dritten Kindes erblindet er schrittweise. Das Buch war so unglaublich traurig, dass man es gar nicht am Stück lesen konnte. Ich denke, es war eine entscheidende Anregung, diese ganz genaue Wahrnehmung von John M. Hull mit aufzunehmen in den langsamen Prozess der Erblindung, in den langsamen Verlust, der dann ja auch, irgendwann nach den Schmerzen, eine Bereicherung, eine Entdeckung bedeutet. Obwohl ich Regen schon sehr mag, mag Lars Regen eigentlich noch mehr und vor allem ist der Regen wesentlich entstanden aus der Anregung aus diesem Buch, aus der Beschreibung dieses Menschen, der genau festgehalten hat, wie der Abdruck der Wirklichkeit durch Wind, Wetter und Regen geschieht und welche Bedeutung das hat.

Karl Prümm: Wesentliche Anregungen aus diesem Buch reichen also bis in die Bildgestaltung hinein. Umfasst dies auch den Umgang mit dem Licht? Denn es gibt ja diese leicht angedunkelten Bilder. Es gibt aber auch die Bilder, die eine strahlende Transparenz und Helligkeit haben. Das Rapsfeld ist ja so ein Bild, wo man den totalen Kontrast spürt zwischen der absoluten Verlorenheit und der strahlenden Leuchtkraft des Bildes. Hatten Sie auch Anregungen aus diesem Text für die Lichtgestaltung gewinnen können?

Judith Kaufmann: Die Schwierigkeit war uns von Anfang an bewusst, die Gratwanderung, als Sehende etwas über Blindheit zu machen, das Nicht-Sehen zu visualisieren. Blinde Menschen in einer Totalen, in einer strahlenden Helligkeit in einem Rapsfeld gleichzeitig zu sehen. Wir sehen als Zuschauer diese Menschen dort und sie selbst können nicht sehen. Das wird durch so ein Bild eigentlich komplett kontrastiert. Man kann sich da in gewisser Weise schwer und vielleicht auch nur über diesen extremen Kontrast gerade wieder sehr stark einfühlen.

Wir haben versucht, mit verschiedenen Bildelementen etwas über diese andere Wahrnehmung erfahrbar zu machen. Es ist viel aus diesem Film wieder herausgeflogen, an Makro-Aufnahmen beispielsweise, die eigentlich eine Desorientierung schaffen sollten, dass man nicht weiß, wo man ist, an welchem Ort, wie die Beschaffenheit dieses Ortes ist. Natürlich spielt der Ton eine immens große Rolle. Beim Licht haben wir versucht, den Film schon im Dunkeln zu beginnen, ganz im Sinne der Entwicklung von Jakob, einem Sehenden, der aber von einer Dunkelheit umfangen ist. Der Film wird nach und nach immer heller bis hin zu diesem Moment im Rapsfeld, wo auch Jakob erkennen muss, dass er an einem Wendepunkt angekommen ist, dass es so nicht weitergeht.

Karl Prümm: Ich möchte jetzt auf einen kritischen Punkt des Films zu sprechen kommen, der für mich am Schluss sichtbar wird. Ich weiß nicht, ob Sie die Bauchschmerzen, die ich da habe, nachvollziehen können. Die entstehen durch eine gewisse Überladenheit an Poetizität, an poetischen Motiven. Und wir haben dazu noch die Schwierigkeit, dass es sich um ein reines Traumbild handelt. Oder sollte das auch ein Erzählbild sein? Wie haben Sie das während ihrer Arbeit gesehen?

Judith Kaufmann: Ich kann die Kritik gut nachvollziehen. Ich glaube, dass der Film an einigen Stellen vielleicht ein bisschen überstrapaziert mit alten Autos und Fahnen und Regen, dass er an einigen Stellen vielleicht davon etwas zu viel hat und dadurch auch von der intensiven Geschichte der beiden Hauptfiguren ein bisschen ablenkt. Die Schwierigkeit mit der Figur der Mutter war natürlich auch ganz inhaltlich. Da ist eine todkranke Mutter und dort geht die Reise hin. Sie ist eine Künstlerin. Was kann man da zeigen? Was kann sie da eigentlich tun, was in irgendeiner Weise ein Geheimnis, eine Befriedigung und kein leeres, manieriertes Bild darstellt?

Das betrifft auch das Essen am Meer. Wir haben versucht, uns auf diese Gratwanderung und auf diese Bilder einzulassen. Daher ist auch klar, dass dies scheitern und auch unterschiedlich empfunden werden kann. Aber ich kann diese Kritik sehr verstehen.

Karl Prümm: Es bietet sich an dieser Stelle an, noch einmal auch auf die Diskussion von heute morgen zurückzukommen. Sie hatten intensiv gesprochen über Ihre Arbeitsbedingungen, über Ihre starke Verbundenheit mit den Low-Budget Filmen, mit dem *Cinéma pauvre*, über die Vorteile der geringen Möglichkeiten, die man dort hat. Nun ist dies offenbar der reichste Film, den Sie bisher gedreht haben. Ich weiß nicht, ob er Sie unbedingt reich gemacht hat, aber er ist von der Ausstattung her derjenige, der am höchsten finanziert ist und wo der Widerstand des Materials vielleicht am geringsten war. Haben Sie den Film als einen Sprung innerhalb Ihrer Karriere, innerhalb Ihrer Arbeitsmöglichkeiten gesehen oder wie schätzen Sie diesen Zugewinn an Gestaltungsreichtum ein?

Judith Kaufmann: Es gibt da verschiedene Dinge. Das eine ist, dass Lars Büchel für mich sowieso auch in dem, was er erzählt und in den Filmen, die wir zusammen machen, einen gewissen Kontrast bildet zu Filmen wie ELEFANTENHERZ und SCHERBENTANZ (beide 2002). Das war auch bei JETZT ODER NIE schon so. Und ich bin sehr dankbar für diese vollkommen anderen Erfahrungen und anderen Filme, um sich vielleicht von den eher realistischen Filmen mit ihren depressiven, sozial schwierigen Milieus abzusetzen. Die Möglichkeit also, etwas zu machen, was märchenhaft ist, was nicht im Hier und Jetzt und in den Schwierigkeiten stehen bleibt, sondern darüber hinaus geht. Ich empfinde das einfach als große Befreiung, dass ich da mit jemandem arbeiten kann, der auch etwas ganz anderes

«Das eigentliche Thema des Films ist die Erkundung einer anderen Wahrnehmung»

will. Lars hat sehr genau die Bilder im Kopf, die er haben will, auch die gesamte Anfangssequenz von ERBSEN AUF HALB 6. Viele Teile dieses Films sind einfach schon sehr genau vorgegeben gewesen. Und das ist eine andere Arbeitserfahrung, die mal vom Geld ganz abgesehen sowieso eine andere Form der Bereicherung darstellt.

Karl Prümm: Hat das auch Konsequenzen für Sie, was die Bildfindung und die Bildgestaltung angeht?

Judith Kaufmann: Ja, absolut. Ich würde jetzt nicht sagen, dass der Regisseur mir in diesem Film exakt vorgibt, wo die Kamera wie zu stehen hat, aber es ist eine sehr andere Erfahrung als bei den meisten meiner anderen Filme. Es gibt sehr genaue Vorstellungen und ja, das finde ich auch gut.

Karl Prümm: Sehr genaue Vorstellungen, heißt das, dass man auch experimentieren konnte? Bei der Filmanalyse ist es für mich immer sehr spannend, zu überlegen, ob man es auch anders hätte machen können. Gibt es auch Alternativen? Probiert man Alternativen aus, um das, was am Ende ja als Resultat, als Objektivation dasteht, dann auch noch einmal im Rückblick anders erscheinen zu lassen? Haben sie solche Dinge ausprobieren können, einfach weil Sie auch mehr Geld hatten?

Judith Kaufmann: Es gab verschiedene Experimente. Es gab die Idee einer Nachbearbeitung mit extremen Farben, also dass für Lilly diese Welt, immer wenn sie für sich und in ihrer eigenen Wahrnehmung ist, in eine starke Buntheit übergeht, in eine von uns nicht erlebbare Welt. Es gab eben noch um einiges mehr Experimente mit Großaufnahmen.

Die Zusammenarbeit zwischen Lars und mir geht immer sehr stark in die Richtung, dass man mutig sein sollte. Das gilt auch für JETZT ODER NIE und auch für den Film davor, 4 GESCHICHTEN ÜBER 5 TOTE (1998), der davon handelt, dass die Toten nach ihrem Tod im Himmel oder in irgendeiner Galaxie auf die Erde hinunter gucken und erleben, wie sie eigentlich gestorben sind. Alle diese Filme spielen nicht ganz im Hier und Jetzt und erlauben einfach auch Möglichkeiten, über einen planen Realismus hinauszugehen.

Karl Prümm: Vielleicht ist dies der geeignete Moment, um den Regisseur Lars Büchel, den ich herzlich begrüße, in das Gespräch mit einzubeziehen.

Lars Büchel: Erst einmal Ihnen, Herr Professor Prümm, einen herzlichen Dank für den wirklich sehr spannenden Vortrag. Natürlich ist Kritik erlaubt, gerade bei so einem Film, der zuweilen sehr, sehr viel wagt. Schon bei den Dreharbeiten habe ich mich manchmal gefragt, ob wir nicht zu viele Wagnisse eingehen.

Gerade bei der Bahnhofssequenz, als Jakob flieht, denn das war der erste Drehtag. Wir haben zwar viel geprobt, aber da läuft schließlich eine blinde Frau einem blinden Mann hinterher. Und da war ich mir nicht sicher, ob wir uns nicht ein wenig übernommen hatten. Ich hatte damals noch die Idee, dass die beiden an einem Waldstück vorbeikommen und Jakob sich einen Ast rausbricht, um auch einen Blindenstock zu haben. Aber er sah dann aus wie Jakob der Prediger. Und deswegen haben wir das nach vier Drehtagen zum Ärger der Continuity-Frau wieder gelassen.

Aber es geht jetzt gar nicht so sehr um mich, sondern viel mehr um die Arbeit mit Judith. Vielleicht hierzu ein ganz wesentlicher Punkt: Die Arbeit beginnt in der Tat mit dem Drehbuch. Es ist eine der besonderen Fähigkeiten von Judith, ein Drehbuch zu lesen und zu kritisieren und das genau zu beobachten. Bisweilen mit einer für mich nicht immer leicht zu ertragenden Penetranz: «Warum Lars, warum, warum?» Aber sie führt zu einem sehr genauen Blick. Judith kommt aus einer Künstlerfamilie. Ihre Mutter ist Schauspielerin, ist auch hier im Kino anwesend. Es ist schon sehr spürbar, wenn man mit jemandem arbeitet, der so viel Theater gesehen und gelesen hat. Dann geht es erst einmal, bevor man überhaupt an die Auflösung denkt, um den Inhalt des Buches, und darauf haben wir sehr, sehr viel Zeit verwandt.

Karl Prümm: Herzlichen Dank für diese aufschlussreichen Erläuterungen.

Ich hatte ja zu Beginn auch schon die Schwierigkeiten offenbart, über die Bildgestaltung zu sprechen. In meinem Vortrag habe ich im Grunde mehr über die Struktur des Films gesprochen, meine aber, dass man dadurch ganz selbstverständlich zur Bildlichkeit kommt. Die Strukturentscheidungen sind gerade bei diesem Film das Entscheidende. Hier haben wir doch auch ein Beispiel dafür, wie intensiv Regie und Kamera sich durchdringen können.

Liebe Frau Kaufmann, Sie wollen sicher noch etwas zur Penetranz sagen.

Judith Kaufmann: Nein, das weiß ich. Das ist nicht das erste Mal, dass mir das gesagt wird, und das kann ich mir auch gut vorstellen, dass meine Arbeit so wirkt.

Sie hatten von Formenvielfalt gesprochen und ich glaube, das ist genau das, was für mich die Arbeit mit Lars ausmacht. Dass einfach erst einmal alles erlaubt ist, und das ist in vielen Fällen schon für die eigene Einordnung sehr wichtig: Was mag man, was mag man nicht, was findet man gut, was macht man lieber? Da gibt es ja innere Verbote. Die Dinge, die man selber ablehnt an dem, was andere machen, an dem, was man sieht, und für mich ist es gut an dieser Zusammenarbeit, dass zunächst alles erlaubt ist und auch alles ausprobiert werden kann. Vielleicht entsteht dadurch eine Vielfalt, vielleicht ist es aber auch manchmal ein bisschen zu viel Vielfalt.

«Das eigentliche Thema des Films ist die Erkundung einer anderen Wahrnehmung»

2 Außenaufnahmen für
ERBSEN AUF HALB 6

Rolf Coulanges: Auch ich finde das gut mit den penetranten Fragen. Das gefällt mir, weil ich eigentlich auch diesen Eindruck hatte, dass ich sie stellen müsste und zwar aus folgendem Grund: Wenn ich mir die beiden Filme des heutigen Programms anschaue, dann vermisse ich bei dem zweiten Film das, was du als Suche nach den Antworten beschrieben hast. Heute Morgen gab es eine sehr interessante Suche nach Antworten. Es gab nicht immer Antworten, es gab aber eine hochinteressante Suche, die man verfolgen konnte.

Bei ERBSEN AUF HALB 6 hatte ich das Gefühl, hier kommen die Antworten zu schnell. Ich hätte auch gefragt: «Warum?» Sie kommen zu schnell, mit Bildern, die ich von irgendwo her auch kannte. Und ich weiß nicht wirklich, woran es liegt, aber ich habe die Suche vermisst. In dem anderen Film bist du viel weiter gegangen in der Problematisierung der Antworten und das ist genau das, was deine Arbeit auszeichnet. Wobei dann interessante Erfahrungen gemacht werden, die sich auch vermitteln. Und hier, bei ERBSEN AUF HALB 6, dachte ich, da gibt es eine zu klare Vorstellung für das Bild. Die Antwort ist schon da und irgendwo bleibst du dann auch mitten auf der Strecke bei der Suche nach den Bildern stehen.

Judith Kaufmann: Dem muss ich widersprechen. Das hat sicher auch mit der schwierigen Aufgabe zu tun, als Sehender über Blindheit zu sprechen. Da begibt man sich sowieso schon in eine heikle Situation. Das ist noch einmal etwas anderes, als einen Film über ein bestimmtes soziales Milieu zu machen. Und hier gibt es ja auch noch eine andere Gratwanderung, die Verbindung von einem sehr ernsten Thema und einer Komödie, von einem Märchen und einem realistischen Film. Ich kann nur sagen, dass ich bei diesem Film mir genau so wenig sicher war, wie bei den anderen Filmen.

Frage aus dem Publikum: Also ich verstehe jetzt die Kritik gar nicht. Ich finde, das geht auch immer sehr stark ins Inhaltliche, und was mich an dem Film so

Judith Kaufmann im Gespräch mit dem Medienwissenschaftler Karl Prümm

fasziniert hat, waren eigentlich tatsächlich die Bilder. Nun komme ich von der Kunstgeschichte und ich habe hier in Erbsen auf halb 6 zwei Stunden lang die schönsten Bilder gesehen. Ich weiß nicht, wie Sie das machen. Also ich weiß, wie schwierig es ist, ein Bild zu fotografieren und allein dieser ganze Passus, der wohl in Russland spielt, der ist ja in Realität wahrscheinlich potthässlich. Diese ganze Tristesse der Landschaft – und trotzdem sieht das alles total schön aus bei Ihnen. Selbst dieser abgewrackte Bus, das hat alles für mich einen sehr, sehr hohen ästhetischen Wert. Wie macht man das?

Judith Kaufmann: Ich glaube, dass dies gar nicht so weit auseinander liegt, weil das, was Sie als schön empfinden, das wirkt bei anderen Menschen als gemacht, hergestellt, unhinterfragt. Der Film lebt, so scheint mir, wirklich davon, dass man sich entweder auf ihn einlässt und diese Reise auch in den Bildern mitmacht oder eben nicht.

Walter Lassally: Eine sehr einfache Frage: Warum Cinemascope und haben Sie das später vielleicht bereut?

Judith Kaufmann: Also zum einen finde ich das Format sehr schön, im Gegensatz zu Ihnen. Und zum andern ging es um zwei wesentliche Dinge. Einmal, dass es ein Film ist, der sich auf eine Reise begibt, der von irgendeinem Moment an in der Weite spielt und wir diese Weite eben mit diesem Format, in dieser Form, gerne zeigen wollten. Und ich denke, was auch eine Rolle gespielt hat, ist, dass wir sehr viele Aufnahmen in diesem Film haben, wo die beiden auf einer Ebene, entweder beide von vorn oder beide von hinten, zu sehen sind, und trotzdem ein Raum zwischen ihnen ist. Und dafür empfinde ich Cinemascope auch als ein geeignetes Format.

Lars Büchel: Ich habe den Film immer so verstanden, dass er wirklich das Sehen thematisiert. Dass er von zwei Menschen handelt, die jetzt in eine Welt gehen und die Landschaften werden immer märchenhafter, sie werden immer phantastischer und vielleicht gibt es beim Sehen immer auch einen Abgleich. Das heißt, wir Sehende sehen eine zum Teil wirklich wunderschöne Welt, die diese beiden Menschen nicht sehen können. Das wird dem Zuschauer immer wieder bewusst. Vielleicht bin ich aber auch mehr und mehr in dieser Handlung. Natürlich – für uns ist das ein Fest gewesen. Wir übertreiben es zuweilen. Aber erst einmal geht es um diese Lust und diese Begeisterung am Sehen und dazu trägt auch das Format Cinemascope bei.

Wolfgang Treu: Ich habe eine Schwierigkeit mit diesem Film, auch im Hinblick darauf, was dazu jetzt erläuternd gesagt wird. Für mich fängt er in einem realistischen Milieu an, also in einem nachvollziehbaren Milieu, in der Klinik, der

«Das eigentliche Thema des Films ist die Erkundung einer anderen Wahrnehmung»

Unfall, das Theater, all das. Und eines der Dinge, die ich an deiner Arbeit, liebe Judith, so sehr schätze, ist, dass du aus ganz banalen, harten Realitäten häufig eine hohe Poesie in den Bildern herstellst. Selbst bei so unerfreulichen Themen oder für mich unangenehmen Milieus wie dem Boxer-Milieu. Da sehe ich in der Bildgestaltung eben immer eine tolle Qualität an Kadragen, an Bewegungen, an Lichtern. In diesem Film geht es nun aber doch zusehends, wenn ich das richtig verstanden habe, in eine irreale Märchenwelt. Dieses Wort ist ja schon mehrfach gefallen. Und nach dem ganzen, realistisch schwer nachvollziehbaren Ablauf könnten sich folgende Fragen stellen: Wie können die beiden die Reise finanzieren, wo haben sie ihr Geld, wo haben sie ihr Gepäck? All diese Fragen stellen sich aber überhaupt nicht, weil es ein Märchen sein soll oder ein Märchen ist. Das Märchenhafte daran, an den Bildern, die jetzt hier auch schön genannt werden, ist die Ausstattung, die Wahl der Motive, die Skurrilität der Charaktere, aber nicht die optische Behandlung des Märchenhaften. Ich vermisse genau in diesem Punkt das Märchenhafte. Die Szene am Strand, diese Installation, die die Mutter dort aufbaut, das wirkt auf mich alles so wahnsinnig konkret, vordergründig, fast dokumentarisch. Vielleicht liege ich da völlig falsch, aber es ist so, ich vermisse genau das, was ich bei dir sonst so schätze in der Übertragung der Realität in etwas Poetisch-Märchenhaftes.

Judith Kaufmann: Da muss ich jetzt drüber nachdenken. Also ich habe mich in diesem Film genau so eingelassen oder wohlgefühlt oder habe etwas gesucht, wie in den anderen Filmen. Ich denke darüber nach. Ich kann jetzt schwer sofort etwas dazu sagen.

Lars Büchel: Das ist gewiss ein sehr schmaler Grat, auf dem wir da wandeln. Und es kommt ja in der Tat dann gerade bei der Mutter, das ist auch schon angesprochen worden, zu einer Art Schmelztiegel. Da stellt sich dann die Frage: Wird da nicht ein wenig übertrieben? Übertreiben wir da nicht mit diesem Fahnen- und Flaggenmeer? Und wenn man so große Bilder hat, wie kann dann die Kamera sich vielleicht noch zurückhalten? Das eine lässt sich ja vom anderen nicht mehr trennen. Zielt darauf die Frage?

Wolfgang Treu: Es geht mir nicht um die Zurückhaltung der Kamera. Ich meine, um konkret zu werden, die Installation der Mutter. Die ist mir mit zu normalen Brennweiten fotografiert. Ich hätte mir vorstellen können, dass hier ungewöhnliche Brennweiten eingesetzt werden. Es ist alles scharf, es ist alles in normaler Perspektive zueinander. Wenn du das meinetwegen mit einem 250mm-Objektiv aus anderthalb Kilometer Entfernung aufgenommen hättest, könnte ich mir vorstellen, dass diese Poesie entstanden wäre.

Judith Kaufmann im Gespräch mit dem Medienwissenschaftler Karl Prümm

Judith Kaufmann: Das war schon ein Gedanke vor dem Film, dass wir eben nicht dauernd mit unscharfen Vordergründen, nicht mit Telebrennweiten, nicht mit diesen Mitteln arbeiten, sondern, dass auch die Kamera und auch das Herangehen an die Personen sich sehr langsam vollzieht. Es ist ja auch ein eher statischer Film mit amerikanischen Einstellungen, ohne dass er sich zu sehr in diesen Vordergründen verliert. Darin sollte er eigentlich auch eine Einfachheit haben.

Karl Prümm: Ich würde gerne noch einmal auf die Orientierung in der Filmgeschichte zurückkommen. Sie sagen, Sie haben sich zahlreiche Filme über Blindheit angesehen. Mich würde interessieren, was es da für Referenzen gibt und was Sie da eingearbeitet haben in Ihre Inszenierung?

Lars Büchel: Ja, wir haben viele Filme gesehen zum Thema Blindheit, haben uns aber eigentlich weitestgehend nicht davon inspirieren lassen. Bekannt ist natürlich diese Szene aus WAIT UNTIL DARK (WARTE, BIS ES DUNKEL IST; 1967; Regie: Terence Young; Kamera: Charles Lang) mit Audrey Hepburn, wo der Mörder bei ihr in der Küche ist. Und die haben jetzt die gleiche Lichtsituation. Es ist dunkel für beide, aber der Verbrecher kann dennoch obsiegen, weil er den Eisschrank aufmacht und der hat eben noch Licht, nachdem Audrey Hepburn vorher alle Lichter gelöscht hat.

Sie haben das alles sehr genau erkannt. In der Tat haben wir Kieslowskis *Drei-Farben-Trilogie* (1993–1994) gesehen. Ich fühlte mich ein bisschen ertappt. Das waren eigentlich mehr die Filme, die uns inspiriert haben. Letztlich ging es hier darum, dass wir eine größtmögliche Freiheit hatten, eine eigene Welt zu kreieren. Das bedeutet, nichts in diesem Film ist zufällig und alles ist komplett gebaut. Wir haben Deutschland nicht verlassen. Wir haben alles in Deutschland gebaut mit einem hervorragenden Ausstatter, Christoph Kanter.

Aber wo ist jetzt zu viel des Guten getan? Wo wird das Bild zu sehr überstrapaziert, weil man eben die Freiheit hatte? Eine größtmögliche Freiheit muss selbstverständlich nicht immer zu einem besseren Film führen. Auch mehr Geld muss nicht notwendigerweise zu einem besseren Film führen. Das ist eben das Großartige an der Kameraarbeit von Judith. Dass sie aus wirklichen Motiven, die man begeht und die einen ratlos machen, was man aus diesen Räumen überhaupt machen könnte, dass sie dann immer noch eine Menge überraschender Ideen hat, um mit diesen Räumen umzugehen. Und gerade Druck, das heißt Nöte, führen häufig zu einer besonderen Qualität. Jetzt hatten wir hier aber die Freiheit, vieles zu machen. Wie überbordend kann man dann sein und wo verletzt man sich selbst und den Film? Das ist hier zuweilen sicherlich auch geschehen. Das ist aber, ich sage das jetzt auch zu meiner Entschuldigung, auch ziemlich schwer hinzubekommen.

Astrid Pohl: Ich möchte noch einen anderen Aspekt einbringen. Monika Bleibtreu hat mich gestern in ihrer Laudatio darauf gebracht, und das finde ich in diesem Film wieder. Diese besondere Beziehung zwischen Kamera und Darstellerin. Ich habe das Gefühl, dass der Film mehr und mehr von Fritzi Haberlandt getragen wird, und ich wollte fragen, ob das von Anfang an klar war, dass sie so ein starkes Potenzial hat oder ob das im Verlauf des Drehs immer mehr an Gewicht gewonnen hat?

Judith Kaufmann: Dass Lilly die Hauptperson ist, war uns von Anfang an klar. Auch schon mehrere Jahre vor Drehbeginn war klar, dass Fritzi Haberlandt die gewünschte, erhoffte Besetzung ist für diesen Film. Mit den Männern war es eher schwierig. Es hat sehr viele Proben mit unterschiedlichsten Schauspielern in Deutschland gegeben, und es ist dann letztlich ein Isländer geworden. Was ich als eine beeindruckende Leistung empfinde, ist einfach die Art und Weise, wie zwei Sehende zwei Blinde gespielt haben. Und das gilt vor allem auch für Fritzi Haberlandt.

Transkription: Bernd Giesemann

Judith Kaufmann

Auf der Suche nach verdichteter Beiläufigkeit – WER WENN NICHT WIR (2011)

WER WENN NICHT WIR begleitet ikonisch gewordene Figuren, die umstritten und widersprüchlich sind. Es geht um die RAF, den deutschen Terrorismus, die Zusammenhänge von Geschichte und Vorgeschichte.

Andres Veiel (BLACK BOX BRD; 2001; Kamera: Jörg Jeshel, DER KICK; 2006; Kamera: Jörg Jeshel) versucht in seinen Arbeiten immer einen anderen Blick auf Menschen und Zeit zu werfen, er sucht im Geflecht aus Motiven, emotionalen Abhängigkeiten und inneren Widersprüchen, erstmal ohne zu bewerten. Er lässt die Ambivalenzen nebeneinander stehen – das ist eine Art zu gucken, die ich sehr reizvoll finde.

Der Film zeigt die politischen Ereignisse anhand der Beziehung von Gudrun Ensslin und Bernward Vesper. Vesper wird zur Hauptfigur des Films und letztlich zur tragischen Figur in einer Dreier-Konstellation. Seine Liebe zu Gudrun Ensslin wird durch Andreas Baader zerstört, mit seinem Traum eines Verlags ist er gescheitert, mit dem gemeinsamen Kind, welches sie ihm hinterlässt, überfordert. Während Gudrun in den bewaffneten Untergrund geht, verfällt Bernward den Drogen und nimmt sich 1970 das Leben.

Andres Veiel untersucht nicht nur, warum Menschen etwas tun, sondern, was mit ihnen geschehen sein muss, damit sie es tun. Was bringt Menschen dazu, dass sie sich mit dieser Welt nicht abfinden?

Grundgedanken zum Bildkonzept von WER WENN NICHT WIR

Von Anbeginn war unser Wunsch, WER WENN NICHT WIR in längeren Einstellungen zu drehen, einen Bildaufbau zu erarbeiten, der in ein und derselben Einstellung Nähe und Distanz erzählen kann, den Raum erfahrbar macht, ohne dass die Kamera forciert und drängt. Die Entscheidung für das 1:2,35-Format resultierte aus der Überzeugung, dass eben diese Format-Weite es den Personen im Bild (und auch dem Zuschauer) ermöglicht, nicht in eine Enge gepresst zu werden:

keine Aneinanderreihung von Großaufnahmen, keine spekulative Schnittfolge. Indem sich eine Szene nun zum Beispiel als Plansequenz über eine Minute entwickelt, und in ihr eine Choreografie von Vorder- und Hintergründen erarbeitet wird, entsteht beim Zuschauer – so unser Wunsch – eine andere Art von Echtzeitgefühl und Glaubwürdigkeit, als wenn die Szene in zehn Einzelmomente zerlegt wäre. Wer wenn nicht wir hat viele halbnahe und halbtotale Einstellungen, eben weil in ihnen zwei oder mehrere Personen gleichzeitig erfahrbar werden sollen. Und der Raum um sie herum. Da diesen weitläufigeren Einstellungen nicht mechanisch Nahaufnahmen folgen, schien es uns entscheidend, dass diese Einstellungen keine Anstrengung in sich tragen, fast beiläufig wirken.

Wir suchten nach Einfachheit und Klarheit, was Licht und Kamera angeht. Keine vordergründigen Stimmungen, keine Effekte, aber eine akzentuierte Natürlichkeit, die von den Räumen, der Atmosphäre der Szene und den Bewegungen der Personen im Raum gespeist wird. Wir wollten auf keinen Fall einen kalten Film machen. Die Lebensorte von Kindheit und Jugend sollten eher warm sein, entgegen der Idee, dass das Elternhaus von Ensslin und Vesper eng und dumpf war und zum Ausbrechen provoziert hat. Im Laufe der Geschichte werden wir neutraler und kühler, eher gedeckte Farben, ohne in eine Entsättigung zu gehen. Die Räume werden größer und heller, das Bedürfnis aus elterlichen und politischen Zwängen auszubrechen, sollte fühlbar werden.

Bei Wer wenn nicht wir interessierten mich – vielleicht auch, weil ich Die Fremde (2010) als teilweise zu nah und zu ästhetisch/sauber fotografiert empfand – zwei Dinge: *Beiläufigkeit* und das Aufbrechen eigener *Routinen*.

Routine

Mit dem Oberbeleuchter Timm Brückner war Wer wenn nicht wir die zwölfte Zusammenarbeit. Wir sind auf eine sehr schöne und konstruktive Weise eingespielt. Im Laufe der Zeit haben sich aber ästhetische Routinen entwickelt und das ärgerte und langweilte uns. Wir haben also vor dem Film eine Liste gemacht von Standardsituationen, immer gleichen Herangehensweisen/Automatismen und uns für Wer wenn nicht wir diesbezüglich ein Verbot ausgesprochen.

Hier einige der Standards:

Licht
- bei Porträts steht die Führung nicht auf der Kamera-Achsenseite
- Augenlicht
- kein direktes Licht

- bei over-shoulder-Einstellungen werden Anschnitte (unscharfer Vordergrund) abgedunkelt
- kein Auflicht
- weiße Wände abdunkeln
- Blackfill/Negativfill (statt ein Gesicht aufzuhellen, wird es im Gegenteil abgedunkelt, um den Kontrast zu erhöhen)
- mit großen Einheiten von außen leuchten (nicht von innen)
- Selbstleuchter folieren, Fenster folieren
- Sonne bei Frauen rausdecken, um die Härte des Lichts abzumildern
- immer gestalten und verbessern müssen, fast nie das nehmen, was im Raum ist
- Wenn ein Sonneneinfall erzeugt wird, dann legen wir ihn ca. 3 ½ Blenden über den eingestellten Wert. Wir vermeiden Sonne auf den Gesichtern.

Kamera
- Jib-Arm, Kamera in leichter Bewegung, nie Stativ
- geringe Tiefenschärfe
- zu viele Nahe
- ganz selten Plansequenzen oder Totalen länger stehen lassen
- bei Portraits selten mittig kadrieren
- wenig Luft über Köpfen
- unscharfe, dunkle Raumanschnitte
- selten Profile als Schuss/Gegenschuss
- kein starkes Weitwinkel
- keine Effekte (wie zum Beispiel shift & tilt-Objektive, Schärfenverlagerungen, Unschärfen)

Sicher ist gegen Routine nichts einzuwenden, sicher ist aber auch, dass dadurch eine Lebendigkeit verloren geht. Etwas erstarrt, tritt auf der Stelle. Wir versuchten, unsere Automatismen zu unterwandern – natürlich ist das nur in Ansätzen gelungen.

Beiläufigkeit

Der Begriff der Beiläufigkeit in unserer Arbeit beschäftigt mich. Immer wieder stellt sich mir die Frage, wie ich mit größtmöglicher Genauigkeit und im besten Fall mit größtmöglicher Einfachheit etwas herausarbeiten oder erzeugen kann, was ein Mehr an Dichte, Spannung und Präsenz schafft, aber wie zufällig wirkt. Wie schaffe ich – in Bildern und im Licht – einen Raum für das Unvorhersehbare, das Überraschende, das Unerwartete? Wie kann ich mich selbst überraschen?

Auf der Suche nach verdichteter Beiläufigkeit – WER WENN NICHT WIR (2011)

1 CACHÉ von Michael Haneke

Es gibt viele für mich faszinierende Filmbeispiele für ein beiläufiges Erzählen, die folgende Szene in CACHÉ (F 2005; Regie: Michael Haneke; Kamera: Christian Berger; Abb. 1) ist eines davon. Es ist ein unendlich lang erscheinendes, stehendes Bild. Majid bittet Georges in seine Wohnung und schneidet sich vor seinen Augen die Kehle durch. Es gibt keine Naheinstellung auf den Toten und auch keinen Gegenschuss. Der Selbstmord ist schnell und brutal. Man kann also nicht sagen, die Szene sei beiläufig. Die Beiläufigkeit liegt darin, dass etwas Dramatisches undramatisch erzählt wird. Es gibt nur eine Totale. Es scheint die Sonne, eine angenehme Stimmung. Durch die Perspektive und Anordnung entsteht ein theaterhafter Blick, eigentlich von großer Künstlichkeit. Das Interessante an der Inszenierung ist, dass der Tote die Tür versperrt und Georges nicht raus kommt. Er hätte sich ja auch an jeder anderen Stelle das Leben nehmen können. Das Besondere ist eben, das vermeintlich Zufällige einzubauen. Der Ort wird zu einem Gefängnis, obwohl es eigentlich eine vollkommen offene Einstellung ist.

Es ist ein Zusammenspiel. Inszenierung. Schauspiel. Aber eben auch das Bild, das Licht und das Szenenbild, das Kostüm, der Schnitt. Immer geht es darum, nicht nur den gesprochenen Text zu illustrieren, sondern darüber hinauszugehen, etwas über die Personen zu erzählen, über den Ort, den wir sehen, die Atmosphäre, vielleicht über das Ungesagte, das im Raum steht; und in diesem Sinne die Geschichte aufladen, ein Geheimnis schaffen, eine Magie.

Ich mag es, wenn Bilder einen Eigensinn behalten, vielleicht ein ästhetisches Gewicht, eine sinnliche Kraft. Ich suche nach Schaulust, im Sinne des Wortes. Ich möchte in einem Bild etwas entdecken und wirklich glauben. Etwas, das nicht produziert erscheint, sondern tatsächlich lebt.

Ich glaube, das ist die Suche. Das ist der Antrieb, überhaupt Filme zu machen.

WER WENN NICHT WIR – Sequenz 01:43:51 bis 01:48:40

1969 – nach den Frankfurter Brandstiftungen. Der Filmausschnitt markiert den Moment am Ende des Films, wenn Gudrun Ensslin sich endgültig von Bernward Vesper und ihrem Kind trennt, um mit Andreas Baader in den Untergrund zu gehen. Baader, der konsequenter, radikaler und bedingungsloser als Vesper erscheint, duldet ihre Kleinfamilienwelt nicht mehr, sie muss sich entscheiden. Sie betoniert ihre Gefühle ein. Darunter ist ein wahnsinniger Schmerz. Es geht auch hier um Widersprüche. Um Gudrun Ensslins Hingabe, den Masochismus, die Stärke, Aggression und die Kälte gegen sich selbst.

Im Folgenden werde ich versuchen, einige Gedanken zur optischen Umsetzung zu skizzieren:

Bild 1, Fabriketage Frankfurt (Farbabb. 1, S. 97)

Ensslin und Baader sind aus dem Gefängnis raus, bis über die Revision entschieden wird, beide ahnen, dass es keinen Weg mehr zurück gibt.

Bild/Licht
Totale trotz intimem Moment, beide von hinten, Dämmerung als Sinnbild für Vergänglichkeit. Auch in Zweier sehen sie sich nicht an, beide in eine Richtung, viel Raum um sie, beide Einstellungen mittig kadriert. Gudrun (heller) im Zentrum, gibt die Richtung vor.

Bild 2–3, Fabriketage Frankfurt, am Morgen (Farbabb. 2–3, S. 97)

Gudrun erwacht, ruft heimlich bei Bernhard an, um mit Felix (ihrem Sohn) zu sprechen. Baader schlägt sie und verlangt von ihr, sich endlich von der Kleinfamilie zu trennen.

Bild/Licht
Wir wollten Sonne als Kontrast, aber kaum spürbar. Und viel Umfeld, Lebensraum, weiße Wand. Im intimen Moment des Telefonats ist sie nur von hinten zu sehen. Wenn sie sich nach dem Schlag zu Baader umdreht, ist sie im (brachial gewollten) Auflicht. Immer sollte Raum um die Personen sein.

Bild 4, Fabriketage, selber Raum/Nacht (Farbabb. 4, S. 98)

Gudrun hat erkannt, dass sie sich entscheiden muss und gibt das Konzept der Aktionen durch.

Bild/Licht
Profanes Neon-/Arbeitslicht. Weiße Fensterrahmungen nicht abdunkeln. Auch kein Licht im gegenüberliegenden Gebäude, um das Bild «attraktiver» zu machen. Hartes Auflicht bei Gudrun Ensslin. Keine Nahen (eventuell technische Spezifikation). Gudrun mittig im Bild.

Bild 5–7 (Farbabb. 5–7, S. 98–99)

Ensslin ruft Vesper in der gemeinsamen Wohnung in Berlin an und sagt ihm, dass sie nicht mehr zurückkommen wird.

Bild/Licht
Bei Vesper und Sohn hartes Toplicht, wir wollten keine gemütliche Atmosphäre; trotz warmem Licht sollte es verloren wirken. Kein Augenlicht. Wand bemalen als Ausdruck seines zunehmenden Abdriftens.
  Auch bei diesem für Ensslin schmerzhaftesten Moment (Telefonat) sieht man ihr nicht in die Augen, die Kamera ist untersichtig und hinter ihr. Die vollzogene Trennung wird in einer Totalen (profilig) belassen. Sie, verloren in einer Zelle am Rand. Es regnet.

Bild 8, wieder Fabriketage (Farbabb. 8, S. 99)

Der Verteidiger teilt Gudrun und Andreas mit, dass ihre Revision abgelehnt wurde. Ihnen steht erneut Gefängnis bevor.

Bild/Licht
Viel Raum als Ausdruck des Lebensgefühls, das auch zelebriert wird. Keine Nahaufnahmen. Nüchternes profanes Licht, keine Romantisierung. Ausstattung und Requisiten erscheinen beiläufig, sind aber akribisch nachempfunden und angeordnet – auch in den vorhergehenden Bildern. Szenenbild: Christian M. Goldbeck

Bild 9–12, Pfarrhaus der Eltern Ensslin (Farbabb. 9–12, S. 99–100)

Gudrun und Baader kommen, um sich Essen zu holen und dann auf unbestimmte Zeit unterzutauchen.

Bild/Licht
Das Hereinkommen der Beiden nicht im Schuss/Gegenschuss sondern in einer Einstellung, die auf dem verunsicherten Vater endet. Es ist das letzte Mal, dass Gudrun und ihr Vater sich sehen. Wir wollten eine Form von Dunkelheit in der Küche, die am helllichten Tag nicht realistisch ist. Wir kamen auf die Idee mit den heruntergelassenen Jalousien und dem einfallendem Sonnenlicht, um die Atmosphäre und das Licht auf beiläufige Weise zu dramatisieren.

Zweier-Einstellung am Tisch, sie schmieren Brote – vom Bild her sollte es wie eine vertraute familiäre Situation wirken. Beim Schuss/Gegenschuss gibt es keine Anschnitte, jeder steht für sich und kann den anderen nicht mehr erreichen.

Zeitsprung. Die Abfahrt wiederum in der Dämmerung (Vergänglichkeit). Keine Nahen, Gudrun in Zweier-Einstellung dreht sich nur kurz zum Vater um, dann wendet sie sich ab (es ist ihre letzte Einstellung im Film) und ist nur von hinten zu sehen. Trennung ohne Worte.

Kamera: Judith Kaufmann

1–3 Wer wenn nicht wir

Kamera: Judith Kaufmann

4-6 Wer wenn nicht wir

Kamera: Judith Kaufmann

7–9 Wer wenn nicht wir

Kamera: Judith Kaufmann

10–12 Wer wenn nicht wir

Kamera: Judith Kaufmann

13–15 THE LOOK

Kamera: Judith Kaufmann

16–18 The Look

Kamera: Judith Kaufmann

19–21 The Look

Kamera: Judith Kaufmann

22–24 ZWEI LEBEN

Kamera: Judith Kaufmann

25–27 Zwei Leben

Kamera: Judith Kaufmann

28–30 Zwei Leben

Kamera: Judith Kaufmann

31-32 Scherbentanz

33 Erbsen auf halb 6: Spiegelungen als Überlagerungen des Bildes

Kamera: Judith Kaufmann

34 ERBSEN AUF HALB 6: Die Rapsfeld-Sequenz

35 Caravaggio: *Maria Magdalena*

Kamera: Judith Kaufmann

36 FREMDE HAUT: Fariba/Siamak und Anne kommen sich auf dem Feld näher

37 FREMDE HAUT: Glückliche Momente auf Annes Vespa

38 VIER MINUTEN: Verengung und Verfremdung des Bildkaders

39 VIER MINUTEN: Radikalität und Überschärfe des Lichts beim abschließenden Konzert

Kamera: Judith Kaufmann

40 DIE FREMDE: Das nächtliche Berlin

41 DIE FREMDE: Hochzeit

42 DIE FREMDE: Schlussbild

Kamera: Judith Kaufmann

43 Ihr könnt euch niemals sicher sein: Spiegelnde Oberflächen und Strukturierung des Bildes mit Hilfe geometrisch angeordneter Lichtquellen

44 Das Ende einer Nacht: Eva Hartmann und Sandra Lamberg in einer Endlosspiegelung

Judith Kaufmann

Gedanken zu The Look *(Exposure)*

Angelina Maccarone fragt mich im Sommer 2009, ob ich für ihren Dokumentarfilm The Look die Begegnung zwischen Peter Lindbergh und Charlotte Rampling drehen möchte. Das Thema: *Exposure*. Natürlich will ich.

Angelina und ich haben schon mehrfach zusammengearbeitet (Fremde Haut; 2005, Vivere; 2007 etc.), wir sind befreundet, und ich weiß, dass sie ein Portrait anderer Art machen will, nicht die «Legende Charlotte Rampling» dokumentieren, weil das dieser Persönlichkeit nicht gerecht werden würde.

Im Entstehungsprozess zu dem Film kreist sie immer wieder um die Frage «Wie lerne ich einen Menschen am besten kennen, wie schafft man die Gleichzeitigkeit von Nähe und Diskretion?» und kam dann auf die Idee mit den Kapiteln. Der Film ist in neun Kapitel aufgeteilt: *Liebe, Tod, Begehren, Schönheit, Berufung, Exponiertsein, Alter, Tabu, Dämonen.*

Innerhalb der Kapitel soll es Gespräche geben, die Charlotte zu einem lauten Nachdenken über das jeweilige große Lebensthema provozieren. Es geht darum, wie sie die Welt sieht, wie sie sich sieht und wie wir sie sehen.

Das Spannende für mich ist dabei, dass die Menschen, die entgegen der Gewohnheit nicht über sie reden, sondern mit ihr, das jeweilige Thema sozusagen verkörpern: In unserem Fall umkreisen ein Fotograf und eine Schauspielerin das Thema des «Exponiertseins».

Eigentlich ein Geschenk, denn es geht um einen der aufregendsten inneren Anteile des Filmemachens überhaupt: das «sich Exponieren, sich Preisgeben, Enthüllen» einerseits als aktiven Teil; aber es geht eben auch um das «Ausgesetztsein», um Bloßstellung und Scham. Und die Furcht davor.

Diesen Prozess des sich Entblößens/Auslieferns durch die Kamera anschauen zu dürfen, zu begleiten, ist für mich – wenn die Schauspieler gut sind – das Faszinierendste überhaupt. «Exposure» beinhaltet eben beides, die Lust am Enthüllen und Öffnen und die Angst ausgeliefert zu sein, verletzbar.

Geplant ist ein halber Drehtag und nur einige Tage Vorbereitungszeit. Die Herausforderung scheint vor allem zu sein, sich der Komplexität dieses Begriffs zu nähern. Filmisch wird es nicht ausreichen, wenn der Fotograf und die Schauspielerin über das Thema sprechen, es muss erfahrbar werden, fühlbar, es müssen Bilder gefunden werden.

Angelina hat hier im Vorfeld die grandiose Idee mit dem Rollenwechsel. Der Plan ist, dass nach einem gemeinsamen Gespräch Charlotte Rampling Peter Lindbergh fotografieren soll. Da er davon nichts weiß, ist unklar, ob es dazu kommen wird.

Am Abend vor dem Drehtag fliegen Angelina und ich nach Paris. Der Film steht zu diesem Zeitpunkt noch am Anfang. Meine Aufregung und Angst sind groß. Ich begegne einer Schauspielerin, einer Ikone, einer radikalen Künstlerin und starken, schönen und widerspenstigen Frau und einem Starfotografen. Wir haben ein paar Stunden Zeit, am nächsten Abend werden wir wieder in Berlin sein. Ich habe seit 15 Jahren nicht mehr digital gedreht. Ich habe keine Beleuchter und fast kein Licht.

Ich bin mir aber darüber im Klaren, dass ich bestimmte Dinge versuchen und schaffen muss:

- Der Drehort (Peter Lindberghs Atelier), den ich nicht im Vorfeld ansehen kann, sollte eine besondere, im besten Fall geheimnisvolle Atmosphäre bekommen (Farbabb. 13–14, S. 101).
- Da es vermutlich lange statische Gesprächs-Sequenzen gibt, muss ich einen Hintergrund für sie finden, der dem Bild etwas gibt ohne von ihr abzulenken. Ein Raumgefühl, ohne sich aufzudrängen (Farbabb. 15, S. 101).
- Charlotte Rampling muss gut aussehen, sie muss sich im fertigen Kapitel gefallen. Sie ist ein Weltstar, hat Mitspracherecht bei dem Film und ist nicht gewohnt, sich in einem Selbstportrait anzusehen.
- Das Licht muss eine Präsenz haben, aber es muss vor allem natürlich wirken, nicht ausgeleuchtet. Trotzdem wäre ein Augenlicht gut.
- Wir brauchen atmosphärische Bilder mit ihr, in denen sie nicht spricht. Was könnte das sein, wonach darf ich sie fragen?
- Ich muss Schnittmöglichkeiten schaffen.
- Ich drehe (leider) fast nie Dokumentarfilme und plötzlich überschlagen sich die Fragen: Wann darf oder muss ich innerhalb des Gesprächs (zum Beispiel mit Peter Lindbergh) meine Kamera-Position wechseln? Was ist eine gute Portraitgröße? Mit welcher Brennweite fotografiere ich sie, wie kadriere ich, welche Schärfentiefe setze ich ein? Versuche ich Lichtwechsel dabei komplett auszuschließen und mache die Vorhänge zu? Wie lange bleibe ich in einer Zweier, bevor ich in einen Schuss/Gegenschuss gehe? (Farbabb. 16–18, S. 102) Braucht man überhaupt Schuss/Gegenschuss? Wie lange trägt eine Einstellung? Ist es nur einer Konvention geschuldet, die

Einstellungsgrößen zu variieren? Wie kommuniziere ich bei der fehlenden Wiederholbarkeit mit der Regie?

Gegen Mittag erscheint Charlotte Rampling im Atelier. Wir sind unter Zeitdruck und beginnen mit dem Gespräch der beiden am Tisch. Meine Unsicherheit in Bezug auf die Kameraarbeit liegt während des Drehens darunter, das Gute ist nur, dass ab einem bestimmten Moment gehandelt werden muss und für nichts anderes mehr Zeit ist.

Glücklicherweise ist Peter Lindbergh mutig oder selbstbewusst genug, sich vor ihre Kamera zu stellen – und sich dabei auch noch von mir filmen zu lassen (Farbabb. 19–21, S. 103). Das ist ein aufregender Moment: Der Betrachter (Fotograf) wird zum Betrachteten und muss sich plötzlich zeigen, «er selbst sein». Und durch diese Umkehrung der gewohnten Verteilung tun sich plötzlich die wesentlichen Fragen auf:

- Was bedeutet es, sich zu zeigen, sich zu exponieren?
- Geht es um die Oberfläche oder wird auch das Innere offengelegt?
- Was ist das für ein Gefühl, sich auszuliefern?
- Ausgeliefertsein als Ohnmacht oder Macht, wer betrachtet wen?
- Wie ist das Verhältnis zu dem, der schaut? Was braucht man? Was ist man bereit zu geben?
- Gibt es ein Bedürfnis nach Schutz, nach sich verkriechen wollen – oder auch eine Sucht danach, angeschaut, gesehen zu werden?

Und dann frage ich mich: Wie gucken wir eigentlich? Wie setzt sich ein Blick zusammen? Gibt es «den Blick» überhaupt oder ist es eher ein Abtasten, Sammeln, Suchen? Bewerten wir, richten wir – wollen wir durch «den Blick» Kontakt aufnehmen?

Nach einigen Stunden ist der Drehtag beendet. Und ich bin sehr froh. Auch darüber, dass ich hinter der Kamera stehe.

> «If you want to give any worthwhile of yourself you have to feel completely exposed. That's really what fuels most interesting things: Fear. Facing the fear and doing it. Getting out there and doing it.»
>
> Charlotte Rampling in *Exposure*

Judith Kaufmann

Zwei Leben (2011)

Eine ehemalige ostdeutsche Spionin in Norwegen, deren gesamte Existenz auf einer gefälschten Identität basiert, droht alles zu verlieren, als ihre Lügen und ihr Betrug ans Licht kommen.

Der Film erzählt, wie eine Frau, die in das «Räderwerk der Geschichte» gerät, scheitert, weil Vergangenheit etwas ist, das man nicht abschütteln kann. Die Hauptfigur Katrine (Juliane Köhler) ist schuldig und unschuldig zugleich. Sie ist Täterin und Opfer. Sie lebt und sucht ihr Glück mit ihrer Familie in der Gegenwart, aber sie kann ihrer Geschichte nicht entfliehen. Schritt für Schritt wird ein Netz aus Tarnung, Betrug und Täuschung aufgedeckt und ihre wahre Identität enthüllt.

Der Film arbeitet mit ineinander verschachtelten Zeitebenen und kurzen Flashbacks. Stück für Stück setzt sich dabei Katrines Geschichte wie bei einem Puzzle zusammen, wird immer wieder gestört, um sich neu zusammenzusetzen und an Kontur zu gewinnen.

Die erste Fassung des Drehbuchs las ich viele Jahre vor Drehbeginn. Die Geschichte faszinierte mich sehr, und über die lange Zeit der Vorbereitung entwickelte sich eine Drehbuchmitarbeit, was aufregend und schön war. Aus den gemeinsamen Filmen, die Georg Maas und ich zusammen sahen, bildeten drei eine Art Referenz und gaben uns Anregungen:

- A History of Violence (2005; Regie: David Cronenberg; Kamera: Peter Suschitzky) für die Darstellung der anfänglichen Idylle, des sympathischen Vaters, der seine kriminelle Vergangenheit vor seiner Familie versteckt. Doppelleben, unaufhaltsame Zerstörung.

- Bad Timing (Black out – Anatomie einer Leidenschaft; 1980; Regie: Nicolas Roeg; Kamera: Anthony B. Richmond) für den subtilen Einsatz von Kamerastilen, die vielschichtige Schnittstruktur, die die Geschichte in Gegenwart und Rückschau erzählt, und, dass er die Auflösung des Geheimnisses der letzten Sequenz des Films überlässt.

- RECONSTRUCTION (2003; Regie: Christoffer Boe; Kamera: Manuel Alberto Claro) wegen seiner Experimentierlust, des Spiels mit den Zeiten und Ebenen, der «zwei Gesichter einer Frau», nicht zuletzt wegen der vergleichbar geringen Produktionskosten.

ZWEI LEBEN war mein erster digitaler Kinofilm. Lange Zeit hatte ich mich dagegen gewehrt, hatte Aversionen gegen das gestanzte elektronische Bild, die kalte digitale Überschärfe und das fehlende Filmkorn. Natürlich wusste ich, dass sowieso kein Weg mehr daran vorbei führt, früher oder später wird Film vermutlich ein Nischendasein führen. Und natürlich musste ich mich fragen, ob meine Berührungsängste nicht auch engstirnig sind und rückwärtsgewandt. Das digitale Drehen hat unbestritten Vorteile – bei dem geringen Lichtequipment und dem fehlenden Tageslicht im norwegischen Winter hätte ich gar nicht gewusst, wie wir ohne 800 ASA über die Runden gekommen wären – trotzdem bleibt bis heute der Eindruck, dass Film etwas kann, das beim digitalen Drehen verloren geht. Es hat etwas mit Sterilität und fehlender Tiefe und Brüchigkeit zu tun. Es atmet nicht. Aber ich werde weiter danach suchen.

Gedanken zur visuellen Umsetzung

Die Anfangssequenz – die Einführung der Hauptperson

Die erste Einstellung zeigt Katrine von hinten, silhouettenhaft. Sie geht schnell, sie hat ein Ziel. Auf der Flughafentoilette wechselt sie ihr Aussehen, wird zu einer anderen Person. Sie ist im Zug, in einem Archiv in Leipzig, in einem Hotel. Sie sucht nach einer Person, beauftragt einen Detektiv.

Zeitsprung. Norwegen, einige Wochen zuvor. Wir sehen die gleiche Person mit ihrer Familie. Sie wirkt wie verwandelt. Ein Holzhaus, der frühe Morgen, warme harmonische Alltäglichkeit. Die ersten Minuten des Films zeigen, dass etwas nicht stimmt mit dieser Frau, dass sie etwas zu verbergen hat.

Mich faszinierte und interessierte ihre Zerrissenheit. Ihre Wärme, ihre Sehnsucht nach Geborgenheit und die gleichzeitige Zielgerichtetheit der Lügen, ihre Professionalität und Berechnung. Ihr Doppelleben.

Wir wollten, dass Kadrierung, Kameraführung und Licht sich am inneren Zustand der Hauptfigur orientieren, Katrines unterschiedliche «Modi» sollten sich visuell voneinander abheben.

Ihr Familien- und Arbeitsleben sollte lebendig, harmonisch und auch ungeordnet wirken. Wir entschieden uns für Handkamera, für Plansequenzen, die aber auch Schnittmöglichkeiten zulassen sollten, für warme Farben und immer wieder Mischlicht. Durch die unterschiedlichen Farbtemperaturen in einem Bild suchten wir nach leichten Irritationen, Unsauberkeiten. Auch Überstrahlungen sollte es geben.

Zu den warmen Innenszenen sollten die klaren kalten Naturaufnahmen einen Kontrast bilden und ein Gefühl des «Nicht-Entrinnen-Könnens» (Farbabb. 22–24, S. 104).

Wenn Katrine im «Spionage-Modus» ist, konzentriert, fokussiert und versucht, ihre Spuren in Berlin zu verwischen, arbeitet die Kamera mit gleitenden Bewegungen, Kamerafahrten und sauber kadrierten Bildern. Wir suchten nach Spiegelungen und verstörenden Bildern (Farbabb. 25–27, S. 105).

Die Rückblenden in das Jahr 1970 sollten körnig, etwas zu bunt und leicht verwaschen sein, auch unscharf und verwackelt. Wir suchten nach einer Atmosphäre von Geheimnis, auch nach einem Nichterkennen im Bild. Dafür machten wir viele Tests, bearbeiteten das mit der Alexa-Kamera gedrehte Material digital, waren aber immer davon überzeugt, dass diese Szenen auf Super8 gedreht werden sollten. Erwartungsgemäß war das nicht leicht (die Rückblenden machten sechs Drehtage aus), wir konnten die Produzenten aber schließlich überzeugen (Farbabb. 28–30, S. 106).

Die Struktur des Films ist komplex. Die Handlung spielt in Berlin und Norwegen in den Jahren 1990 und 1970. Verschiebungen und Kontraste zwischen den Zeitebenen und Handlungssträngen liegen dem Film zugrunde, waren vom visuellen Gesichtspunkt her spannend.

In der Vermischung von Zeitebenen und optischer Umsetzung sollten die Bilder Fragen stellen, die über das hinausgehen, was auf den ersten Blick zu sehen ist. Es sollte immer wieder eine Form von Orientierungslosigkeit entstehen, die trotzdem einen Sog hat.

Katrines Geheimnis erfährt der Zuschauer erst gegen Ende des Films, ihre Gefühle und Motivationen sollten aber die ganze Zeit schon in ihren Handlungen, Gesten und Blicken spürbar werden.

Ein Gedanke zum Schluss

Zu gucken und zu reagieren auf das, was ich sehe, ist mein Beruf. Glücklicherweise. Kern unserer Arbeit ist das genaue Hinsehen, das Aufspüren und Erahnen von Dingen, die passieren oder passieren werden und dann dafür Bilder zu suchen, zu finden. Dabei geht es sicher auch um Präzision. Aber es geht eben auch um Intuition, um ein intuitives Reagieren auf das, was wir sehen und wahrnehmen.

Je länger ich diese Arbeit mache, desto wichtiger scheint mir die Art und Weise, *wie* man etwas betrachtet, desto wichtiger ist der offene, zugewandte Blick, der nicht wertet, der nicht besser weiß, der auch erstmal nichts will oder muss.

Und wenn man, neben all den anderen Dingen, die sonst noch zu tun sind, so hinschauen kann, macht man Entdeckungen. Denn soviel man auch im Vorfeld mit der Regie geplant haben mag, von einem bestimmten Moment an muss man alle Pläne und Ideen beiseite legen und die Augen öffnen für das, was da ist.

Andreas Kirchner

Der sensitive Blick

Zu Judith Kaufmanns Bildgestaltung in FREMDE HAUT (2005)

Nach der Hälfte des Films ist es soweit: Regen und Wolken haben sich verzogen, der Himmel ist blau, der Horizont weit und die Sonne spiegelt sich gleißend auf der noch nassen Fahrbahn. Siamak sitzt auf dem Sozius, hält seine Arbeitskollegin Anne fest umschlossen und gemeinsam brausen sie freudestrahlend auf einer Vespa über die schwäbische Filderebene. Wenn man mit den beiden in das grelle Sonnenlicht blinzelt, das kreisrunde Linsenreflexionen auf das Filmmaterial bannt, vergisst man für einen kurzen Moment, dass ihr aufkeimendes Glück von höchst prekärer Natur ist: Nicht nur, dass Siamak als illegal in der ortsansässigen Sauerkrautfabrik beschäftigter Asylbewerber ständig Gefahr läuft, von den Behörden entdeckt zu werden und von Annes Ex-Freund Uwe bei jeder Gelegenheit mit xeno- und islamophobem Unterton gemobbt wird. Siamak heißt eigentlich Fariba und ist, was Anne zu diesem Zeitpunkt noch nicht weiß, eine Frau.

In ihrem Heimatland Iran droht der jungen Übersetzerin der Tod. Das ihr dort angelastete Vergehen: die Beziehung zu einer anderen Frau. Homosexualität gilt in Deutschland jedoch nicht als Asylgrund, und da Fariba kein schriftliches Todesurteil vorlegen kann, wird ihr Asylgesuch abgelehnt. Gedanklich schon mit der Rückkehr beschäftigt, entdeckt sie kurz vor ihrer Abschiebung, dass der ebenfalls aus dem Iran stammende politische Flüchtling Siamak, den sie in der Flüchtlingsunterkunft am Flughafen kennengelernt hat, sich das Leben genommen hat. Kurzentschlossen ergreift Fariba die sich bietende Chance, nimmt Siamaks Identität an und erlangt so doch noch eine Aufenthaltsgestattung.[1]

I. Das Flüchtlingslager als *Nicht-Ort*

Siamak (Navid Akhavan), ein sensibler Student mit sanften Gesichtszügen, hatte Fariba zuvor offenbart, dass er sich Vorwürfe wegen der Verschleppung (und

---

[1] Vgl. zum Themenkomplex der (Geschlechts)Identität Christine Rüffert / Irmbert Schenk / Karl-Heinz Schmid / Alfred Tews (Hrsg.): *Wo/Man. Kino und Identität*. Berlin 2003, darin vor allem Thomas Koebner: In der Haut des anderen. Männer als Frauen – Frauen als Männer, S. 45–64.

späteren Ermordung) seines Bruders durch die Iranische Revolutionsgarde mache, da dieser sich für ihn ausgegeben hatte und dadurch schützen wollte. Siamak leidet aber nicht nur unter schweren Gewissensbissen wegen seiner vermeintlichen Teilschuld, sondern auch unter den Verhältnissen im Lager und der permanenten Angst vor Abschiebung: «Wir sind hier nicht in Deutschland! Flughäfen sind Niemandsland. Die können uns jede Minute zurückschicken»[2],

1 Judith Kaufmann am Set von FREMDE HAUT

bricht es im Gespräch mit Fariba aus ihm heraus. In Siamaks gleichermaßen verzweifelter wie zutreffender Äußerung[3] hallt noch der Arbeitstitel *In Orbit* nach, unter dem Regisseurin Angelina Maccarone und Kamerafrau Judith Kaufmann, die gemeinsam auch das Drehbuch verfasst haben, das Projekt über Jahre hinweg entwickelt hatten.[4] Erst im Erscheinungsjahr 2005 wurde der Titel in FREMDE HAUT geändert.[5] Der Arbeitstitel bezieht sich auf den Begriff «Refugee in orbit», der Mitte der 1970er Jahre für Flüchtlinge geprägt wurde, die von Staat zu Staat ziehen müssen, weil ihnen nirgends Asyl gewährt wird,[6] lässt sich aber auch generell auf die haltlose Situation übertragen, in der sich Flüchtlinge befinden, deren Asylverfahren in der Schwebe ist und die sich zwangsweise über lange Zeiträume hinweg in Lagern aufhalten müssen.

Auch wenn der Film nicht unter dem Titel *In Orbit* ins Kino kam, findet die dahinterstehende Idee ihren Niederschlag in seiner visuellen Gestaltung. Macca-

---

2 So die Untertitel während des Gesprächs zwischen Siamak und Fariba, das die beiden auf Persisch führen.
3 Eine BGS-Beamtin unterstreicht dies später mit ihrer Aussage, dass Siamak/Fariba nach Annahme des Asylantrags nun in die Bundesrepublik Deutschland einreisen dürfe.
4 Für Judith Kaufmann war es das erste Mal, dass sie an einem Drehbuch beteiligt war. Auch weil sich die Finanzierung des Films schwierig gestaltete, wurde fast vier Jahre am Buch gearbeitet. Vgl. Judith Kaufmann: Filmemachen hat im schönsten Fall etwas mit Entblößung zu tun. In: Béatrice Ottersbach / Thomas Schadt (Hrsg.): *Kamerabekenntnisse*. Konstanz 2008, S. 133. In einem Interview aus dem Presseheft zu FREMDE HAUT erinnert sich Angelina Maccarone, dass Judith Kaufmann und sie bereits 1998 damit begonnen hatten, gemeinsame Ideen zu entwickeln. Das Presseheft ist an mehreren Stellen im Internet verfügbar, beispielsweise unter http://pdf.bandits-movie.com/tabatabai/presseheft_fremde_haut.pdf (25.09.2012).
5 Einen Grund für die Umbenennung nennt Madeleine Bernstorff in ihrer Kritik *Flucht ins Männerdasein*: «Nach einer ZuschauerInnenbefragung im Vorfeld des Filmstarts bestätigte sich der Verdacht, dass dieser Titel eher Science-Fiction-Assoziationen weckt. So kam es zu dem Titel ‹Fremde Haut›.» In: *Die Tageszeitung*, 22.10.2005. Die Besprechung ist online verfügbar unter http://www.taz.de/1/archiv/archiv/?dig=2005/10/22/a0203 (25.09.2012).
6 Vgl. Agnes Hurwitz: *The Collective Responsibility of States to Protect Refugees*. Oxford 2009, S. 20 f.

rone benötigt keine drastischen Darstellungen gewalttätiger Grenzschützer, um zu zeigen, wie unwürdig der Aufenthalt in einem Flüchtlingslager auch in einem wohlhabenden Staat wie Deutschland ist. Gemeinsam mit Judith Kaufmann vermittelt sie vor allem über die Bild- und Raumgestaltung ein Gefühl von den dort herrschenden Zuständen. Das Lager ist hoffnungslos überfüllt, Fariba muss sich ein Zimmer mit wildfremden Frauen und Kindern aus verschiedensten Ländern und Kulturen teilen. Ständig kommen neue Flüchtlinge an oder werden abgeführt, im Falle eines muslimischen Mannes sogar direkt aus einem Gebet heraus, das er im Aufenthaltsraum neben der Tischtennisplatte verrichtet. Nur selten gestattet Judith Kaufmanns Kamera einen Blick auf die Welt außerhalb des zwischen Start- und Landebahnen gelegenen, mit einer reduzierten Farbpalette gefilmten, kühl und abweisend wirkenden Lagergebäudes. Häufig schränken Zäune, Gitter oder verschattete Bildteile die Sicht ein, selbst die Fenster sind, auch um ein Mindestmaß an Intimität zu gewährleisten, häufig teilweise opak, da sie entweder von Jalousien durchschnitten sind, aus Milchglas bestehen oder so stark überbelichtet sind, dass das Bild an diesen Stellen weiß ausbrennt. Auf diese Weise wird auch die Undurchsichtigkeit der deutschen Behörden und ihrer Entscheidungsprozesse versinnbildlicht.

Die Fahrt- und Außenaufnahmen vermitteln vor allen Dingen eines: Tristesse. Während der Fahrten im Polizeibus, in dem die Flüchtlinge wie Kriminelle Platz nehmen müssen, liegen die Scheiben meist bereits außerhalb des Schärfebereichs und sind zudem mit einem Regenfilm überzogen, der den Blick nach draußen verschleiert. Das im Außenbereich des Lagers stattfindende Gespräch zwischen Fariba und Siamak kadriert Kaufmann so, dass der übermannshohe, von Stacheldraht gesäumte Zaun, der das Lager umgibt, massiv präsent ist und die Trennung zwischen Einpferchung und Freiheit visuell untermauert (Abb. 2).

Doch auch jenseits des Zauns befindet sich wenig Verheißungsvolles – die Fern- oder Heimweh evozierenden Flugzeuge, in die sich die Flüchtlinge hinein wünschen mögen, verdeutlichen nur noch mehr die eigene Gefangenschaft. Ein

2 Eingepfercht: Fariba und Siamak im Außenbereich des Lagers

Ende des Flughafengeländes ist nicht erkennbar, und die durch den Einsatz einer Teleoptik hervorgerufene flache Schärfe, mit der die Gesichter von Siamak und Fariba aus dem Mittel- und Hintergrund herausgehoben werden, sorgt dafür, dass die Flugzeuge, Landebahnen und Hangars jenseits des Zauns schon bald im grauen Dunst des bedeckten Himmels versinken. Wäre man aus dem Pressetext nicht darüber informiert, dass sich das Lager am Flughafen Frankfurt am Main befindet, aus den Aufnahmen könnte man es nicht erschließen, so amorph und konturlos ist das Niemandsland jenseits des Stacheldrahts.

Die konsequente Gestaltung des filmischen Raums in FREMDE HAUT steht nicht nur in enger Verbindung zu seinem Arbeitstitel, sie lässt sich auch auf Marc Augés Anfang der 1990er Jahre entwickelte Theorie der *Nicht-Orte* beziehen, in der er Autobahnen, Feriendörfer, Shopping Malls, aber eben auch Flughäfen und Flüchtlingslager dem geschichtsträchtigen, identitätsstiftenden *anthropologischen Ort* gegenübergestellt und als «Maß unserer Zeit» bezeichnet.[7] FREMDE HAUT führt schmerzlich vor, wie das Lager als *Nicht-Ort* die Flüchtlinge auf die formale Feststellung ihrer Identität reduziert (ihnen aber keine Chance auf deren Entfaltung bietet), sie unter Generalverdacht stellt und die Ausbildung sozialer Beziehungen beeinträchtigt. Der Film verschweigt allerdings nicht, dass das Betreten eines *Nicht-Ortes* auch befreiende Umstände mit sich bringt.[8] Schon der Vorspann zeigt, wie repressiv ein *anthropologischer Ort* sein und wie weit seine Macht reichen kann. Wir befinden uns in einem Flugzeug, das gerade den iranischen Luftraum verlässt. Kaum wird diese Information über die Lautsprecher an die Fluggäste weitergegeben, nehmen mehrere Frauen sichtlich erleichtert ihre Kopfbedeckung ab und Fariba verschwindet auf die Toilette, um mit ihrem Schleier den Rauchmelder zu umwickeln und eine Zigarette zu rauchen.[9] In einem Land wie dem Iran ist also nicht einmal über den Wolken die Freiheit grenzenlos. Augé schildert zu Beginn des Nachworts eine vergleichbare Situation:

> «Wenn ein Flugzeug auf einem Fernflug saudi-arabisches Territorium überquert, verkündet die Stewardess, dass der Konsum von Alkohol für die Zeit des Überflugs untersagt ist. Hier zeigt sich, wie das Territorium in den Raum eindringt. Boden = Gesellschaft = Nation = Kultur = Religion: Die Gleichung des anthropologischen

---

7 Marc Augé: *Nicht-Orte*. München 2010, S. 84.
8 Vgl. ebd., S. 103.
9 Die einleitende Flugzeugsequenz birgt schon sehr viele Informationen über den weiteren Verlauf des Films in sich: Fariba leidet zwar nicht mehr unter der Unterdrückung durch das politisch-religiöse Regime des Iran, sieht sich dafür aber anderen, zum Beispiel räumlichen Repressionen ausgesetzt. Auch auf ihren unangepassten, aber gleichsam «coolen», zielstrebigen und pragmatischen Charakter verweist die Toilettenszene. Zur herausragenden Stellung von Filmanfängen siehe Britta Hartmann: *Aller Anfang. Zur Initialphase des Spielfilms*. Marburg 2009.

Ortes findet ihre flüchtige Niederschrift im Raum. Befindet man sich dann wenig später wieder im Nicht-Ort des Raumes und ist dem totalitären Zwang des Ortes entgangen, so gewinnt man etwas wieder, das der Freiheit ähnelt.»[10]

Sicherlich hatte Fariba sich eine andere, umfassendere Form der Freiheit erhofft als die, die sie im Flüchtlingslager erwartet, aber auch für sie gilt prinzipiell: «Der Raum des Nicht-Ortes befreit den, der ihn betritt, von seinen gewohnten Bestimmungen» und eröffnet ihm die Möglichkeit, «eine Weile die passiven Freuden der Anonymität und die aktiven Freuden des Rollenspiels» zu genießen.[11] Die von Augé angesprochene Möglichkeit zum Rollenspiel im Nicht-Ort wird in FREMDE HAUT bis ins Extrem ausagiert. Von «aktiven Freuden» kann allerdings zunächst keine Rede sein: Fariba ist kein Drag-King, der sich lustvoll einer Performance hingibt und die Grenzen zwischen den Geschlechtern verwischt, und sie ist auch kein Transgender, der sich im weiblichen Körper unwohl fühlt und das Geschlecht wechseln möchte. Ihre Travestie ist nicht gewollt, sondern ein notwendiges Übel und ihr vermeintlich einziger Ausweg, um der Abschiebung zu entgehen.

Zeit zum Proben bleibt Fariba nicht. Gleich bei ihrem ersten ‹Auftritt›, beim ‹Vorsprechen› vor der Grenzbeamtin, muss sie in der Rolle des Siamak überzeugen. Die Zuschauer sehen dabei zunächst nur ihren Hinterkopf, in der ersten Einstellung vom Gang aus durch die Glastür, in der zweiten dann in einer fokalisierten Einstellung aus nächster Nähe. Es folgt eine Detailaufnahme ihres vor Nervosität wippenden Fußes – eine für Siamak typische Geste, die Fariba und der Zuschauer bereits aus dem Flugzeug und der Toilette im Lager kennen.[12] Erst in der dritten und letzten Einstellung wird, zeitgleich zur Verkündung der Einreisegenehmigung, ihr ‹neues› Gesicht enthüllt. Das Ergebnis ist verblüffend: Aus der sinnlichen Frau ist ein ernst dreinblickender, junger Mann geworden (Abb. 3).

3 Fariba muss vor den Behörden als Siamak überzeugen

10 Augé, S. 117.
11 Ebd., S. 103.
12 Das Fußwippen stellt also nicht nur einen Hinweis auf Faribas eigene Nervosität dar, sondern deutet auch darauf hin, dass sie ihre Rolle bereits internalisiert hat.

Dies ist nicht nur der Wandlungsfähigkeit der Darstellerin Jasmin Tabatabai geschuldet, sondern neben der Maske auch der Lichtsetzung Judith Kaufmanns, die von nun an die Gesichtszüge stärker als zuvor akzentuiert. Auch in dieser Szene operiert sie mit einer extrem flachen Schärfe, sodass der gesamte Raum bis auf den dadurch deutlich herausgehobenen Körper Faribas/Siamakas, dem auf diese Weise eine enorme Präsenz verliehen wird und der sowohl für die anwesenden Figuren als auch für die Zuschauer unzweifelhaft im Zentrum des Interesses steht, unscharf bleibt. Der Einsatz der flachen Schärfe verleiht Faribas Anspannung Ausdruck, die völlig auf die Worte der BGS-Beamtin und die Kontrolle über ihren eigenen Körper fokussiert ist und den Raum um sie herum kaum wahrnimmt.[13] Ein konkretes Indiz dafür, dass die verschwommene Darstellung des Raumes eng an Faribas subjektive Wahrnehmung gekoppelt ist, liefert auch die Tatsache, dass Fariba während der Anhörung Siamaks Brille als Teil ihrer Maskerade tragen muss, obwohl diese ihrer eigenen Sehkraft abträglich ist.[14]

Die Annahme von Siamaks Asylantrag ist trotz ihrer Kürze nicht nur eine für die Narration entscheidende Szene. Ihre visuelle Inszenierung etabliert auch Techniken, die im weiteren Verlauf des Films eine entscheidende Rolle spielen werden: der subtile Einsatz von Groß- und Detailaufnahmen vor allem des Körpers der Hauptprotagonistin, eine ausgefeilte Choreografie der Blicke und die Vermengung von Faribas Innenwelt mit der von dieser überlagerten Außenwelt.

II. Fremd in der eigenen Haut

Es stellt sich schnell heraus, dass die Erlangung der Aufenthaltsgestattung allenfalls einen Etappensieg darstellt, der eine ganze Reihe neuer Probleme mit sich bringt. Die Entsorgung der Leiche des ‹echten› Siamak, die Fariba in einem Koffer versteckt mit sich führt, gelingt zwar am helllichten Tag verblüffend leicht auf einem Gelände in der Nähe des direkt an einer Schnellstraße gelegenen Asylbewerberheims.[15] Doch schnell wird klar, welche Unwägbarkeiten es mit sich bringt, in fremder Haut beziehungsweise als Fremder in der eigenen Haut zu leben: Unmittelbar nach der Ankunft im Asylbewerberheim wird Fariba/Siamak

---

13 Für eine intensivere Beschäftigung mit dem Themenkomplex Schärfe/Unschärfe sei auf die kürzlich erschienene Dissertation von Thereza Smid verwiesen: *Poetik der Schärfenverlagerung*. Marburg 2012.
14 Einen Hinweis auf die Stärke der Brille wird später Arbeitskollege Andi geben, der sie ihr kurz wegnehmen, hindurch blicken und amüsiert feststellen wird, dass «blind gar kein Ausdruck» für Siamaks schwache Sehfähigkeit sei.
15 Fariba/Siamak wird den Leichnam in der darauffolgenden Nacht beisetzen. Judith Kaufmanns Gegenlichtaufnahmen, die Faribas/Siamaks Silhouette betend vor dem Sonnenaufgang zeigen, tragen wesentlich dazu bei, dass die Zeremonie trotz der widrigen Umstände eine gewisse Würde und Spiritualität ausstrahlt.

4 Vom Regen in die Traufe: Fariba/Siamak betritt die neue Bleibe

unverhofft seinem russischen – und selbstverständlich männlichen – Zimmernachbarn Maxim vorgestellt. Dieser haust schon seit sechs Jahren im selben, bereits für eine Person knapp bemessenen Zimmer, das entsprechend verwahrlost ist: Der Fußboden ist übersät mit Bierdosen, der Spint beklebt mit Bildchen leicht bekleideter Frauen, auf dem Tisch stehen Eintopf und Wodka-Flasche, vor dem (abermals weiß überstrahlten) Fenster Maxims Matrjoschka-Puppen und auf Siamaks zukünftigem Bett sitzen oder liegen – je nach Alkoholpegel – seine Kumpels. «Gemütlichkeit» bedeutet für Maxim der Verzehr von Alkohol und das Schauen selbstgedrehter Videos aus seinem Heimatdorf, mit denen er sein Heimweh betäubt (Abb. 4).

Zwar trägt auch das Asylbewerberheim deutliche Züge eines *Nicht-Orts*, aber Maxims Zimmer zeigt auch, dass diese niemals in Reinform vorkommen, sondern mit *anthropologischen Orten* verwobene «Palimpseste [sind], auf denen das verworrene Spiel von Identität ständig aufs Neue seine Spiegelung findet.»[16]

Für Fariba/Siamak führen diese Lebensumstände zu massiven Einschränkungen. Zwar hat Fariba als Siamak im Rahmen der Residenzpflicht nun zumindest das Recht, sich innerhalb des Landkreises Esslingen – das Asylbewerberheim befindet sich im Sielmingen, einem Stadtteil von Filderstadt in der Nähe des Stutt-

5 Die Dusche als intimer Rückzugsort

16 Augé, S. 84.

Der sensitive Blick

garter Flughafens – frei zu bewegen, ihr fehlt aber ein privater Rückzugsort, an dem sie ihre ‹Hosenrolle› ablegen könnte, und muss nun durchgängig ihre männliche Identität wahren. Dies bedeutet zum Beispiel, sich morgens um 4.30 Uhr aus dem Zimmer schleichen zu müssen, um unerkannt zur außerhalb des Gebäudes liegenden Dusche zu gelangen. Behutsam begleitet sie die Kamera in dieses letzte verbleibende Refugium, in dem sie im schwachen, aber warmen Schein einer (zuvor in einer Kirche entwendeten) Kerze unter Schmerzen den Verband löst, den sie fest um ihre Brust gewickelt hat, und der sichtbare Striemen auf ihrem Rücken hinterlässt. Die Intimität und Intensität des Duschens, diese kurzen, befreienden Momente der Erfrischung und Entspannung, überträgt die eng an Faribas Körper haftende Kamera direkt auf den Zuschauer, ohne auch nur im Geringsten aufdringlich oder voyeuristisch zu wirken (Abb. 5). Die Kamera macht uns zu Faribas Mitwissern und Verbündeten, wenn wir mit ihr anschließend in den Spiegel blicken und zusehen, wie Fariba versucht, mittels Wimperntusche und Zahnbürste Bartstoppeln zu simulieren.

Judith Kaufmanns Faible für Spiegelaufnahmen zeigt sich auch in der nächsten Einstellung, in der sich Fariba/Siamak an ihrem geöffneten Zimmerfenster befindet: In einer von der Fensterverglasung hervorgerufenen, semitransparenten und verschwommenen Doppelreflexion ist in einer halbnahen Einstellung schemenhaft Fariba/Siamak zu erkennen, wie sie mit einem Feuerzeug ein Stück Papier anzündet. Die Auflösung dieses enigmatischen Bildes folgt nach dem Schnitt: Der folgende, abermals mit ganz flacher Schärfe gefilmte *over-shoulder-shot* zeigt, dass es sich um ein Foto von Fariba und ihrer Geliebten Shirin aus ihrer gemeinsamen Zeit im Iran handelt, das auf der Seite, auf der Fariba zu sehen ist, langsam abbrennt. In der dritten Einstellung sieht man schließlich im Gegenlicht Faribas/Siamaks Silhouette rauchend vor dem geöffneten Fenster sitzen und das glimmende Fotopapier auspusten (Abb. 6–8).

6–8 *Zwischen Fariba und Siamak: Abschied von der alten Identität*

Diese Mini-Sequenz ist keineswegs als optische Spielerei der Kamerafrau abzutun, sondern lässt sich – ohne die Bilder strikt auf eine eindeutige symbolische Bedeutung festlegen zu wollen – als Visualisierung von Faribas/Siamaks Identitätskonflikt begreifen: Zunächst einmal suggeriert die verschwommene, halbtransparente Doppelspiegelung, dass Fariba/Siamak sich in einem reflexiven, unsicheren Schwebestadium zwischen alter und neuer Identität befindet. Zwar mag sie ihr Foto auch zur eigenen Sicherheit verbrannt haben, diese in der zweiten Einstellung gezeigte, irreversible Handlung macht jedoch gleichzeitig unmissverständlich klar, dass es keinen Weg zurück zur ‹alten› Identität gibt. Die dritte Einstellung wiederum zeigt, dass Fariba zwar darauf festgelegt ist, fortan als Siamak zu leben, legt aber dadurch, dass ihr Körper kaum als solcher, sondern gewissermaßen als ‹Schatten seiner selbst› inszeniert wird, nahe, dass die neue Identität noch nicht ausgebildet ist und fraglich ist, ob dies überhaupt gelingen wird.

Es sind Aufnahmen wie diese, die deutlich machen, welch gewichtige Rolle Judith Kaufmanns Kameraarbeit für FREMDE HAUT spielt: In drei relativ einfachen, insgesamt nur etwa eine halbe Minute dauernden, aber sehr durchdachten und präzisen Einstellungen gelingt es ihr, den zentralen Identitätskonflikt der Hauptfigur mit rein visuellen Mitteln zu erzählen und den Zuschauer emotional in die Gedanken- und Gefühlswelt der Protagonistin einzubinden.

III. Zarte Annäherungen unter permanenter Beobachtung

Dass die mit gefälschten Papieren eingereiste Fariba unter besonderer Beobachtung steht, zeigt sich bereits in einer der ersten Einstellungen, als ihr nach Prüfung Ihres Ausweises die Einreise verweigert wird.[17] Dass Blicke in FREMDE HAUT eine besondere Rolle spielen werden, lässt sich erahnen, als kurze Zeit später ein weiterer Grenzschützer während des Transports vom Flughafen ins Auffanglager den Rückspiegel des Busses so einstellt, dass er Fariba genau im Blick hat.[18] Und auch als sie später als Siamak einen ersten Erkundungsspaziergang durch Sielmingen unternimmt, ist sie den Blicken der Einheimischen ausgeliefert. Für sie gilt in besonderem Maße, was Jean-Paul Sartre in seinem berühmten Kapitel «Der Blick» in *Das Sein und das Nichts* über den engen Zusammenhang von Blick und Identität schreibt: Durch den (gefühlten) Blick des Anderen wird man als

---

17 Ein weiteres Beispiel für Judith Kaufmanns virtuosen, aber stets motivierten Umgang mit Spiegeleffekten: In der Einstellung am Einreiseschalter wird nicht nur der prüfende Blick des BGS-Beamten gezeigt, sondern über eine Spiegelung auch das von ihm angeblickte Gesicht Faribas.
18 In dieser Sequenz überlagern sich behördliche Überwachung und männliche Schaulust, was offenbar auch Fariba so zu empfinden scheint, die umgehend eine Sonnenbrille aufsetzt, um sich hinter dieser zu verstecken.

Angeblickter damit konfrontiert, dass man selbst als Objekt gesehen und beurteilt wird, ohne die Perspektive des Anderen einnehmen und wissen zu können, wie sein Urteil ausfallen wird.[19] Schon unter «normalen» Umständen kann diese alltägliche Konstellation zu einer Hinterfragung der eigenen Subjektivität und unangenehmen Schamgefühlen führen. Für einen in ländlichen Regionen ohnehin schon zahlreiche Blicke auf sich ziehenden Asylbewerber, der zudem darauf angewiesen ist, seine wahre (Geschlechts)Identität geheim zu halten, leistet sie nicht nur einer Verunsicherung über die Qualität der eigenen *Performance* Vorschub, sondern ruft auch die latente Gefahr einer Enttarnung und deren gravierende Folgen ins Bewusstsein.

Angelina Maccarone und Judith Kaufmann machen sich diese Konstellation zunutze, um in der örtlichen Sauerkrautfabrik, in der Fariba/Siamak illegal arbeitet, um Geld für einen gefälschten Pass zu sammeln, zwischen den Figuren ein ausgeklügeltes Netz an Blickstrukturen zu entfalten. Bereits anhand einiger (quasi-)subjektiver Einstellungen während des ersten gemeinsamen Mittagessens im familiär geführten Betrieb lässt sich erkennen, dass Fariba/Siamak ein Auge auf die gleichermaßen sympathische wie attraktive Anne (Anneke Kim Sarnau) geworfen hat. Spätestens nachdem diese von ihrer Chefin dazu aufgefordert wird, den Neuen zum Essen einzuladen (um mal wieder mit einem Mann auszugehen), wirft auch sie Siamak immer wieder verstohlene Blicke zu und so wird rasch deutlich, dass zwischen den beiden ‹ein Knistern in der Luft liegt›. Dies bleibt natürlich auch Annes Ex-Freund Uwe (Hinnerk Schönemann) und dessen Kumpel Andi (Jens Münchow) nicht verborgen, die Siamak skeptisch beäugen und Annes Interesse an ihm mit unzweideutigen Blicken quittieren.[20]

Wie prekär Faribas/Siamaks Situation ist, wird schlagartig deutlich, als die Zollfahndung in der Fabrik auftaucht, um nach Schwarzarbeitern zu suchen. Als Fariba/Siamak diese erblickt, gerät sie in Panik, rennt, von Judith Kaufmanns Handkamera begleitet, quer durch die Fabrikhalle und wird schließlich von Anne gemeinsam mit Maxim unter einem Berg von Sauerkraut versteckt und in Sicherheit gebracht. Als die Luft wieder rein ist, lässt sich Uwe die Gelegenheit nicht entgehen, «Ajatollah», wie er Siamak despektierlich nennt, darauf aufmerksam zu machen, dass er «diesmal wohl nicht um eine Dusche herum» käme. Damit greift er einen bereits zuvor nicht nur zwischen ihm und Siamak, sondern auch zwischen diesem und seinem Mitbewohner Maxim schwelenden Konflikt auf, der im Heim unter der Geruchsbelästigung leidet: Während die

---

19 Vgl. Jean-Paul Sartre: Der Blick. In: Ders.: *Das Sein und das Nichts. Versuch einer phänomenologischen Ontologie.* Reinbek bei Hamburg 1993, S. 457–538.
20 Es fällt auf, dass auch Uwe und Andi untereinander häufig über Blicke und ein ausdrucksstarkes Mienenspiel kommunizieren.

anderen Arbeiter nach der Arbeit gemeinsam duschen, ist Fariba/Siamak aus den dem Zuschauer bekannten Gründen dazu gezwungen, es bei einer oberflächlichen Gesichts- und Handreinigung zu belassen (und damit Uwes latenter Xeno- und Islamophobie Vorschub zu leisten). Die Sequenz macht deutlich, dass die Behörden keineswegs die einzige Gefahrenquelle für Fariba/Siamak sind. Je mehr Kontakte sie knüpft, und umso enger diese werden, desto größer wird die Gefahr der Enttarnung. Jeder vermeintliche Schritt in die Freiheit erfordert eine erhöhte Selbstkontrolle und zeigt umso deutlicher, wie gefangen Fariba/Siamak in ihrer ‹fremden Haut› ist.

Gleichzeitig ist es gerade der Wechsel der Geschlechteridentität, der es Fariba/Siamak überhaupt erst ermöglicht, mit Anne zu flirten und schließlich eine Affäre mit ihr zu starten. Zwar lässt sich darüber spekulieren, ob sich die unangepasste, neugierige und offene Anne nicht nur in Siamak, sondern auch in Fariba verliebt hätte. Es ist aber davon auszugehen, dass ihr Aufbegehren gegen die *heterosexuelle Matrix*[21] und die damit einhergehende Öffnung der eigenen sexuellen Orientierung entscheidend dadurch begünstigt wurde, dass sie zunächst davon ausgegangen war, Siamak sei ein Mann. Anne nutzt nach dem Abzug der Zollfahnder die Gelegenheit, um mit dem (notgedrungen) scheuen, wortkargen Siamak ins Gespräch zu kommen. Sie ist die einzige, die sich für den Menschen Siamak interessiert, der auf sie die geheimnisvolle Anziehungskraft des Fremden ausübt. Wenig später kommt es dann auf dem Feld zur ersten flüchtigen Berührung, als Anne Siamaks Hand nimmt, um ihm zu zeigen, wie man den Kohl am besten sticht. Sie bietet Siamak an, ihm die Gegend zu zeigen und dieser willigt ein, Anne gestehend, wie sehr er sich über die Einladung freut (Farbabb. 36, S. 109).

Die Kamera ist bei diesen zaghaften Annäherungsversuchen die Dritte im Bunde, lässt uns an den feinen Regungen in den Gesichtern der beiden teilhaben und unterstreicht deren wechselseitige Blicke durch entsprechende Schärfensetzungen. So werden aus den Momenten mit Anne für Fariba/Siamak kleine Inseln des Glücks und der Geborgenheit.

Die eingangs beschriebene Sequenz aus der Mitte des Films, in der Anne und Siamak auf einer Vespa durch die schwäbischen Filder rasen, als wären sie mit einer Harley-Davidson auf der Route 66 unterwegs, wirkt nicht nur für die beiden, sondern auch für den Zuschauer wie eine Befreiung: Endlich entkommt Fariba/Siamak einmal der Arbeit und dem beengten Asylbewerberheim, endlich scheint einmal die Sonne und sie und Anne sind allein und ungestört. Zum ers-

---

21 Judith Butler benutzt diesen Begriff in zahlreichen Publikationen, um eine soziale und kulturelle Anordnung, die aus den drei Dimensionen sex (Geschlechtskörper), gender (Geschlechterrolle) und desire (Begehren) besteht, die wechselseitig aufeinander bezogen sind, zu beschreiben. Vgl. hierzu z. B. Judith Butler: *Das Unbehagen der Geschlechter*. Frankfurt am Main 1991.

ten Mal sieht man Fariba/Siamak befreit lachen und die Luft der Freiheit atmen (Farbabb. 37, S. 109).

Man wünscht ihr, dass sich die zahlreichen Mühen und Entbehrungen auszahlen mögen und hofft, dass es für sie ein Happy-End in Deutschland geben möge. Doch als unverhofft Uwe, Andi und dessen Frau Sabine (Nina Vorbrodt) in Uwes BMW aufkreuzen, findet diese Sequenz ein jähes Ende, und der Zuschauer wird mit den beiden wieder auf den Boden der Tatsachen zurückgeholt. Es zeichnet sich bereits ab, was sich am Schluss bestätigen wird: Fariba/Siamaks und Annes Romanze ist ein Verhältnis auf Zeit. Unter den gegebenen Umständen können die beiden keine gemeinsame Zukunft haben.

IV. Dramaturgie des Atmosphärischen

Betrachtet man die insgesamt sehr gemischten Besprechungen von FREMDE HAUT, der 2005 den Hessischen Filmpreis erhielt,[22] fällt auf, dass in der Kritik vor allem die von vielen als überfrachtet, unglaubwürdig oder konstruiert empfundene Geschichte und deren dramaturgische Ausgestaltung als Schwäche ausgemacht wurde,[23] während das Schauspiel der Hauptdarsteller – allen voran das von Jasmin Tabatabai als Fariba/Siamak – nahezu durchgängig gelobt wurde.[24] Noch interessanter ist allerdings, dass in beinahe jeder Kritik – mal implizit, mal explizit und unabhängig davon, ob sie wohlwollend oder ablehnend ausgefallen ist – auf die besondere *Atmosphäre* des Films hingewiesen wird. So räumt beispielsweise Alexandra Wach im *Film-Dienst* ein, dass «[z]umindest die Kamera [...] die nötigen Kontrapunkte [setzt], [...] atmosphärische Bilder [schafft],

---

22 Die Begründung der Jury lautet: «Angelina Maccarone liefert eine mutige Regiearbeit, in der sie mehrere brisante Themen eindringlich umsetzt. Sie erzählt vom Schicksal der lesbischen Fariba aus der islamischen Republik Iran und dem Alltagsleben unter Illegalen in Deutschland. Aber auch der provinzielle Mikrokosmos um die Sauerkrautfabrik ist nicht nur Folie für die dramatische Geschichte von Anne und Fariba, sondern ein lebendig gezeichnetes Stück Leben. Eine hervorragende Kamera und die wunderbare Hauptdarstellerin Jasmin Tabatabai tun ein Übriges, um dem Film eindrucksvolle Kinoqualität zu verleihen.»
23 Stellvertretend hierfür schreibt beispielsweise Alexandra Wach: «Und so entgeht auch ‹Fremde Haut› leider nicht ganz der Gefahr, das hoch aktuelle Flüchtlingsthema mit allzu vielen Nebensträngen und dramatischen Wendungen zu überfrachten und es dadurch letztlich nicht ernst zu nehmen. Hinzu kommt, dass es dem Drehbuch bisweilen an Plausibilität fehlt, wenn Fariba die Leiche des Mannes, dessen Identität sie annimmt, mühelos in einem Koffer vor den Augen der Polizisten transportiert, die ihr selbst auf den Fersen sind.» Alexandra Wach: Fremde Haut. In: *Film-Dienst* 21, 2005, S. 39.
24 Eine Ausnahme bildet die Kritik von Wilfried Hippen aus der *Tageszeitung*, die sich allerdings nicht direkt auf Tabatabais Schauspielleistung bezieht: «[...] [S]o recht mag man auch nicht glauben, dass die so eindeutig weibliche Jasmin Tabatabai nur durch ein paar abgeschnittene Locken, angemalte Bartstoppeln und permanent mürrische Laune als Mann durchgehen könnte. Zumindest ihre Stimme bleibt doch eindeutig die einer Frau.» Wilfried Hippen: «Fremde Haut» mit Jasmin Tabatabai. Auf: http://www.taz.de/1/archiv/archiv/?dig=2006/02/09/a0350 (03.04.2012).

die fern des Soziologischen die Mühen des Exils auf leisen Sohlen entfalten.»[25] Im *Schnitt* wird vor allem die Eingangssequenz hervorgehoben: «Die Bilder, die Fariba im Gespräch mit dem Grenzbeamten am Flughafen oder im Übergangslager mit anderen Asylsuchenden zeigen, sind die besten im Film und erzeugen in ihrer kühlen, fast dokumentarischen Tonart eine höchst beunruhigende Atmosphäre.»[26] Und an anderer Stelle ist davon die Rede, dass «[b]erührende, atmosphärisch dichte Szenen im Übergangslager für Asylbewerber/innen von der Sehnsucht dieser Menschen nach einem besseren Leben und der alles überschattenden Angst vor drohender Abschiebung [erzählen].»[27]

Zwar ist besonders die «Floskel von der ‹atmosphärischen Dichte›»[28] nicht nur innerhalb der Filmkritik, sondern generell in den Feuilletons weit verbreitet, auch aus dem täglichen Sprachgebrauch und der Werbung ist die Rede von Atmosphären nicht wegzudenken. Ihre genaue Bedeutung bleibt jedoch meist nebulös.[29] Gewissermaßen verhält es sich mit der Atmosphäre ähnlich wie mit der Zeit, von der man – frei nach Augustinus – so lange weiß, was sie ist, bis man sie jemandem erklären soll. Im Gegensatz zum von Walter Benjamin geprägten Konzept der Aura[30] und dem noch weitaus weiter zurückreichenden Konzept der Stimmung,[31] wurde das «Konzept der ‹Atmosphäre› […] erst Mitte der 1990er Jahre durch die Arbeiten von Gernot Böhme […] zu einer eigentlichen ästhetischen Kategorie erhoben.»[32] Nach Böhme, der den Begriff ins Zentrum seiner phänomenologisch ausgerichteten ‹neuen Ästhetik› stellt, liegt die Unbestimmtheit der Atmosphären nicht in ihrem Charakter, der sich sehr genau «als heiter, melancholisch, bedrückend, erhebend, achtunggebietend, einladend, erotisch usw.» beschreiben lässt.[33] Problematisch ist vielmehr die Bestimmung ihres ontologischen Status: «Man weiß nicht recht, soll man sie den Objekten oder

---

25 Wach, S. 39
26 Ekaterina Vassilieva-Ostrovskaja: Eine Fremde in der eigenen Haut. Auf: http://www.schnitt.de/202,1587,01 (03.04.2012)
27 Ula Brunner: Fremde Haut. Auf: http://www.kinofenster.de/filme/ausgaben/kf0510/fremde_haut_film/ (03.04.2012)
28 Britta Hartmann: «Atmosphärische Dichte» als Kinoerfahrung. In: Philipp Brunner / Jörg Schweinitz / Margrit Tröhler (Hrsg.): *Filmische Atmosphären*. Marburg 2012, S. 125.
29 Vgl. ebd., S. 130-132 und Hans J. Wulff: Prolegomena zu einer Theorie des Atmosphärischen im Film. In: Brunner/Schweinitz/Tröhler (Hrsg.), S. 111.
30 Vgl. Josef Fürnkäs: Aura. In: Michael Opitz/Erdmut Wizisla (Hrsg.): *Benjamins Begriffe*, Bd. 1. Frankfurt am Main 2000, S. 95-146.
31 Vgl. David E. Wellbery: Stimmung. In: Karlheinz Barck et al. (Hrsg.): *Ästhetische Grundbegriffe. Historisches Wörterbuch in sieben Bänden*, Bd. 5. Stuttgart 2003, S. 703-733.
32 Margrit Tröhler: Filmische Atmosphären – eine Annäherung. In: Brunner/Schweinitz/Tröhler (Hrsg.), S. 11. Tröhler weist in diesem Text auch kurz auf Gemeinsamkeiten und Unterschiede der drei Konzepte hin: Vgl. ebd., S. 11–14.
33 Gernot Böhme: Atmosphäre als Grundbegriff einer neuen Ästhetik. In: Ders.: *Atmosphäre. Essays zur neuen Ästhetik*. Frankfurt am Main 1995, S. 22.

Umgebungen, von denen sie ausgehen, zuschreiben oder den Subjekten, die sie erfahren. Man weiß auch nicht so recht, wo sie sind. Sie scheinen gewissermaßen nebelhaft den Raum mit Gefühlen zu erfüllen.»[34] Folglich sind für Böhme, wie er an anderer Stelle ausführt,

> «Atmosphären [...] weder Zustände des Subjektes noch Eigenschaften des Objektes. Gleichwohl werden sie nur in aktueller Wahrnehmung eines Subjektes erfahren und sind durch die Subjektivität des Wahrnehmenden in ihrem Was-Sein, ihrem Charakter, mit-konstruiert. Und obgleich sie nicht Eigenschaften der Objekte sind, so werden sie doch offenbar durch die Eigenschaften der Objekte zu deren Zusammenspiel erzeugt. Das heißt also, Atmosphären sind etwas zwischen Subjekt und Objekt. Sie sind nicht etwas Relationales, sondern die Relation selbst.»[35]

Böhme weist mehrfach darauf hin, dass Atmosphären nicht nur in der Natur – zum Beispiel in der Morgen- oder Abenddämmerung – quasi von selbst entstehen, sondern auch durch «ästhetische Arbeit», die in «ästhetischen Berufen [...] professionalisiert und als erlernbare Kompetenz weitergegeben»[36] wird, hergestellt werden können. Als Beispiele führt er «die Bühnenbildnerei, die Innenarchitektur, das Design und viele Hilfsberufe im Bereich der Medien, Film, Fernsehen, Hörfunk»[37] an. Der Kunstproduktion im engeren Sinne räumt Böhme bei der Herstellung von Atmosphären folglich kein Exklusivrecht ein.[38] Zwar interessieren Böhme, der seine Ästhetik als allgemeine Wahrnehmungslehre in einer zunehmend ästhetisierten Welt konzipiert, wie Margrit Tröhler zu Recht einräumt, «die medial spezifischen Gestaltungsweisen von Atmosphäre, ihre Ausdrucksmöglichkeiten, Produktions- und Wahrnehmungsdispositive»[39] nicht, dennoch lassen sich auch die Bildgestalter treffend als «ästhetische Arbeiter» bezeichnen. Nicht nur, dass die Kreation von Stimmungen und Atmosphären mit handwerklichen Mitteln wie beispielsweise der Lichtsetzung doch eine, wenn

---

34 Ebd.
35 Gernot Böhme: Atmosphären. In: *Aisthetik. Vorlesungen über Ästhetik als allgemeine Wahrnehmungslehre*. München 2001, S. 54. Nach Böhme unterscheiden sich «Phänomene des Atmosphärischen» von diesen ‹eigentlichen› Atmosphären «durch ein weitgehendes Fehlen des subjektiven Momentes.» Zu Böhmes Unterscheidung zwischen Atmosphären und Atmosphärischem siehe ebd., S. 59 f.
36 Ebd., S. 52.
37 Ebd., S. 53.
38 Hierzu Böhme: «Schönheit ist nur eine von vielen Atmosphären, und Kunst ist nur eine besondere Art, mit Atmosphären umzugehen.» Gernot Böhme: Zur Einführung: Ästhetik der Atmosphären. In: Ders.: *Architektur und Atmosphäre*. München 2006, S. 20.
39 Tröhler, S. 15. Entsprechend ist ihr auch darin zuzustimmen, dass Böhmes Konzept der Atmosphäre zwar «als Inspirationsquelle [dienen] kann, doch [...] einige Übertragungsleistungen [verlangt].» Ebd., S. 14.

nicht sogar *die* zentrale Aufgabe eines *Directors of Photography* ist. Zahlreiche Bücher von Kameraleuten über die Geheimnisse ihrer Arbeit[40] zeugen eindrucksvoll von dem «außerordentlich reichen Schatz an Wissen um Atmosphären», den Böhme bei den ästhetischen Arbeitern vermutet und von dem er sich Aufschluss erhofft über «den Zusammenhang der gegenständlichen Eigenschaften von Objekten (Alltagsgegenständen, Kunstwerken, Elementen der Natur) und der Atmosphäre, die sie ausstrahlen.»[41] Während die Herstellung von Atmosphären im Selbstverständnis und in den Diskussionen der Filmpraktiker eine gewichtige Rolle spielt, erfreut sich das Thema in der Filmtheorie erst in jüngster Vergangenheit weiterer Beachtung.[42] Dies ist insofern erstaunlich, als mit Béla Balázs einer der wichtigsten Theoriepioniere der Weimarer Republik die Atmosphäre bereits 1924 als «Seele» und «letzte Realität jeder Kunst»[43] bezeichnet und, wie Britta Hartmann betont, in diesem Zuge den Film gegenüber der Literatur auch gleich als «atmosphärisch überlegene Kunst»[44] herausstellt.

Da Atmosphären im Zusammenspiel verschiedener Elemente entstehen und einen Gesamteindruck darstellen, ist es schwierig, einzelne filmische Gestaltungsmittel herauszuheben und ihnen eine besondere Bedeutung bei der Erzeugung von Atmosphären zuzusprechen. Umso bemerkenswerter ist, dass in den zitierten Kritiken dennoch explizit darauf verwiesen wird, dass *die Kamera* «atmosphärische Bilder» schafft (*Film-Dienst*) oder *die Bilder* eine «höchst beunruhigende Atmosphäre» hervorrufen (*Schnitt*) und nicht etwa auf die Musik, die auch in FREMDE HAUT zur emotionalen Färbung einzelner Sequenzen eingesetzt wird,[45] oder den Ton eingegangen wird, der ja als *Atmo* durch ausgewählte Hintergrundgeräusche die Handlungsorte eines Films «stimmt». Dass sie vor allem auf die Atmosphäre am Anfang und im ersten Teil Bezug nehmen, verwundert hingegen

---

40 Exemplarisch sei an dieser Stelle verwiesen auf Henri Alekan: *Des lumières et des ombres*, John Alton: *Painting with Light*, Nestor Almendros: *A Man with a Camera* und Vittorio Storaro: *Writing with Light* hingewiesen. Auch die bisher erschienen Bände zu den Marburger Kameragesprächen ließen sich anführen.
41 Böhme 1995, S. 35.
42 Vgl. den von Philipp Brunner, Jörg Schweinitz und Margrit Tröhler herausgegebenen und bereits zitierten Band Filmische Atmosphären.
43 Béla Balázs: Der sichtbare Mensch oder die Kultur des Films. Frankfurt am Main 2001, S. 30.
44 Hartmann 2012, S. 126.
45 Wie Madeleine Bernstorff in ihrer Besprechung des Films bemerkt, weist die Musik manchmal doch «allzu sehr darauf hin[], was wir nun fühlen sollen». Madeleine Bernstorff: Flucht ins Männerdasein. Auf: http://www.taz.de/1/archiv/archiv/?dig=2005/10/22/a0203 (04.05.2012). Besonders deutlich wird dies nach etwa einer Stunde in der Sequenz, als Anne Siamak im Asylbewerberheim besucht und die beiden sich zum ersten Mal küssen. Minutenlang läuft zuvor im Radio der von Herbert Grönemeyer-Gitarrist Jakob Hansonis und Pianist Hartmut Ewert komponierte, von Angelina Maccarone getextete Song *Wie aus dem Nichts*, der durch seine Überdeterminiertheit einer Übertragung der knisternden Atmosphäre zwischen den beiden auf den Zuschauer eher abträglich ist.

weniger, wird hier doch in aller Regel der stilistische Grundton etabliert und, wie es der Kameramann Slawomir Idziak etwas martialisch formuliert, «auf der visuellen Seite der entscheidende Kampf um die Publikumsseele»[46] gefochten, während der Geschichte wesentlich mehr Zeit zur Entfaltung zugestanden wird. Es sind, wie Hans Jürgen Wulff feststellt, die gewöhnlich gerade die Filmanfänge dominierenden «expositorischen Elemente, die zur Konstitution von Atmosphäre beitragen. Atmosphäre gehört dem Deskriptiven des Textes zu, nicht dem Narrativen.»[47] In anderen Worten: Nicht über das *telling*, sondern über das *showing* werden Atmosphären erzeugt.

Betrachtet man FREMDE HAUT unter diesem Gesichtspunkt, fällt auf, dass die Kamera vor allem in der ersten Hälfte des Films oft die Freiheit genießt, sich aus ihrer der Narration dienenden Funktion zu lösen und Fariba/Siamak in ihrer neuen Umgebung zu *zeigen*: zunächst im überfüllten Flüchtlingslager am Flughafen, dann im ebenfalls keinen Raum zur Entfaltung bietenden Asylbewerberheim, in der Sauerkrautfabrik und auf dem Feld sowie später auch außerhalb der Arbeit mit Anne und deren Clique. An mehreren Stellen wird dabei der von Böhme als «Ingressionserfahrung»[48] bezeichnete Moment visualisiert, in dem Fariba/Siamak einen Raum betritt und ihr die dort vorherrschende Atmosphäre entgegenschlägt. Exemplarisch hierfür sind die Sequenzen, als sie in das völlig überfüllte Zimmer im Flughafenlager geführt wird und ihr der verwahrloste und ebenfalls viel zu enge Raum gezeigt wird, den sie sich im Asylbewerberheim mit Maxim teilen muss. In beiden Momenten wird deutlich, dass Atmosphäre als «*gestimmter* Raum» nicht identisch mit der eigenen beziehungsweise in diesem Fall Faribas Stimmung ist, sondern auch ein «*Anflug* von Stimmung» sein kann, in die man gerät.[49]

Besonders weit entfernt sich die Kamera von der an diesen Stellen nahezu zum Stillstand kommenden Narration in der ersten von vier *voice-over-Sequenzen*, in der Fariba in Siamaks Namen einen Brief an dessen Familie verfasst, in dem er sein Leben in Deutschland – oder besser das, was seine Eltern dafür halten sollen – schildert. Während dieser ersten ‹Briefsequenz› streift Fariba/Siamak ohne konkretes Ziel durch den kleinen Ort Sielmingen, blickt in die Auslage einer Bäckerei, wundert sich über die Form einer Brezel, die Eigentümlichkeiten der Vorgärten (was nicht unbeobachtet bleibt) und betritt schließlich eine Kirche –

---

46 Slawomir Idziak: Farbdynamik und Filmerfahrung. Slawomir Idziak im Gesrpäch mit dem Filmwissenschaftler Thomas Koebner über Krzysztof Kieslowskis LA DOUBLE VIE DE VÉRONIQUE. In: Andreas Kirchner / Michael Neubauer / Karl Prümm / Peter Riedel (Hrsg.): *Ein Architekt der Sinnlichkeit. Die Farbwelten des Kameramanns Slawomir Idziak*. Marburg 2007, S. 92.
47 Wulff, S. 113.
48 Böhme 2001, S. 46.
49 Ebd., S. 47.

eine weitere Ingressionserfahrung –, wo sie schließlich in der Bank einschläft. Aufnahmen wie diese, für die teilweise *point-of-view-shots* benutzt wurden, sind prädestiniert dafür, die kleinbürgerliche, ländliche Atmosphäre der schwäbischen Provinz mit den Augen einer iranischen Großstädterin einzufangen.[50] Auch die zweite ‹Briefsequenz› dient nicht dem Vorantreiben der Narration: Man sieht Fariba zunächst an Siamaks schmucklosem Grab stehen und die Antwort seiner Eltern verlesen, während sie später, offenbar von Heimweh ergriffen, im Dunkeln bei Nieselregen durch den Ort geht und von einer Telefonzelle aus ein letztes Mal Shirin anruft, ohne allerdings auch nur ein einziges Wort zu sagen.[51] Die dritte *voice-over-Sequenz*, in der Fariba Siamaks Eltern von Anne berichtet, findet während einer der zahlreichen Busfahrten statt, die Fariba/Siamak zur Arbeit, zu den Behörden oder ins Asylbewerberheim bringen.

Diese Fahrten finden auffallend häufig in der Dämmerung statt, einem atmosphärischen Naturphänomen, dem eine gewisse Unbestimmtheit innewohnt und das zahlreiche Stimmungen von Wohlgefallen bis Panik evozieren kann.[52] In langen Einstellungen durch die Scheiben der Busse macht Judith Kaufmann die Atmosphäre der Dämmerung auch für den Zuschauer erfahrbar. Wenn sie anschließend zur aus dem Bus nach draußen blickenden und sich leicht in der Scheibe spiegelnden Fariba hinüber schwenkt, kommt man nicht umhin sich zu fragen, woran diese wohl gerade denken mag, ob sie ihrer Vergangenheit mit Shirin nachhängt, an Anne denkt oder sorgenvoll in eine ungewisse Zukunft blickt (Abb. 9). Melancholisch anmutende Aufnahmen von einem Vogelschwarm, von Flugzeugen und den Lichtern der Autos, die über die Straßen gleiten, legen nahe, dass sie den Traum von Freiheit und einem würdigen und erfüllten Leben trotz aller Schwierigkeiten und Hindernisse noch nicht aufgegeben hat.

Es genügt Judith Kaufmann nicht, Atmosphäre durch die Darstellung von an sich schon Atmosphärischem zu vermitteln. Wie oben beschrieben, nutzt sie auch ausgiebig die ihr zur Verfügung stehenden ästhetischen Mittel, um den Raum in FREMDE HAUT zu gestalten und zu *stimmen*. Ähnlich wie die Dämmerung weist auch die Unschärfe bereits durch ihre Unbestimmtheit eine Affinität zur Atmo-

---

50 Als Gegenpol wird die Großstadt Frankfurt am Main inszeniert, in die Anne in jungen Jahren mit dem Musiker Ian ‹abgehauen› war: Während eines spontanen Ausflugs von Uwe, Andi und – gezwungenermaßen – Fariba/Siamak ins Frankfurter Rotlichtviertel werden schon von Weitem aus dem fahrenden Auto heraus die Lichter der Skyline und später ausgiebig die blinkenden Schaufenster der Striplokale ins Bild gesetzt, die – genau wie ein sich küssendes schwules Pärchen – merklich Siamaks/Faribas Interesse wecken.

51 Die letzte und kürzeste ‹Briefsequenz› schließt unmittelbar an Faribas Festnahme vor Annes Wohnung am Ende des Films an. Fariba erfindet in diesem Brief eine von ihrem Arbeitgeber initiierte Reise auf unbestimmte Zeit nach Russland.

52 Vgl. hierzu ausführlich Gernot Böhme: Das Atmosphärische der Dämmerung. In: Ders.: *Anmutungen. Über das Atmosphärische*. Ostfildern vor Stuttgart 1998, S. 13–34.

9 Gedankenverlorene Blicke
in die Dämmerung

sphäre auf.⁵³ In Kombination mit der insistierenden Einschränkung des Blicks entsteht im Flüchtlingslager die beinahe paradoxe Situation, dass man – getreu dem Motto ‹Wie Sie sehen, sehen Sie nichts!› – permanent vor Augen geführt bekommt, wie beschränkt dort die Aus- und Einblicke (und mit ihnen die Perspektiven für eine bessere Zukunft) sind. So gelingt es Kaufmann, die dort vorherrschende unwirtliche Atmosphäre nicht nur einzufangen, sondern sogar noch zu intensivieren und das Lager überzeugend als klaustrophobischen *Nicht-Ort* im Nirgendwo zu inszenieren.

Doch darin besteht nicht das einzige Potenzial der in FREMDE HAUT allgegenwärtigen flachen Schärfe, die an die Tradition der von Leonardo da Vinci in der Malerei etablierten Technik des *Sfumato* anknüpft: «Die Konturen verschwimmen leicht, die Kontraste werden gedämpft, dem Bild wird eine Tiefe verliehen, jedenfalls eine Tiefe für die Fantasie, die ihr Spiel in der Unbestimmtheit entfalten kann und den Betrachter in ein ahnendes Schauen versetzt.»⁵⁴ Was Böhme hier andeutet, führt Tereza Smid im Anschluss an Bernd Hüppauf weiter aus:

> «Das Unbestimmte reizt uns mit seinem Geheimnis, das scheinbar in Griffnähe liegt und sich doch dem definitiven Zugriff entzieht. Wir sind emotional schnell involviert. Es handelt sich also um eine *gleichzeitig distanzierende und einladende Visualität* [Hervorhebung des Verf.]. Während Schärfe einzigartig ist, existiert die Unschärfe in vielen Abstufungen und Schattierungen. Sie wirkt [...] obskur, vage, komplex, ambivalent oder mehrdeutig. Dadurch weckt sie Assoziationen und öffnet sich gegenüber emotionalen Reaktionen seitens der Betrachter.»⁵⁵

---

53 In einem der wenigen Kapitel, in dem sich Böhme mit apparativ erzeugten Bildern auseinandersetzt, verweist auch er auf diese Analogie. Vgl. Gernot Böhme: Atmosphären im Bild. In: Ders. 2006, S. 54–75.
54 Ebd., S. 65.
55 Thereza Smid: Entgrenzte Stimmungsräume. Atmosphärische Funktionen filmischer Unschärfe. In: Brunner/Schweinitz/Tröhler (Hrsg.), S. 147.

Gleichzeitig gilt auch für FREMDE HAUT, was Smid am Beispiel von Filmen wie PARANOID PARK (2007; Regie: Gus van Sant; Kamera: Christopher Doyle), RED ROAD (2006) und FISH TANK (2009), beide von Andrea Arnold mit Robbie Ryan an der Kamera, erläutert: Die Unschärfen ermöglichen dem Zuschauer den Zugang zur Gefühlswelt der Protagonisten, lassen ihn teilhaben an ihrer subjektiv eingefärbten Sicht auf die Umwelt und geben Auskunft über ihr Verhältnis zu ihrer Umgebung. Die zunächst paradox anmutende Konstellation, dass Fariba gerade durch die visuelle Dissoziation von ihrer häufig verschwommen dargestellten Umgebung aufs engste mit dieser verbunden ist, trägt entscheidend dazu bei, dass FREMDE HAUT von vielen eine atmosphärische Dichte zugeschrieben wird. Doch die flache Schärfe visualisiert nicht nur Faribas Einsamkeit in einem fremden Land mit für sie undurchsichtigen Mechanismen sowie die permanente Vagheit ihrer Existenz, auch der Status dieser *gestimmten* Bilder selbst wird unklar. Gerade in den für die Narration eigentlich verzichtbaren Situationen, in denen Fariba ihren Blick schweifen lässt und der Zuschauer ihr darin folgt, verschwimmt die Grenze zwischen Innen und Außen und es lässt sich nicht mit Bestimmtheit sagen, wie stark die Einstellungen subjektiviert sind, ob es sich dabei möglicherweise sogar um gänzlich innere Bilder handelt. Judith Kaufmann gelingt hier das Kunststück, Bilder zu kreieren, die nicht nur in hohem Maße emotional aufgeladen sind, sondern gleichzeitig auch über enormes (medien)reflexives Potenzial verfügen.

Nicht nur an Passagen wie diesen lässt sich Judith Kaufmanns eingangs erwähnte Beteiligung am Drehbuch erkennen. Auch die oben bereits beschriebene Art und Weise, in der die Liebesgeschichte zwischen Fariba/Siamak und Anne entfaltet wird, liefert dafür deutliche Hinweise. Die behutsame Annäherung der beiden wird nahezu wortlos über eine ausgefeilte Choreografie der Blicke und kleinen Gesten in nahen Einstellungen inszeniert, wodurch auch der permanenten Gefährdung der aufkeimenden Romanze Ausdruck verliehen wird. Die in FREMDE HAUT vornehmlich über die Bild- und Blickgestaltung erzeugten Stimmungen und Atmosphären zwischen den Protagonistinnen und ihrem Umfeld schaffen nicht nur die Basis für das emotionale Filmerleben des Zuschauers,[56] sondern sorgen auch dafür, dass im Verlauf des Films vieles in der Schwebe bleibt, nicht zuletzt die Beantwortung der Frage, ab wann Anne Verdacht schöpft, dass Siamak eine Frau sein könnte.[57] FREMDE HAUT spricht, um

---

56 Die Annahme, dass über den Einsatz filmästhetischer Mittel erzeugte Stimmungen die Grundorientierung für konkrete Emotionen bilden, wurde von Greg M. Smith übernommen. Vgl. hierzu dessen Buch *Film Structure and the Emotion System*. Cambridge 2003, darin vor allem das Kapitel «The Mood-Cue Approach to Filmic Emotion», S. 41–64.
57 Der Film gibt einige Hinweise darauf, dass Anne zumindest eine Vorahnung haben könnte, beispiels-

es in den Worten von Greg Smith zu sagen, eine «invitation to feel»[58] aus und ist gewissermaßen darauf angewiesen, dass der Zuschauer diese auch annimmt. Seine vor allem von der visuellen Gestaltung geprägte *Dramaturgie des Atmosphärischen* fordert vom Zuschauer weniger ein kognitives Nach*vollziehen* und Ergänzen eines stringent aufgebauten Plots als vielmehr ein Einfühlen in Stimmungsräume sowie ein emotionales und körperliches Nach*empfinden* der menschenunwürdigen, beengten, gefährlichen, stets prekären, aber auch hoffnungs- und lustvollen Situationen, in denen sich Fariba befindet. Folglich kann es nicht verwundern, dass den Einblicken in die Gefühlswelt der sich nach außen betont cool gebenden Fariba, dem (Nicht)Zeigen der für sie neuen Umgebung und der Entwicklung der Liebesgeschichte so viel Raum gegeben wird, hinter den die Nebenstränge der Handlung zurücktreten müssen. Zwar lassen sich die daraus resultierenden logischen Ungereimtheiten wie das bereits angesprochene Verstecken der Leiche, der fast schon im Stile einer Gaunerkomödie inszenierte Autodiebstahl oder das allzu schnelle Anrücken der Polizei nach Melvins (Leon Philipp Hofmann) Notruf am Schluss des Films zurecht beanstanden. Diese Kritik trifft jedoch nicht den Kern der mit all ihren Andeutungen, Abschweifungen, Reprisen und der Rahmung im Flugzeug – Fariba nimmt auf dem Rückflug ein zweites Mal Siamaks Identität an – zweifelsfrei kunstvoll gestalteten Dramaturgie oder gar des gesamten Films.

V. Der sensitive Blick

Nachdem Anne und Fariba/Siamak für einen gefälschten Pass bei einer Autovermietung einen Mercedes gestohlen haben, mit dem sie, gewissermaßen als Echo der Roller-Sequenz, ein zweites Mal über die Feldwege der Filderebene geprescht sind, und Fariba sich an Siamaks Grab symbolisch von dessen Identität verabschiedet hat, kommt es gegen Ende des Films doch noch zu einer Liebesszene zwischen Anne und Fariba. Durch einen gelben, mit roten Blumen verzierten Vorhang dringt gedämpftes Tageslicht in Annes rot tapeziertes Schlafzimmer und taucht es in eine keineswegs übertriebene erotische Stimmung (Abb. 10).

Aus verschiedenen Blickwinkeln zeigt uns die Kamera – changierend zwischen nahen und halbnahen, zweimal auch aus etwas weiteren Einstellun-

---

weise, als sie sich nach etwas über 50 Minuten während der Heimfahrt von der Kegelbahn an Siamak schmiegt, seine Hand nimmt und diese mit den Worten «Kuck mal, wie dein Anhänger!» (die Hand Fatimas, die Fariba bis kurz vor Schluss als Schutz vor dem bösen Blick trägt und dann, als sie sich am Ziel glaubt, an Siamaks Grab ablegt) offenbar in Unkenntnis über dessen Bedeutung begutachtet, oder kurze Zeit später, als sie während ihres Überraschungsbesuchs erklärt, dass sie noch niemand, zumindest noch «kein Mann» danach gefragt habe, ob sie die Narbe ihres Kaiserschnitts noch spüre.
58 Vgl. Smith, S. 3–14.

Andreas Kirchner

10 Endlich allein: Anne und Fariba im Gegenlicht

gen –, wie die beiden sich langsam vorwärts tasten bis ihre Oberkörper nackt sind und Anne schließlich an der Wand unter den Liebkosungen der vor ihr knieenden Fariba auf den Boden sinkt. Wieder wird kein Wort gesprochen, zu hören sind lediglich das Öffnen der Kleidung, die Küsse der beiden und leises Stöhnen, was die erotische Intimität der Sequenz weiter verstärkt. Doch auch diese Momente des Glücks sind nicht von langer Dauer. In der nächsten Einstellung blickt die Kamera über Faribas Schulter auf ihren gefälschten Pass, als plötzlich die Wohnungstür aufgeht und Melvin, Uwe und Andi viel zu früh von ihrem Campingausflug zurückkommen, der, wie der deutlich hör- und als Schatten an der Wand auch sichtbare Regen unmissverständlich klarmacht, ins Wasser gefallen ist. Als Uwe und Andi die Küche, in der Fariba sitzt, betreten, hofft man kurzzeitig noch, sie mögen sich bei ihrer etwas klischeehaften Suche nach etwas zu Trinken mit dem Licht des Kühlschranks begnügen und Fariba übersehen. Aber spätestens als Andi das kalte, strahlende Neonlicht anschaltet, unter dem Fariba in Unterwäsche wie auf dem sprichwörtlichen Präsentierteller sitzt, die beiden Männer sie schweigend und verachtend (Andi) beziehungsweise geschockt (Uwe) anblicken, Uwe wortlos ins Schlafzimmer geht und Anne anschließend Melvin in dessen Zimmer einsperrt, ist klar, dass die Situation zu eskalieren droht. Nachdem sequenzübergreifend minutenlang kaum ein Wort gesprochen wurde, leitet nicht der paralysierte Uwe, sondern Andi mit einem «Mensch, sag doch mal was!» den nun folgenden homo- und xenophoben Gewaltausbruch der beiden Männer ein, dessen Lärm Melvin dazu veranlasst, die Polizei zu rufen, die kurze Zeit später vor der Türe steht,

Fariba abführt und ihren Traum vom Leben in einem vermeintlich freien und offenen Land endgültig zerstört.

Emily Jeremiah liest FREMDE HAUT unter anderem als *queere* Auseinandersetzung mit dem von Laura Mulvey Mitte der 1970er Jahre postulierten, männlich-voyeuristischen Blick des Mainstream-Kinos.[59] Die eben beschriebene ‹Enttarnung› Faribas dient ihr dabei als Manifestation und Ausstellung des von ihr als «in the first instance oppressive and controlling, in the second anxious and insecure»[60] charakterisierten ‹männlichen› Blicks (als weiteres Beispiel führt sie unter anderem den oben angesprochenen Blick des Grenzschützers in den Rückspiegel an) und die vorangehende, deutlich gegen gängige pornografische Konventionen inszenierte lesbische Liebesszene, in der Anne und Fariba einander auffallend lange und intensiv in die Augen schauen, als Beispiel für einen alternativen, den männlichen Blick unterminierenden und potenziell ‹weiblichen› Blick.[61] In diesem Zusammenhang verweist Jeremiah auch auf die bereits im Titel anklingende Bedeutung der Haut, der Berührungen und des Spürens für das Verhältnis von Fariba/Siamak und Anne. Judith Kaufmann schöpft nicht nur in der Liebesszene das synästhetische Potenzial des Films aus[62] und ermöglicht dem Zuschauer so ein *haptisches Sehen*,[63] sondern auch in den vorangegangen intimen Momenten, in denen Fariba/Siamak und Anne ihre ersten, zaghaften Berührungen austauschen, die sie aus nächster Nähe in Groß- und Detailaufnahmen filmt. Gerade durch die nahezu durchgängige Unbestimmtheit der unscharfen Hintergründe wirken diese Aufnahmen enorm physisch und verleihen den Darstellern eine erstaunliche Präsenz. Erst durch das Zusammenspiel zweier komplementärer Strategien – der Schaffung atmosphärischer Stimmungsräume und der Kreation haptischer Körperbilder – entfaltet FREMDE HAUT seine volle visuelle Kraft.

Die Tatsache, dass FREMDE HAUT ein Film von einer Regisseurin und einer Kamerafrau ist, der zudem auch noch von einer Cutterin (Bettina Böhler) geschnitten wurde, legt die Rede von einem ‹weiblichen› Blick mehr als nahe. Judith Kaufmann selbst zeigt sich gegenüber einer solchen Zuschreibung allerdings skeptisch:

---

59 Emily Jeremiah: Touching Distance: Gender, Germanness, and the Gaze in Angelina Maccarone's Fremde Haut (2005). In: *German Life and Letters* 4, 2011, S. 588–600.
60 Ebd., S. 598.
61 Vgl. ebd.
62 Vgl. hierzu Vivian Sobchacks Analyse der Eingangssequenz von THE PIANO (DAS PIANO; 1993; Regie: Jane Campion; Kamera: Stuart Dryburgh) in: What My Fingers Knew. The Cinesthetic Subject, or Vision in the Flesh. In: Dies.: *Carnal Thoughts. Embodiment and Moving Image Culture.* Berkeley, Los Angeles, London 2004, S. 53–84.
63 Vgl. hierzu Larua U. Marks, die die Haut ins Zentrum ihrer Filmtheorie stellt: *The Skin of the Film. Intercultural Cinema, Embodiment, and the Senses.* Durham, London 2000.

«Mit dem Begriff ‹der weibliche Blick› habe ich eher ein Problem. Ich habe große Zweifel, ob man beim Filmesehen geschlechtsspezifisch Bilder herleiten kann und erkennen kann, das hat eine Frau oder ein Mann fotografiert. Es geht, glaube ich, um eine weibliche Wahrnehmung in der Arbeitsweise, in der Zusammenarbeit, aus der heraus sich Bilder entwickeln. Um sagen zu können, das ist ein weibliches Bild, dazu sind diese Begriffe doch viel zu wenig abgezirkelt, vielleicht auch nicht mehr zeitgemäß. Nur weil ich eine Frau bin, bin ich deshalb weiblich, oder habe ich nicht ganz viele männliche Anteile?»[64]

Und auch der Film selbst, der Gender ganz im Sinne Butlers als «performativ, veränderlich und mannigfaltig» auffasst und «die offenkundige Festigkeit und Eigenständigkeit von Geschlechtern, Gender und Sexualitäten»[65] offenkundig bestreitet, legt nahe, Judith Kaufmanns Kameraarbeit mit einem Begriff jenseits der starren Dichotomie männlich/weiblich zu beschreiben. Wenn sich Judith Kaufmanns Kamerablick in FREMDE HAUT überhaupt mit einem einzigen Adjektiv charakterisieren lässt, möchte ich diesen als im besten Sinne *sensitiven Blick* bezeichnen: einen sensiblen, von gesteigerter Feinfühligkeit gekennzeichneten Blick, der dem Zuschauer fernab von Effekthascherei und übersteigertem Voyeurismus die Möglichkeit einer emotionalen, reflexiven, sinnlich-synästhetischen und auf den gesamten Körper ausstrahlenden Seherfahrung eröffnet.

---

64 So Judith Kaufmann im Gespräch mit Astrid Pohl in diesem Band, S. 213.
65 Jeremiah, S. 588. Die Zitate stammen aus der deutschsprachigen Fassung ihres Abstracts.

Bernd Giesemann

Visuelle Transformation der Gefühle

Aspekte der Bildästhetik in VIER MINUTEN (2006)

In der Frühphase seiner Existenz gründete sich die außergewöhnlich hohe Popularität des Kinos vor allem auf dem Prinzip der Attraktion. Seine Anfänge erlebte das «Cinema of Attractions» als exotisch-buntes Panoptikum im Umfeld von Jahrmärkten und Varieté-Shows.[1] Noch losgelöst vom bindenden Rahmen der Narration rekurrierte das frühe Kino auf die Schaulust, verblüffte und fesselte seine Zuschauer allein durch die Intensität und Reizfülle seiner Bilder. Was in den Jahren zuvor fahrende Schausteller und Kuriositäten-Kabinette mit ihren Exponaten dem Publikum vollmundig als Welterlebnis angepriesen hatten, erhielt nun mit dem Kinematographen eine völlig neue, der Realität scheinbar sehr nahe kommende Darstellungskraft und zog die Menschen in Scharen in die Kino-Vorführungen.[2] Ein aufmerksamer Beobachter des zeitgenössischen Kinobetriebs, der Schriftsteller Max Brod, beschrieb die gewaltige Faszination an dem neuen Medium 1910 mit dementsprechend prophetisch klingenden Worten: «Ich glaube, durch den Kino haben wir jetzt erst das Sehen gelernt. Die Freude am Schauen ist geweckt.»[3]

Die Schaulust, die Max Brod beschwört, scheint sich vor allem aus dem unerschöpflich wirkenden Potenzial der emotionalen Ergreifbarkeit des Bewegungsbildes zu generieren, das die narrative Dimension bei weitem übersteigt. Die Attraktivität des Schauens definiert sich demnach aus dem Grad der Aufmerksamkeit, der «Wahrnehmungsprovokation», die sie beim Rezipienten hervorzurufen versteht.[4] Schon die allerfrühesten Kinodarbietungen der Brüder Lumière konnten dabei zwischen zwei fundamentalen Kategorien der visuellen Aufmerksamkeitsbindung unterscheiden, die bis heute den materiellen Urgrund aller

---

1 Tom Gunning: Cinema of Attractions. Early Film, Its Spectator and the Avant-Garde. In: Thomas Elsaesser (Hrsg.): *Early Cinema: Space, Frame, Narrative.* London 1990, S. 56–62.
2 Alfred Döblin: Das Theater der kleinen Leute. [1909]. In: Anton Kaes (Hrsg.): *Kino-Debatte. Texte zum Verständnis von Literatur und Film 1909–1929.* München [u.a.], 1978, S. 37–38.
3 Max Brod: Neuland für Kinematographentheater. [1910]. In: Ebd., S. 41.
4 Francesco Casetti: Die Sinne und der Sinn oder Wie der Film (zwischen) Emotionen vermittelt. In: Matthias Brütsch [u.a.] (Hrsg.): *Kinogefühle. Emotionalität und Film.* Marburg 2005, S. 23–32.

kinematographischen Schaulust markieren. In dem Film L'ARRIVÉE D'UN TRAIN À LA CIOTAT (1896) ist es der übergroß und bedrohlich auf die Kamera zufahrende Zug, der direkte, unvermittelt erscheinende visuelle Effekt, der die damaligen Betrachter in Aufregung versetzte und sich im Aktionsbild des Effekt-Kinos bis heute fortgeschrieben hat. Die zweite Kategorie der Filme, wie die Darstellung der Fabrikarbeiter, die das Betriebsgelände der Lumière-Werke in LA SORTIE DES USINES LUMIÈRE (1895) verlassen, scheint die Aufmerksamkeit der Rezipienten dagegen verstärkt auf die ästhetisch-sinnlichen Qualitäten des Bildes zu fokussieren. Hier ist es die Verdichtung der visuellen Parameter, ein sich generierender ästhetischer Überschuss, der in den abgebildeten, naturalistischen Tableaus entsteht. Er emotionalisiert den Zuschauer auf einer rein optischen Ebene und nimmt seine Aufmerksamkeit für sich ein, unabhängig von den dramaturgischen Aspekten, die den Rezeptionsprozess im Verlauf eines Films alsbald zu kontrollieren beginnen.

Judith Kaufmann vertraut in ihren Bildkompositionen explizit auf diese ursprüngliche, dem Kino von Anbeginn an inhärente Kraft der Emotionalisierung durch das Bild. Sie versteht ihre Bildarbeit als einen kommunikativen Prozess, als subtile Form der Verständigung mit dem Rezipienten. Der Austausch mit dem Betrachter soll sich dabei eher unbewusst über das Bild vermitteln und die häufig von der Narration überlagerte Evidenz des Visuellen wieder vermehrt in den Vordergrund stellen, wie Kaufmann in Interviews gerne erläutert: «[....] ich versuche auch, immer etwas wie eine Magie zu suchen. Oder ein Zauber oder etwas, was man vielleicht gar nicht in Worte fassen kann. Denn ich finde, Film hat eben auch etwas mit Schaulust zu tun. Zum einen mit der eigenen, aber eben auch mit dem Wunsch, die in den Zuschauern zu wecken.»[5] Judith Kaufmann versucht, mit ihren Bildkonzeptionen den Betrachter emotional partizipieren zu lassen. Er soll durch die Konstruktion von visueller Unmittelbarkeit und Nähe in das Geschehen involviert, zur Aufgabe seiner gewöhnlich gleichgültig-distanzierten Rezeptionshaltung gezwungen werden und schließlich ein gewisses Maß an Empathie für die Protagonisten und ihr Handeln entwickeln. Dabei konzentriert sich die bildgestalterische Arbeit Kaufmanns immer ganz maßgeblich auf die Charaktere eines Films. Sie stellen das Fundament ihrer visuellen Strategie dar; auf die Schauspieler sind alle bildhaften Operationen im Prozess der fotografischen Formgebung ausgerichtet. «Ich halte mich an der Nähe zu den Figuren.» betont Judith Kaufmann auch deshalb wiederholt in ihren Interviews.[6]

---

5   Die beobachtende Kamera. Wie die Kamerafrau Judith Kaufmann Raum für überraschende Momente schafft. www.vierundzwanzig.de/kamera_licht/interview_mit_judith_kaufmann (20.05.2012).
6   Filmemachen hat im schönsten Fall etwas mit Entblößung zu tun. Judith Kaufmann im Gespräch mit Béatrice Ottersbach. In: Béatrice Ottersbach / Thomas Schadt (Hrsg.): *Kamerabekenntnisse*. Konstanz, 2008, S. 129–137.

Die Orientierung aller bildgenerierenden Komponenten auf die Protagonisten ist eines der wiederkehrenden und die Filme übergreifend verbindenden Stilelemente ihrer Kameraarbeit. Beständig spürt Kaufmann in ihrer Fotografie dem innersten Wesen der Charaktere nach, versucht deren instinktives, emotionales Gebaren durch ein gezieltes Verweilen des Objektivs auf den Gesichtern, einer akribischen Suche in der Physiognomie sowie einer behutsamen Angleichung von Figuren- und Kamerabewegung visuell zu manifestieren und in plausible Bildsequenzen zu transformieren. Judith Kaufmanns Bilder sind dementsprechend nie rein naturalistische Darlegungen eines Vorgangs oder Geschehens. Es sind privilegierte, hochempfindsame Blicke auf die seelische Verfassung einer Figur. Sie verweisen immer auf einen Gefühlszustand, dem über die Filmfotografie eine sichtbare Ausdrucksform verliehen wird. Ihre Bilder sind der Schlüssel für einen Zugang zur Psyche des Protagonisten, für das Erkennen der Motivation seines Handelns. Sie fordern vom Rezipienten eine emotionale Durchdringung des Gezeigten, ein Einlassen auf eine andere, fremde Perspektive, die für das Verstehen der dramaturgischen Entwicklungen aber unabdingbar ist.

Vexierbilder extremer Charaktere

Der Film VIER MINUTEN (2006) ist die zweite Kooperation von Judith Kaufmann mit dem Regisseur Chris Kraus. Zuvor hatten sie bereits gemeinsam das Regiedebüt von Kraus, den Film SCHERBENTANZ (2002), realisiert. VIER MINUTEN beschreibt das konfliktgeladene, dramatische Aufeinandertreffen zweier Frauen, die ihr Leben und ihre Umwelt radikal negieren und nur über das scheinbar einzige Bindeglied, der Musik, zu einer Art Zweckgemeinschaft zusammenfinden. Die achtzigjährige Klavierlehrerin Traude Krüger unterrichtet seit über sechzig Jahren in einer Strafanstalt die Gefangenen. Sie erkennt das große Talent der zwanzigjährigen Mörderin Jenny von Loeben und meldet sie für den Wettbewerb «Jugend musiziert» an, dessen Gewinn sich für alle Beteiligten als Erfolg erweisen würde. Während der Proben erfolgt durch mühselig voneinander abgerungene Zugeständnisse und Hilfestellungen ein langsamer Annäherungsprozess zwischen den Musikerinnen, da beide feststellen müssen, dass sie trotz aller Unterschiede auch entscheidende Wesensähnlichkeiten besitzen und durch die gegenseitige Unterstützung lernen können, sich von ihrer Lebensverweigerung zumindest teilweise zu lösen.

VIER MINUTEN zeichnet sich in seiner dramaturgischen Konzeption vor allem durch die komplexe Charakterdarstellung der beiden Hauptfiguren aus. Über zahllose, mosaikstückartig aneinandergereihte Szenenfolgen, die zwischen den Vergangenheitsbildern der Klavierlehrerin, der Realität des Gefängnisalltags und den konfrontativen Auseinandersetzungen von Jenny und Traude changieren, rekonstruiert der Regisseur Chris Kraus die jeweiligen Beweggründe für das vom Leben abgekehrte Wesen beider Protagonistinnen. Dass die vielschichtigen, achronologisch montierten Charakter-Impressionen im Verlauf des Films nicht auseinanderfallen, ist, neben dem intensiven Zusammenspiel der von Hannah Herzsprung und Monika Bleibtreu verkörperten Hauptfiguren, vor allem auch ein Verdienst der expressiven Bildkompositionen Judith Kaufmanns. Durch eine umfassende Inklusion der Empfindungslagen der Akteure mittels Kameragestus sowie Farb- und Lichtsetzung in die Konstruktion der Bilder kreiert sie eine übergreifende, den Film prägende Bildästhetik. Dadurch wird es ihr möglich, den narrativen Einzelepisoden eine verbindende visuelle Identität zu verleihen. Die spezifische Bildstilistik setzt die Figuren konsequent in einen direkten Sinnzusammenhang mit ihrer Umgebung und konstruiert ein engmaschiges Beziehungssystem von Innen- und Außenwelt, das zudem mit den Protagonistinnen beständig zu interagieren scheint. Der sichtbare Raum wird transformiert zu einem Vexierbild der Seelenzustände der Figuren Jenny und Traude. Er offenbart ihre Fremdheit und ihren schwierigen Weg der Selbstfindung aber auch die fragile Beziehungssituation der beiden untereinander, die jederzeit zu zerbrechen droht.

So macht die Kamera schon unmittelbar in den Eingangssequenzen die innerste Gefühlsverfassung, die tiefe Verlorenheit und Isolation der beiden Hauptfiguren Jenny und Traude sichtbar, lange bevor der Rezipient auf der dramaturgischen Ebene von ihren nach außen getragenen Charakterzügen Kenntnis erhält. In den einführenden Bildfolgen von Vier Minuten streift die Kamera einsam durch das in der morgendlichen Stille liegende Gefängnis, visualisiert ausschnitthaft, aus großer Distanz und mit einem vorsichtig-neugierigen Gestus die vereinzelten Gefängniswärter (Abb. 1).

Die Bilder offenbaren rasch eine unüberbrückbare Kluft zwischen der Position des Beobachters und dem dargestellten Wachpersonal, das durch die Lichtsetzung noch einmal zusätzlich von der direkten Umgebung klar abgegrenzt

1 Klare Trennung der Lebenswelten durch Kadrage und Lichtgestaltung

und somit deutlich in einer anderen *Lebens-Realität* verortet wird. Die Kamera definiert mit dieser Aufnahmeperspektive ohne Umschweife ihre erzählerische Position und stellt so bereits eine erste emotionale Verbindung zwischen ihrer Sicht und dem inneren Empfinden der im Anschluss präsentierten Hauptfigur Jenny her.

Unterbrochen werden diese Szenen von der Haftanstalt durch dazwischen geschnittene Einschübe auf die Gefängnisinsassin, die in ihrer Zelle erwacht und neben sich die erhängte Zellengenossin vorfindet. Obwohl die Kamera hier ihre distanzierte Haltung aufgibt und in eine vertraute Nähe zu der Protagonistin rückt, womit eine Affinität der Wahrnehmungsperspektiven von Aufnahmeapparat und Figur bekundet wird, findet zugleich auch eine unvermittelte Verengung und Verfremdung des Bildkaders statt. Die Eisenstreben von Bettgitter und -gestell, die kahlen, glatten Betonwände und die bedrohlich hinter der Schlafenden hängende Leiche der Selbstmörderin zerteilen das Bild in ungleiche, asymmetrische Segmente. Die Wahrnehmungsfähigkeit des Rezipienten wird durch diese Sichthindernisse und -unterteilungen massiv reduziert und hinterlässt ein verstörendes Bild, das eine Vertrautheit mit der Protagonistin gar nicht erst aufkommen lässt (Farbabb. 38, S. 110).

Die irritierende Bildgeometrie nimmt aber auch hier nur den Handlungsverlauf und die Figurenzeichnung vorweg. Sie markiert die Weltabgewandtheit und Gefühlskälte der Protagonistin Jenny, die der Erhängten in einer fast unbewusst beiläufigen Reaktion zuerst die Zigaretten abnimmt, bevor sie die Wärter alarmiert.

Die bedrückende Reduktion, Abdunklung und Unterteilung des Bildkaders wird von Kaufmann im Verlauf des Films konsequent weitergeführt und hauptsächlich in den Dialogszenen zwischen Jenny und Traude stetig intensiviert. Immer wieder zerschneiden und segmentieren Säulen, Mauern und Gitterstäbe das Bild, isolieren die Figuren zusätzlich von ihrer Umgebung und engen deren Aktionsradius drastisch ein. Den Bildern wird durch diese Form der Kadrage eine Aura der Hoffnungslosigkeit eingeschrieben. Darüber hinaus verleihen sie damit auch der diffizilen Beziehungsstruktur zwischen den beiden Protagonistinnen, die unter den extremen Gefühlsschwankungen von Jenny und Traude einer permanenten Belastung ausgesetzt wird, eine sichtbare Kontur.

Ganz ähnlich visualisiert Judith Kaufmann die Protagonistin Traude. Hier nimmt die Kamera im Verlauf ihrer Einführungssequenz ebenfalls eine stark distanzierte Position zum Umfeld ein und zeigt zunächst nur aus einem fahrenden Wagen in großer Entfernung an der Straße vorbeiziehende, unerreichbar wirkende Felder. Der Umschnitt mit einem anschließenden, langsamen Schwenk in Nahaufnahme auf das lethargische, müde wirkende Gesicht von Traude verbindet auch hier die zuvor gezeigten Landschaftsbilder wieder mit dem Bewusstsein der Figur, kennzeichnet diese auf einer Metaebene als Ausdruck eines Gemütszustandes. In Kombination mit einer doppelten Kadrierung des Bildes, die aufgrund der Perspektive durch das geschlossene Autofenster entsteht und den Bildraum durch die hinzukommende Rahmung der Karosserie zusätzlich verengt, wird dem Rezipienten offenbar, dass auch diese Figur sich in einer Situation der Gefangenschaft befinden muss. Es ist die visuelle Manifestation der selbstgewählten, inneren Isolation einer Person, die sich bereits vor langer Zeit von der Welt abgekehrt haben muss. Die Kamera skizziert damit schon in den zwei Einführungssequenzen ein sehr präzises psychologisches Stimmungsbild der beiden Figuren, noch bevor der erste Dialog einsetzt.

Die Perspektivierung Traudes durch die geschlossene Seitenscheibe des LKW markiert ein entscheidendes Kriterium der Bildstrategie Kaufmanns in VIER MINUTEN. Mit dem Blick der Kamera durch Fenster und transparente Flächen öffnet sie einerseits den Bildraum, erzeugt eine Tiefenwirkung und verbindet optisch die vielfach im Bildvordergrund zu sehenden Protagonistinnen mit ihrer Umgebung. Sie kennzeichnet so wiederholt den impliziten Bedeutungszusammenhang, der zwischen den Figuren und dem visualisierten Raum existiert. Diese Form der Bildgebung ist ein wiederkehrendes Stilelement in Judith Kaufmanns Kameraarbeit, das häufig in Verbindung mit den alleingelassenen, zweifelnden und labilen Charakteren erkennbar wird, wie zum Beispiel in SCHERBENTANZ, wo es die mitunter surreal anmutende Wahrnehmungsweise Jeskos definiert, den Reflexionen auf den Scheiben des PKW in ELEFANTENHERZ (2002) aber auch in den aktuellen Fernsehproduktionen, wie DAS ENDE EINER NACHT (2012), wo ebenfalls mit dem Blick der Kamera durch die reflektierende Autoscheibe oder den spiegelnden Glastüren des Gerichtsgebäudes die wachsende Unsicherheit der Anwältin bezüglich ihrer eigenen Handlungsweisen symbolisiert wird.

Die Visualisierung der Protagonisten durch transparente Flächen sowie die direkten Fensterblicke der Kamera eröffnen aber nicht nur eine Sicht in die Tiefe des Bildraums und fordern den Rezipienten zu einem forschenden und entdeckenden Sehen auf. Sie sind auf der anderen Seite zugleich ein visuelles Symbol der Abschottung und Isolation (Abb. 2–3).

Kaufmann zeigt in ihrer Kameraarbeit immer wieder die Verlorenheit und Ausgestoßenheit der Protagonisten, indem sie zu den Figuren mittels der Fixation durch Scheiben eine Distanz erzeugt und sie dadurch von ihrer Umwelt separiert. In der Fernsehproduktion IHR KÖNNT EUCH NIEMALS SICHER SEIN (2008) fokussiert Kaufmann den Protagonisten Oliver durch eine Scheibe völlig abgeschottet und wie in Quarantäne in einer Krankenstation und offenbart damit das Unverständnis mit dem ihm seine Umwelt begegnet.

Visuelle Transformation der Gefühle

In VIER MINUTEN verweist die Perspektive der Kamera hingegen auf die selbst gewählte Abwendung Traudes von der Gesellschaft. Sie errichtet sich durch die geschlossen gehaltene Autofensterscheibe eine transparente aber dennoch undurchdringliche Hülle, die ihre distanzierte Haltung deutlich werden lässt. Traude verweigert sich weitgehend einer Kommunikation mit dem Leben außerhalb der Haftanstalt. Während des Dialoges mit Jenny im Besucherraum des Gefängnisses macht sie

2–3 Bild-im-Bild-Effekte separieren die Figuren

die Isolation der beiden, ihre nur noch in einer Parallelwelt vorhandene, schemenhafte Existenz durch das Verschließen des einzigen, kleinen Fensters zwischen ihnen und den anderen Besuchern, das wenigstens eine akustische Verbindung nach außen ermöglichte, klar erkennbar.

Für die Inhaftierte Jenny wiederum werden die Glasscheiben zu einer vollständig unüberwindlichen Hürde. Für sie ist, dies macht der abwartend-neutrale Gestus der Filmfotografie Kaufmanns in diesen Augenblicken offenbar, eine Rückkehr in die dahinter aufscheinende Welt nicht mehr möglich. Jennys Versuch, einen Übergang zu erzwingen und die Scheiben der Fassade des Krankenhauses mit einem Sprung zu durchbrechen, muss daher zwangsläufig scheitern.

Ein weiteres, stilistisches Merkmal der Bildkompositionen von Kraus und Kaufmann sind die wiederholt im Bild erscheinenden Reflexionen der Protagonisten auf den verschiedensten Oberflächen. Vor allem von der Figur Jenny wird immer wieder das Spiegelbild auf Tischplatten, dem Konzertflügel oder in Wandspiegeln von der Kamera fokussiert (Abb. 4).

Die Reflexionen treten hauptsächlich in Entscheidungsmomenten und in narrativ bedeutsamen Phasen der Selbstfindung der Protagonistinnen auf. Sie sind als klassisches, psychologisches Element zu interpretieren und verweisen auf

Bernd Giesemann

4 Spiegelungen als Zeichen der Ambivalenz

den ambivalenten Charakter der Figuren und ihre Uneinigkeit mit sich selbst, da die Kamera Jenny und Traude zumeist so fotografiert, dass sowohl die Person selbst als auch ihr Spiegelbild gleichzeitig im Bildkader erscheinen. So ist zum Beispiel Jenny beim ersten Vorentscheid des Musikwettbewerbs gezwungen, vor ihrem Auftritt zunächst ihr eigenes Spiegelbild zu zerstören, um sich mit diesem Akt der Selbstüberwindung aus ihrer bisherigen Lebensverweigerung lösen zu können.

Die unbedingte Nähe zu den Figuren – Bildinteressen und -orientierungen

Die Bildgestaltung in VIER MINUTEN weist eine deutliche Affinität zu dem Debüt des Regisseurs Chris Kraus, dem Film SCHERBENTANZ auf, für den Judith Kaufmann 2002 ebenfalls die Bildgestaltung übernommen hatte. SCHERBENTANZ wird von einer sehr expressiven Bildsprache geprägt, die die inneren Befindlichkeiten der Hauptfigur Jesko reflektiert und den Bildraum beständig seiner Empfindungslage angleicht. Bei beiden Filmen wurde Judith Kaufmann von dem Regisseur frühzeitig, umfassend und gleichrangig in den Produktionsprozess involviert.[7] Dadurch wurde es Kaufmann schon in der Vorbereitungsphase möglich, eigene Bildinteressen und -vorstellungen in den Vorgang der visuellen Formgebung einzubringen und zur Gestaltung der spezifischen Atmosphäre der Bilder in SCHERBENTANZ und VIER MINUTEN entscheidend mit beizutragen. Die intensive Kooperation mit Kraus eröffnete ihr zudem die notwendigen Freiräume, die grundlegenden Stilelemente ihrer Filmfotografie, wie die bewusst initiierte, punktuelle Verfremdung und Überhöhung des Gezeigten sowie die Übertragung der individuellen Empfindungen der Figuren in die Bildräume zu integrieren

---

7   Interview mit Chris Kraus. In: Begleitheft zur DVD Vier Minuten (Special Edition), 2006.

und die visuellen Parameter bei der Bildgenese damit einer kontinuierlichen poetischen Verdichtung zu unterziehen. Insbesondere situative, ungeplante und aus der Bewegung im Aufnahmeprozess heraus entstandene Momente konnten durch diese Arbeitsform von Kraus und Kaufmann bei der Konzeption der Einstellungen als zusätzlicher, variabler Bestandteil des Bildrepertoires mit eingebunden werden, wie der Regisseur offen bekundet:

> «Die Kamerafrau Judith Kaufmann ist eine der besten ihres Fachs. Wir verstehen uns in der Arbeit sehr gut und nehmen uns Zeit bei der Vorbereitung. Die optische Auflösung machen wir gemeinsam. Ich zeichne dann Storyboards, weil ich gerne wissen will, was auf mich zukommt. Judith schmeißt sie dann beim Dreh in den Müll [....]. Wir haben oft improvisiert, aber auf einem hohen Niveau, weil wir gut vorbereitet waren.»[8]

Die Improvisation, die Entdeckung neuer Ausdrucksmöglichkeiten durch Abweichung vom konventionellen Aufnahmeverfahren nimmt in der bildgestalterischen Arbeit Kaufmanns einen bedeutenden Stellenwert ein. Sie reagiert vor allem intuitiv auf das dargestellte Geschehen und bewahrt sich stets einen offenen, unvoreingenommenen Blick für das, was in dem Moment des Spiels vor dem Objektiv entsteht. Dem Unangepassten und Zufälligen schreibt sie eine zentrale bildästhetische Qualität zu: «Ich versuche Raum zu schaffen für diese unkontrollierten Momente, weil ich das einfach wahnsinnig schön finde, wenn ich überrascht werde.»[9] Um dieses Variationsspektrum im fotografischen Akt erzeugen zu können, legt Kaufmann während der Dreharbeiten immer höchsten Wert auf eine extrem mobile und dynamische Kamera, die sich jederzeit unabhängig und frei im Raum bewegen kann. Im Aufnahmeprozess verzichtet sie daher weitgehend auf die Verwendung eines Stativs und favorisiert stattdessen überwiegend die Handkamera oder einen beweglichen Kameraarm, der ihr sehr flexible Handlungsspielräume ermöglicht: «In meiner Art zu arbeiten suche ich immer danach, dass etwas in Bewegung bleibt. Das heißt nicht immer, dass die Kamera sich stark bewegt, sondern dass sie beweglich ist.»[10]

Der hohe Mobilitätsgewinn durch Handkamera und Kameraarm ist essenziell für Kaufmanns stilistische Maxime einer visuell «sympathisierenden und unbedingten Nähe zu den Figuren».[11] Sie erlauben es Kaufmann, den individuellen Bewegungsrhythmus der Protagonisten aufzunehmen und auf das Bild zu über-

---

8   Ebd.
9   Die beobachtende Kamera.
10 Ebd.
11 Begründung des Beirats zur Verleihung des Marburger Kamerapreises 2006 an Judith Kaufmann, S. 222.

tragen. So entsteht eine Einheit von Figur und Bild, die den Prozess der Narration noch einmal entscheidend intensiviert. Dadurch kommt es in Vier Minuten beim ersten Aufeinandertreffen von Jenny und Traude zu einem folgenschweren Wutausbruch der Inhaftierten, in dessen Verlauf sie einen Wärter schwer verletzt. Die Handkamera wechselt während dieser Attacke in eine absolut körpernahe Position zu Traude, übernimmt gleichsam deren spezifische Sichtweise auf das Geschehen. Während Traude den Raum verlässt, bleibt die Kamera unmittelbar an ihrer Seite und visualisiert das Geschehen in einem Zeitlupenverfahren, das den Schreck Traudes aber auch ihre Verdrängungsmechanismen bezüglich der stattfindenden Ereignisse symbolisiert.

Im weiteren Verlauf des Films nimmt die Kamera in Gegenwart der beiden Figuren Jenny und Traude nur noch in den seltensten Fällen eine annähernd neutrale Stellung ein. Sie verharrt nicht in einer objektiven Registratur der Geschehnisse, sondern kollaboriert eindeutig mit den Protagonistinnen und präsentiert die Ereignisse aus einer ihrer Wahrnehmung affinen Perspektive. Gegen Ende des Films, kurz vor dem Finale des Musikwettbewerbs, nimmt die Handkamera im Zuge der zentralen Auseinandersetzung von Jenny und Traude sogar kurzzeitig eine jeweilig subjektive Position ein und zeigt die kulminierende Konfrontation aus der Sicht der Protagonistinnen selbst. Die unverbrüchliche Nähe der Kamera zu den Figuren erhält in der Folge davon auch in der Schlusssequenz von Vier Minuten, während des großen Abschlusskonzerts, eine narrativ entscheidende Relevanz. Erneut werden vor allem durch die Bildoperationen der Kamera essenzielle innere, psychische Wandlungsprozesse der Protagonistinnen dem Rezipienten offenbart. Während der Ton in der gesamten Zeit auf das fulminante, atemberaubende Spiel von Jenny fixiert bleibt, verliert die Kamera Traude nicht aus dem Blickfeld. Sie bleibt als einzige Begleiterin an ihrer Seite und registriert präzise das Verhalten der Klavierlehrerin im Verlauf des Konzerts. Traude, die die irritierende Darbietung von Jenny am ehesten zu interpretieren weiß, erkennt, dass der Selbstfindungsprozess von Jenny geglückt ist. In diesem Bewusstsein folgt ihr die Kamera in das menschenleere Foyer des Opernhauses an das vorbereitete Buffet und beobachtet aus einer vorsichtig-zurückhaltenden, fast heimlichen Position zwischen den auf einem Tisch servierten Gläsern heraus, wie Traude zum ersten Mal ihre strenge asketische Haltung aufgibt. Die von Kaufmann dabei eingenommene Unterperspektive dokumentiert die in diesem Augenblick gewonnene Größe der Protagonistin. Sie nimmt damit auf der visuellen Ebene den Erfolg von Jennys Darbietung vorweg, der zugleich ein Erfolg für Traude bedeutet, da sie nicht nur Jenny an ihr Ziel geführt, sondern auch für sich selbst einen langsamen Weg der Aussöhnung gefunden hat. In einer der letzten Einstellungen von Vier Minuten fixiert die

Kamera erneut, wie bereits in Traudes Einführungssequenz, ihr Gesicht in Nahaufnahme, das nun erstmalig gelöst und erleichtert wirkt. Kaufmann separiert mit der Kadrierung die Protagonistin in dem mit Konzertbesuchern vollbesetzten Opernsaal und verweist so über die Bildgebung direkt auf die einführende Szene von Traude im Lastwagen. Die Kamera offenbart mit dieser visuellen Äquivalenz, dass sie immer noch eine Außenstehende ist und eine unüberwindliche Distanz zur Gesellschaft fortbesteht, markiert aber im gleichen Moment auch eine deutliche Veränderung in ihrem Wesen. Traude hat sich trotz aller Widerstände und dem konfliktbeladenen Verhältnis zu Jenny nicht von ihr losgesagt. Sie hat sich konsequent für ihre Elevin eingesetzt und mit ihr so das Finale des Musikwettbewerbs erreicht. Allein der auf dem gelösten Gesicht von Traude ruhende Blick der Kamera eröffnet dem Rezipienten, dass sie sich mit diesem Erfolg wohl auch von einem Teil ihres Schuldempfindens über die frühere Verleugnung lösen konnte. Dies bekräftigt Kaufmann mit ihrer Filmfotografie in der Schlusssequenz von VIER MINUTEN ein weiteres Mal, indem sie mit der Kamera den Rezipienten in eine privilegierte Nähe zu der Protagonistin rückt und die letzten Einstellungen aus einer annähernd identischen Perspektive mit der Figur visualisiert. Traudes Blicke sind nun nicht mehr, wie anfänglich, ins Leere einer endlosen Landschaft gerichtet, sondern auf Jenny, die, gleichfalls in einem Zustand beginnender Versöhnung, den Blick ihrerseits ausschließlich auf sie fixiert hat und dadurch ihre Verbundenheit zu Traude manifestiert. Damit bekundet die Kamera endgültig ihre personale Zuordnung im fotografischen Abbildungsprozess des Films.

Integration der Musik in das Bild

Der Prozess der Bildgestaltung in VIER MINUTEN ist maßgeblich mit der narrationsbestimmenden Klaviermusik verbunden. Der Film trug lange Zeit den Arbeitstitel «Nur für Mozart» und erhielt erst mit der Erweiterung des musikalischen Spektrums seinen späteren, offiziellen Titel.[12] Die Musik kann als Gegenentwurf zu der trostlosen, menschenunfreundlichen Welt, die hinter den Protagonisten aufscheint, betrachtet werden. Die gefühlsbetonte Filmfotografie von Judith Kaufmann interagiert im Aufnahmeprozess dementsprechend offen mit der diegetischen Musik. Sie ist das verbindende Element zwischen den Figuren Jenny und Traude, die ansonsten völlig gegensätzliche Charakterzüge aufweisen. Den beiden Protagonistinnen ist jeweils eine spezifische Art von Klaviermusik zugeordnet, die dem Wesenszustand der Person entspricht. Kaufmann integriert

---

12 Interview mit Chris Kraus.

diese Musik in ihre Kameraarbeit und kreiert damit eine sehr individuelle und der Klaviermusik stilistisch konforme Bildpoetik. Es entsteht eine exakt aufeinander abgestimmte Dialektik zwischen Musik und Bild, die das Gezeigte rhythmisiert und strukturiert. Die Figur Jenny wird in Beziehung zu schnellen, modernen Jazzrhythmen gesetzt, die ihrer emotionalen Verfassung musikalischen Ausdruck verleihen, jedoch von Traude mehrfach abschätzig als «Negermusik» deklariert werden. Dreimal werden die Rhythmen von Jenny in narrativ bedeutsamen Entscheidungsmomenten des Films gespielt, nach der Attacke auf den Wärter, während des Fototermins und an der Orgel nach der Untersagung aller weiteren Vorbereitungen für den Klavierwettbewerb durch die Gefängnisleitung. Die Filmfotografie von Judith Kaufmann reagiert in diesen Szenen präzise auf die Melodie. Sie nimmt die temporeichen, harten Tonfolgen auf und transformiert sie in gleichsam expressive, markante Bildoperationen. Mit der Handkamera kreiert Kaufmann dabei in schnell aufeinanderfolgenden Einstellungen hektisch und ruppig wirkende Aufnahmen, die beständig zwischen der Protagonistin und den furios über die Tastatur gleitenden Händen changieren. Insbesondere in der äußerst aufwändig produzierten und fotografierten Schlusssequenz, dem vierminütigen Auftritt im Finale des Wettbewerbs, steigert sie die Bewegungsintensität der Aufnahmeapparatur noch einmal drastisch.[13] Die ruckartigen, schneidenden Bewegungen der Kamera übertragen in diesen Augenblicken nicht nur die besondere Dynamik des Spiels auf den Bildausschnitt, sondern manifestieren darüber hinaus auch die unkontrollierte Wut von Jenny, die Intransigenz und Unangepasstheit ihres Wesens und machen ihre emotionale Verfassung so für den Rezipienten direkt sicht- und erlebbar.

Dagegen wird die Figur Traude in eine geradezu identische Beziehung mit der klassischen Musik gesetzt. Die traditionellen Sonaten der etablierten Komponisten stehen in VIER MINUTEN als Repräsentanten von Konvention und Normierung. Sie definieren die strenge Selbstdisziplin und Askese der Klavierlehrerin, die unerbittliche Regulierung ihres eigenen Lebens. Zugleich reflektieren sie aber auch mit den *Impromptus in a-moll* von Schubert die Melancholie Traudes, wie der Regisseur Chris Kraus erläutert: «Die Impromptus in a-moll [....], ich wußte sofort, das ist Traudes Thema. Nein, das ist Traudes Wesen.»[14] Die Musik ist Ausdruck ihres Schmerzes über den Verlust der Liebe und die nie überwundene Verleugnung. Sie ist meist verbunden mit den Erinnerungsbildern Traudes, leiten diese ein und kommentieren sie zugleich. Die Impromptus verweisen damit auch

---

13 Über die Dreharbeiten der Schlusssequenz berichtet Kraus: «Das Abschlusskonzert wurde in über 50 Einstellungen gedreht und lag in einem unfassbaren Drehverhältnis von 1:76 vor. [....] Für die acht Minuten der Abschlußszene hatten wir fast zehn Stunden Material.» In: Ebd.
14 Ebd.

auf die Zeit, in der Traude wirklich gelebt hat. Kaufmann setzt in diesen Szenen erneut ihre Filmfotografie in Kohärenz mit der Melodie. Die Bilder sind in diesen Momenten geprägt von einem ruhigen, getragenen Gestus mit fließenden, fast schwerelos dahingleitenden Bewegungen der Kamera.

Kaufmann orientiert sich im Prozess der Bildgebung von Vier Minuten am Takt und Rhythmus der Musik. Ihre Bilder vermitteln die intendierte Stimmung, übersetzen das Timbre der Melodie in ein filmisches Klangbild. Die Musik verliert so ihre allgemein eher stereotype Bedeutung als lediglich schmückendes Beiwerk eines Films und interagiert stattdessen frei auf der diegetischen Ebene mit den von Kaufmann kreierten Bildkompositionen. Es entwickelt sich eine Dialektik zwischen Kameragestus und Musik, der in der Narration eine entscheidende Bedeutung zukommt.[15] Über die bewusst gewählte Strategie der visuellen Formgebung in Analogie zu der Musik gelingt es Judith Kaufmann, den emotionalen Gemütszustand der Charaktere «unausweichlich fühlbar und sichtbar zu machen».[16] Damit realisiert Kaufmann ein fundamentales Prinzip ihrer Kameraarbeit in Vier Minuten.

Personalisierte Lichträume – Die Licht- und Farbgebung

Ein deutliches Merkmal der Emotionalisierungsstrategien in der Kameraarbeit von Judith Kaufmann ist die Licht- und Farbgebung. In den Filmen sind Licht und Farbe stets essenzielle Komponenten, um die Gefühlslage der Protagonisten auf das Bild zu projizieren, den Seelenzuständen eine erkennbare und rezipierbare Materialität zu verleihen. Ihre Bilder orientieren sich an der Realität der vorgefundenen Licht- und Farbsituationen an den jeweiligen Drehorten, bewahren aber eine deutliche Distanz zu einem planen Naturalismus. Vielmehr nimmt sie die vorhandenen Licht- und Farbstimmungen auf und modifiziert sie im Sinne des narrativen Geschehens, beziehungsweise des Gemütszustandes der Protagonisten: «Der pure Naturalismus interessiert mich eigentlich nicht. [....] Insofern suche ich da eigentlich immer in den Szenen – wenn sie einem nicht sowieso schon etwas schenken von dem, wie sie angeordnet sind vom Licht und vom Bild – nach etwas, das die Atmosphäre verdichtet.»[17] Kaufmann realisiert in ihrer Filmfotografie diesen Effekt der Bildintensivierung durch einen sehr genau abgestimmten, subtilen Einsatz von Kontrastprojektionen, die vor allen Dingen über die Licht- und Farbgebung hervorgerufen werden. Durch vordergründig

---

15 Zur Dialektik von Bild und Musik siehe auch: Simon Kopp: Grenzüberschreitungen: *Zum Verhältnis von Bild und Musik in Jim Jarmuschs* Dead Man. Frankfurt am Main 2010, S. 20–23.
16 Filmemachen hat im schönsten Fall etwas mit Entblößung zu tun, S. 129–137.
17 Die beobachtende Kamera.

Bernd Giesemann

5 Das Gefängnis als seltsam entrückte Welt

mitunter kaum bemerkbare, nuancierte Abstufungen zwischen Hell und Dunkel oder zwischen verschiedenen Farben erzeugt sie visuelle Brüche, die den Bildern diese besondere Intensität verleihen. In DIE FREMDE (2010) konstruiert Kaufmann auf diese Weise in der Wohnung der türkischen Familie separate, auf die Gefühlslage und Lebenssituation jedes einzelnen Familienmitglieds zugeschnittene, individuelle Lichträume und -atmosphären, Orte der Geborgenheit und Wärme und solche abweisender Kälte, die sich zudem im Verlauf des Films, mit der gewandelten Perspektive der Protagonistin auf ihre Familie, stetig verändern.[18]

In VIER MINUTEN sind bereits die Bilder der Eingangssequenz durch solche, ihren Bildkompositionen genuine Licht- und Farbkontraste überformt. Das diffuse, monoton-fahle Licht, das den Gefängniskomplex in ein trostloses, monochromatisches Einheitsgrau zu tauchen scheint, wird nur von einem überhellen Lichtschein aus einzeln visualisierten Lampen durchbrochen, die jeweils den Standort von Gefängnisaufsehern illuminieren (Abb. 5).

Der auffällige Kontrast von Hell und Dunkel, die zurückhaltende aber dennoch erkennbare Überbetonung der Lichträume in den ersten Szenen enthebt den Rezipienten unmittelbar aus der Position eines gleichgültig-distanzierten, neutralen Beobachters. Er wird gleich zu Beginn des Films in die Gefühlswelt der beiden Protagonistinnen versetzt, übernimmt gleichsam ihre veränderte Wahrnehmungsperspektive auf eine grotesk anmutende, reale und doch zugleich auch seltsam entrückte Welt, die von Widersprüchen und Gegensätzlichkeiten geradezu beherrscht wird. Die Bilder Kaufmanns etablieren den Kontrast als visuelles Grundkonzept damit schon in der Eingangssequenz und nehmen so den konfrontativen Charakter des narrativen Geschehens vorweg. So definiert sich auch das Verhältnis der verschiedenen Akteure des Films, ins-

18 Ebd.

besondere aber der beiden Protagonistinnen Jenny und Traude in erster Linie über Kontraste, das Divergierende von Jung und Alt, Gefängnis-Bediensteten und Inhaftierten, schnellen Jazz-Rhythmen und getragenen, klassischen Sonaten, explosiver Wut und abwartender Beobachtung, Zügellosigkeit und strenger Disziplin sowie offener Aggressivität und verhaltener Resignation, die im Verlauf des gesamten Films immer wieder schonungslos und offen aufeinander prallen.

Dass die beiden Protagonistinnen dennoch etwas mehr miteinander verbindet als es zunächst den Anschein hat und auch beide wahrhaben wollen, erschließt sich dem Rezipienten ebenfalls zuallererst über die Farbgestaltung und Lichtgebung des Films. Die Innensicht der beiden Hauptfiguren, ihre Isolation und Verlorenheit in einer Welt, aus der sie sich schon lange zurückgezogen haben und in der sie sich nur noch wie Fremde bewegen, reflektiert sich in dem diffusen Licht, das bis auf wenige Ausnahmen im Zusammenhang mit Jenny und Traude erscheint und deren Auftritte in VIER MINUTEN durchgehend dominiert. Es entfärbt den die Protagonistinnen umgebenden Raum, hebt die Unterschiede in der Lichtintensität weitgehend auf und egalisiert die Wahrnehmung von Innen- und Außenaufnahmen im Perzeptionsprozess. Die Innenräume werden darüber hinaus noch häufig von ausgedehnten Dunkelzonen geprägt, die große Segmente des Bildes einer näheren Betrachtung entziehen und beide Protagonistinnen im Bildkader zusätzlich isolieren (Abb. 6).

Die abgedunkelten Bildflächen, die geradezu bedrohlich auf die spärlichen Lichtkegel in den Innenräumen wirken und sich in diese regelrecht hineinzufressen scheinen, betonen wiederum die subtil ausgearbeitete Ikonografie des Kontrasts und der Überhöhung, die den Bildinszenierungen des Films die ganz spezifische Struktur verleihen. In der Gefängnis-Turnhalle, in die der Konzertflügel nach dem Angriff von Jenny auf den Wärter eingelagert wurde und die nun als Ort für die weiteren Proben fungieren muss, aber auch in den Warteräumen

6 Schattenpartien verdunkeln ganze Bildsegmente

7 Surreal wirkende Bildräume

beim Vorentscheid zu dem Klavierwettbewerb nehmen diese Licht-, respektive Schattenkonstruktionen fast schon surreale Züge an (Abb. 7).

Ein dystopisches Dunkel umfängt Jenny und Traude, die von den kahlen, farblosen Betonmauern um sie herum regelrecht eingezwängt werden. Sie kennzeichnen erneut die Räume als eine Bewusstseinsebene der Figuren. In ihnen manifestiert sich die innere Zerrissenheit, die Gefahr des jederzeitigen Rückfalls in das bisherige, ausweglos erscheinende Dasein aber auch ein schwacher Hoffnungsschimmer, der sich aus der Erkenntnis der Notwendigkeit gegenseitiger Unterstützung ergibt.

Wie exakt ausdifferenziert die Lichtarrangements von Judith Kaufmann in VIER MINUTEN sind, zeigt sich besonders markant in der Lichtsetzung am Ende des Films, während des Auftritts von Jenny im Finale des Klavierwettbewerbs. Obwohl auch hier die Dunkelzonen, die die Protagonistin umgeben, das Bild wieder weitgehend beherrschen, lässt sich jetzt jedoch ein entscheidender Wandel in der Lichtintensität konstatieren. Die vormals in den Innenräumen meist diffus und spärlich wirkende Beleuchtung ist nun einem harten Direktionslicht gewichen, das mit hoher Intensität auf die Bühne und das Spiel der Protagonistin strahlt. Die zuvor undeutlichen, ineinander verschwimmenden Übergänge von Hell und Dunkel werden abgelöst von einer klar konturierten, scharfen Licht-Schatten Abgrenzung. Judith Kaufmann setzt damit in der Schlusssequenz von VIER MINUTEN einen Lichtstil ein, der im deutschen Kino der Gegenwart vor allem von dem Kameramann Gernot Roll vertreten wird.[19] Roll, für den Judith Kaufmann bei der Produktion von WILDFEUER (1991; Regie: Jo Baier) als Kameraassistentin gearbeitet hatte, nutzt in Filmen, wie zum Beispiel ROSSINI, ODER DIE MÖRDERISCHE FRAGE, WER MIT WEM SCHLIEF (1997; Regie: Helmut Dietl) oder BUDDENBROOKS (2008; Regie: Heinrich Breloer) ebenfalls ein hartes, arbiträres Seitenlicht, um Trennungen im Bild zu markieren, unergründliche Dunkelzonen zu kreieren oder einzelne Bildsegmente in einer überhöhten und zugespitzten Darstellungsweise zu präsentieren.

In VIER MINUTEN bleibt diese spezifische Lichtkonstellation jedoch ausschließlich auf den Bereich des Bühnenraums mit dem Konzertflügel beschränkt. Das gebündelte, scharfe Direktionslicht, das aus dem Bildhintergrund oder von den Seiten auf die Protagonistin fällt, beherrscht die Szenerie umfassend. Das Seitenlicht erschließt nicht den Raum, erzeugt keine Klarheit; das Licht illuminiert allein den Konzertflügel und die Pianistin. Durch seine Radikalität und Überschärfe erzeugt es eine rätselhafte Beunruhigung im Bildkader, umgibt die Silhouette von Jenny mit einem mysteriös leuchtenden Schimmer. Das Licht steht damit in Analogie zur explosiven und verstörenden Klavierdarbietung von Jenny, sprengt auf der visuellen Ebene sämtliche Konventionen der standardisierten Lichtarchitektur und hinterlässt ein irritierendes Gesamtbild (Farbabb. 39, S. 110).

Obwohl das Licht der Szenenfolge auch hier wieder auf einer direkt nachvollziehbaren, authentischen Bühnenbeleuchtung eines Opernsaals basiert, wird im Prozess der Rezeption ein Moment narrativer Verdichtung unmittelbar ersichtlich. Der gesamte Bildraum wird zu einer expressiven Bedeutungsfläche. In ihm deutet sich die neu gewonnene Klarheit der Protagonistin über ihr Leben an. Es zeigt, noch bevor dies in der letzten Szene durch die Mimik und das Verhalten von Jenny offenbar wird, dass sie einen Weg über die Musik zu sich selbst gefunden hat und belegt damit erneut den für die Unterstützung der Narration existenziellen Charakter des Lichts.

In Judith Kaufmanns Bildgestaltung für VIER MINUTEN werden die Figuren konsequent in einen mehrschichtigen und engmaschigen Sinnzusammenhang mit der von der Kamera fokussierten Umgebung gesetzt. Die visualisierten Räume transformieren sich zu einem Vexierbild der Seelenzustände der Figuren Jenny und Traude, ihrer inneren Fremdheit, dem mühevollen Weg der Selbstfindung sowie der fragilen Beziehung der beiden untereinander. Im Verlauf dieses

---

19 Karl Prümm: Stilbildende Aspekte der Kameraarbeit. Umrisse einer fotografischen Filmanalyse. In: Karl Prümm / Silke Bierhoff / Matthias Körnich (Hrsg.): *Kamerastile im aktuellen Film. Berichte und Analysen.* Marburg 1999 (3. Aufl. 2002) S. 49.

durch die Filmfotografie initiierten Wandlungsprozesses enthebt Kaufmann die Räume vom Zwang einer detailgetreuen Authentizität, verweigert sich erfolgreich dem, von der Rezensentin Barbara Schweizerhof konstatierten, «sonst den deutschen Film so bestimmenden Milieu-Realismus».[20] Sie kreiert vielmehr einen davon unabhängigen, separaten, den inneren Befindlichkeiten der Protagonistinnen entsprechenden Bilderkosmos, der den realen Schauplätzen «etwas eigenartig Unwirkliches» hinzufügt.[21] Ihre visuellen Konzeptionen erhalten durch die bedingungslose Nähe der Kamera zu den Figuren eine expressive und völlig individuelle Textur, die im Kontext ihrer Bildstrategien auch als neue Form des «poetischen Realismus» klassifiziert wurde.[22] Sie rekurrieren auf die originären Schauwerte des kinematografischen Bildes, das in dem Rezipienten durch die visuell-ästhetische Verdichtung des Abgebildeten Emotionalisierungsprozesse zu evozieren versteht und ihn so auf die Wirkungskraft des Bildes abseits des Narrativen zurückverweisen kann. In VIER MINUTEN erhalten die Bilder von Judith Kaufmann durch diese Art der Formgebung eine atmosphärische Präsenz und Intensität, die ihnen einen besonderen Status im gegenwärtigen deutschen Kino verleihen.

---

20 Barbara Schweizerhof: Duell am Klavier. In: *Die Tageszeitung*, 01.02.2007.
21 Ebd.
22 Begründung des Beirats zur Verleihung des Marburger Kamerapreises 2006 an Judith Kaufmann, S. 222.

Anett Müller

Das Licht verwandelt die Räume

Auf der Suche nach Authentizität
Judith Kaufmanns Bildgestaltung in Die Fremde (2010)

Ende der 1990er Jahre trat eine neue, junge Generation von deutsch-türkischen Filmemachern in Erscheinung, die das deutsch-türkische Migrantenkino durch einen anderen, ungewohnten Blick auf ihre kulturelle Identität belebten. Diese Filme, bei denen unter anderem Thomas Arslan, Faith Akin und Yüksel Yavuz trat Regie führten, erinnerten einerseits an das internationale Phänomen des «cinema du métissage»[1] und symbolisierten andererseits ein gesteigertes Selbstbewusstsein türkischer Migranten innerhalb der deutschen Kulturlandschaft. Die Filmemacher rückten Geschichten in den Vordergrund, die ihre türkische Tradition mit einem deutschen Blick verbanden. Anders als im «Kino der Betroffenheit» der 1970/80er Jahre ging es in ihren Filmen weniger um die kulturellen und traditionellen Auseinandersetzungen innerhalb einer fremden Gesellschaft. Auch die Integrationsprobleme der Elterngeneration wurden nun nicht mehr thematisiert. Die Generation der überwiegend in Deutschland geborenen Einwandererkinder verband vielmehr ihren traditionellen Hintergrund mit den Werten der deutschen Gesellschaft und inszenierte selbstbewusst Genreerzählungen.[2] Ihre Geschichten sind zwar nicht immer konfliktfrei, aber auch nicht von dem Grundgefühl eines geduldeten Ausländers geprägt. Diese Filmemacher behandeln im Gegensatz zu den Regisseuren des «Kinos der Betroffenheit» selbstbewusst ihre Sorgen und Träume.

Feo Aladags Film Die Fremde knüpft nun fast zehn Jahre danach an diese Tradition des deutsch-türkischen Emanzipationskinos an. Sie zeigt das Leben

---

1 «Cinéma du métissage bezeichnet das Kino von Einwanderern und Migrantenkindern in ihrer ‹zweiten› Heimat bzw. Filme, in deren Vordergrund die Lebensbedingungen transnationaler, multikultureller Grenzgänger (vorwiegend) in der Großstadt stehen. Ausgangspunkt für dieses Konzept eines Kinos der kulturellen Verschmelzung war das ‹cinéma beur›, das Kino der maghrebinischen Einwanderer in Frankreich.» http://www.filmportal.de/df/01/Artikel,,,,,,,ED2B000244FDE253E03053D50B3718F1,,,,,,,,,,,,,,,,,,,.html (14.11.2011).
2 Vgl. Katja Nicodemus: Film der neunziger Jahre. In: Wolfgang Jacobsen / Anton Kaes / Hans Helmut Prinzler (Hrsg.): Geschichte des deutschen Films. Stuttgart/Weimar 2004, S. 319–356.

von in Deutschland «integrierten» Türken, deckt aber auch die Grenzen dieser Integration schonungslos auf. Der Titel des Filmes – DIE FREMDE – durchzieht Feo Aladags Regiedebüt dabei wie ein roter Faden. Umay – die junge und einsame Protagonistin des Filmes – ist überall *fremd*: Nachdem sie aus der Istanbuler Vorstadt und einer unglücklichen Ehe mit einem prügelnden Mann und seiner schweigenden Familie nach Deutschland geflohen ist, sucht sie zusammen mit ihrem kleinen Sohn Cem bei ihrer Familie Zuwendung, Nähe und Halt. Doch auch in Berlin trifft sie auf eine Mauer aus Widerständen. Die Regisseurin verbindet in ihrem Film einerseits die Selbstverständlichkeit der Tradition und der Familie mit den multikulturellen Spannungen innerhalb türkischer Emigrantenfamilien und der Zerrissenheit der türkischen Frau, die zwischen Tradition und Moderne gefangen ist.[3] DIE FREMDE handelt zwar von einer Deutsch-Türkin, die versucht, sich von den auferlegten moralischen Dogmen innerhalb ihrer konservativen Gemeinschaft zu befreien, jedoch grenzt die Regisseurin die deutsche und die türkische Kultur nicht voneinander ab. Sie stellt dieses kulturelle Aufeinandertreffen ins Zentrum der Erzählung und zeigt die «offene[n] Formen des Zusammenlebens in einer hybriden, urbanen Gesellschaft.»[4] Feo Aladag richtet ihren Blick auf das Einzelschicksal ihrer Protagonistin, die zwischen zwei Welten gefangen ist und verzweifelt versucht, diese zusammenzubringen.

Die «sichtbaren» und «nicht-sichtbaren» Räume der Judith Kaufmann

Ähnlich wie Thomas Arslan, einer der Pioniere der «Berliner Schule», verbindet Feo Aladag die Tradition des deutsch-türkischen Kinos mit den Elementen der «Nouvelle Vague Allemande».[5] Im Mittelpunkt der filmischen Auseinandersetzung steht in klaren, reduzierten Bildern die Abbildung des Alltäglichen. Dabei steht ihr die Kamerafrau Judith Kaufmann zur Seite. Karl Prümm bezeichnete Kameramänner und -frauen einmal als Schlüsselfiguren, die im filmischen Produktionsprozess eine doppelte Identität innehaben.[6] Sie verbinden die ästhetische und kulturelle Identität mit einer technischen. Ihre subjektiven Bilderfahrungen stehen im engen Austausch mit den technischen Möglichkeiten. Die Umsetzung

---

3 Vgl. ebd.
4 Sowohl als auch: Das «deutsch-türkische» Kino heute. Auf: http://www.filmportal.de/df/cb/Artikel,,,,,,,,, ED2A50E4A3E5E7B4E03053D50B3708F2,,,,,,,,,,,,,,,,,,,,,,,.html (14.11.2011).
5 Vgl. Susanne Gupta: Berliner Schule. Nouvelle Vague allemande. Bestandsaufnahme deutscher Film: hier und jetzt. Auf: http://film.fluter.de/de/122/film/4219/ (29.11.2011).
6 Vgl. Karl Prümm: Stilbildende Aspekte der Kameraarbeit. In: Karl Prümm / Silke Bierhoff / Matthias Körnich (Hrsg.): *Kamerastile im aktuellen Film. Berichte und Analysen*. Marburg 2002, S. 15–50.

ihrer Bildideen interagiert mit den Inszenierungsideen des Regisseurs.[7] Judith Kaufmanns Organisation des Visuellen in DIE FREMDE ist vor allem eine Suche nach Wahrhaftigkeit und dem Wunsch nach Authentizität. Die Kamerafrau schafft «andere» Räume, die sie einerseits mit der Nähe zur Wirklichkeit und anderseits mit Artefakten eines anderen und für viele Zuschauer auch neuen Kulturkreises füllt.

2 Judith Kaufmann und die Regisseurin Feo Aladag am Set von DIE FREMDE

Ein Charakteristikum für Judith Kaufmann ist die Tatsache, dass sie Spielfilmdebüts durch ihre engagierte Kameraarbeit fördert: Sie war Chefkamerafrau in Vanessa Jopps VERGISS AMERIKA (1999/2000), Chris Kraus' SCHERBENTANZ (2002) und Marco Mittelstaedts JENA PARADIES (2004). Eine besonders intensive Kooperation, die Judith Kaufmann stets mit der Regie realisiert, ist ein weiterer Punkt, der DIE FREMDE in die Nähe der «Berliner Schule» rückt. Die «Nouvelle Vague Allemande» zeichnet sich unter anderem durch das enge Vertrauensverhältnis einer Gruppe von Filmschaffenden (u.a. Christian Petzold, Christoph Hochhäusler, Angela Schanelec, Maren Ade, Ulrich Köhler) aus. So unterstützt man sich gegenseitig im praktischen, aber vor allem auch im geistigen Sinne. «Fest steht», so der Regisseur Christoph Hochhäusler, «es gibt viel Kontakt. Viel Austausch. Wir sehen Filme zusammen. Es wird geschrieben. Da tut sich viel. Und das ist ja ein Anzeichen dafür, dass es da auch ästhetische Neigungen gibt, die gemeinsam sind.»[8] Neben dem Austausch untereinander ist die «Berliner Schule» auch dadurch geprägt, dass die Regisseure immer wieder mit denselben Kameramännern und -frauen zusammenarbeiten. Hans Fromm ist der bevorzugte Kameramann von Christian Petzold und Reinhold Vorschneiter der von Angela Schanelec.

Judith Kaufmanns Bilder in DIE FREMDE zeichnen sich durch eine hohe visuelle Disziplin aus, die auch von einer sorgfältigen und teilweise ganz nüchternen Beobachtung geprägt sind. Ihre Einstellungen geben den Figuren Raum zum Agieren und schärfen zusätzlich die Aufmerksamkeit des Publikums. Der Raum «Berlin» wird dabei zu einem «unsichtbaren» Protagonisten, der in Umays

---

7 Vgl. ebd., S. 16.
8 Christoph Hochhäusler zitiert nach: Rüdiger Suchsland: Langsames Leben, schöne Tage. Annäherungen an die «Berliner Schule». Auf: http://film-dienst.kim-info.de/artikel.php?nr=151062&dest=frei&pos=artikel (19.10.2011).

Glücksmomenten einen geradezu magischen Charme entfaltet. Diese Form des Realismus strahlt einen hohen Grad an Sensibilität aus. Zielgerichtet nah ist Kaufmann an den Figuren, lässt diese aber auch oft isoliert agieren, um damit auszudrücken, dass sie in den schier unausweichlichen Alltagskonflikten allein auf sich gestellt sind. Sie ist eine stille Beobachterin, die behutsam den Zuschauer mit der Kamera an Umays Geschichte und dem damit verbundenen neuen Sprach- und Kulturraum, in denen Umay und ihre Familie leben, heranführt und die Figuren bei ihrer jeweils individuellen Geschichte begleitet. In dem Film überwiegt die türkische Sprache. Vielsprachigkeit ist eines der auffälligsten Merkmale des deutsch-türkischen Kinos. Das Ensemble des Films wurde über einen langen Zeitraum in Form eines Streetcastings zusammengesucht und besteht aus Profi- und Laiendarstellern. Die Darsteller der Eltern von Umay sind türkische Schauspieler. Die Kommunikation untereinander gestaltete sich oft schwierig: Viele der türkischen Darsteller konnten kein Englisch oder Deutsch sprechen, deswegen probte Feo Aladag lange im Voraus mit den Darstellern, um untereinander ein Gefühl einer gemeinsamen Familie entstehen zu lassen.[9] Dadurch gelingt der Regisseurin ein Blickwickel, der für den Zuschauer die Position der «Anderen» nahe bringt, die Außen- und Innenperspektiven türkischer Familien in Deutschland. Feo Aladags Inszenierung verzichtet während des gesamten Films auf ein moralisches Urteil. Sie zeigt die Welt von Umay und ihrer Familie ohne Klischees, Vorurteile und Schuldzuweisungen. Judith Kaufmanns Kamera fängt diese Welt mit langsamen und stillen, fast statischen Einstellungen ein.

 Die nachfolgende Analyse hält sich an die Struktur des Films, der eingerahmt ist von zwei auf den ersten Blick identischen Sequenzen, die sich dann aber doch dramatisch unterscheiden. In der Eingangssequenz scheint sich zunächst ein versöhnliches Ende der Familientragödie anzudeuten. Umso erschreckender ist der Schluss, als der «Ehrenmord» doch vollzogen wird, dem aber das Kind zum Opfer fällt. Durch ein Nachzeichnen der Anfangs- und der Schlusssequenz verdeutlicht die Analyse diese Rahmungseffekte. Dazwischen werden die unterschiedlichen Räume charakterisiert, die Umay durchquert, ohne darin heimisch zu werden. Exemplarisch werden zwei Schlüsselszenen genauer betrachtet, da diese durch ein besonders intensives Zusammenspiel von Dramaturgie, Licht und Kamera aus dem ganzen Film hervorstechen. Die visuelle Konstruktion der unterschiedlichen Räume ist deshalb so bedeutsam, weil Judith Kaufmann vor allem durch die Lichtsetzung den Raum zum entscheidenden Ausdruckselement des Films erhebt. Dabei wird größtenteils auf natürliche Lichtquellen zurückgegriffen, die keine vordergründigen Effekte schaffen, sondern die Dramatik der

---

9 Vgl. Die Fremde. DVD, Majestic Collection, 2010; Bonusmaterial: Interview mit Feo Aladag.

Narration unterstützen und durch Einfachheit und Klarheit die verschiedenen Szenen begleiten.[10] Judith Kaufmann achtet sehr darauf, dass die Lichtquellen, die innerhalb der Narration auftauchen, nachvollziehbar sind. Natürliches Licht ist nicht nur glaubwürdiger, es vermittelt auch eine verdichtete Atmosphäre der unterschiedlichen Situationen. Die Kamerafrau zielt dabei darauf ab, die Schaulust des Publikums zu wecken, indem auch der uninszenierte Alltag Berlins sichtbar wird. Ähnlich wie die «Berliner Schule» greift Judith Kaufmann durch die Verwendung von natürlichen Lichtquellen auf eine reduzierte Ästhetik des reinen Zeigens zurück. Rüdiger Suchsland beschreibt diesen Kameragestus mit folgenden Worten:

2 Judith Kaufmann dreht DIE FREMDE

> «Was man auf der Leinwand sieht, ist Alltagsgeschehen. Man schaut den Menschen beim Leben zu. Es ist zumeist nichts Besonderes oder Ungewöhnliches, was da passiert. Entscheidender als das, was passiert, ist, ‹wie› es passiert. Nie hat man in diesen Filmen den Eindruck, das Geschehen ereigne sich ausschließlich für den Betrachter; niemand ‹spielt› für einen. Vielmehr fühlt man sich immer ein wenig als unbefugter Eindringling.[11]»

In Anlehnung an typische Kamerastrategien der «Berliner Schule» lässt sich auch Judith Kaufmann durch lange Kameraeinstellungen und subjektive Perspektiven viel Zeit, um sich den Personen anzunähern und die nicht-sichtbaren Innenräume von Umay, aber auch die langsame Entfremdung innerhalb der Familie, erfahrbar zu machen. So variiert beispielsweise das Licht, wenn sich der erzählerische Fokus innerhalb eines Raumes verändert. Die «gezeigte» Zeit fühlt sich für den Zuschauer wie «Echtzeit» an. Beinahe voyeurhaft kann sich das Publikum mit Hilfe von Judith Kaufmanns Kamera den Figuren annähern. Die Kamerafrau bevorzugt darüber hinaus auch Brüche innerhalb des Lichtes, zwischen Hell und Dunkel, aber auch zwischen verschiedenen Farben. Farbvariationen sind für Kaufmann ein Mittel, Spannung zu erzeugen. Besonders die verschiedenen Spiegelungen von Blau haben es ihr angetan und tauchen als wiederkehrendes Stilmittel immer wieder in ihren Filmen auf.

---

10 Vgl. Die beobachtende Kamera. Wie die Kamerafrau Judith Kaufmann Raum für überraschende Momente schafft. http://www.vierundzwanzig.de/kamera_licht/interview_mit_judith_kaufmann (03.10.2012).
11 Suchsland.

Anfänge in Blau

Die Filme von Judith Kaufmann beginnen fast alle mit einem Blauton: In ENGEL & JOE (2001) sind es die blauen Kacheln im Badezimmer und die blaue Jeansjacke und -hose der Protagonistin, in ERBSEN AUF HALB 6 (2004) ist es der klare Regenschauer, in IHR KÖNNT EUCH NIEMALS SICHER SEIN (2008) wird der Anfang durch das leuchtende Blau des Swimmingpools, welches durch die Fenster ins Haus scheint, bestimmt. Das kühle Blau ist der, wie es Chris Kraus nennt, «Heimatfarbraum»[12] von Judith Kaufmann.

> «Ein Raum, den sie vielleicht nicht bewohnt, den sie aber regelmäßig aufsucht, den sie zu pflegen weiß und von dem aus sie auf all die Deutungen herabblickt, die damit verbunden sind: Kühlung, Katharsis, Mythos, Unendlichkeit, das Absolute, Jenseits, Ewigkeit, Tod.»[13]

Blau ist eine kühle Farbe, die die meisten Menschen in einen nachdenklichen Modus versetzt. G. Heinz-Mohr bezeichnet Blau als die «tiefste und am wenigsten materielle Farbe, das Medium der Wahrheit, die Transparenz der kommenden Leere [...]».[14] Diese Farbe bedeutet immer auch etwas Geheimnisvolles, beschreibt aber auch eine Form der Unsicherheit.

Diese Unsicherheit und Unschärfe gibt es, trotz der «Klarheit», die der Film in seiner Gesamtheit ausstrahlt, auch zu Beginn von Feo Aladags DIE FREMDE. Die Montage reiht am Anfang[15] fragmentarische, stark ausgeblichene Bilder aneinander, die Leerstellen innerhalb der Inszenierung entstehen lassen. Der Zuschauer folgt einem jungen Mann – Acar – in einem blauen Kapuzenpullover. Dann öffnet sich das Bild und neben ihm läuft eine junge Frau – Umay, seine Schwester –, die einen kleinen Jungen, ihren Sohn Cem, an der Hand hält. Plötzlich zieht Acar eine Waffe aus seiner Tasche und zielt mit dieser auf Umay, in deren Augen Tränen zu sehen sind. Es folgt ein Schnitt und der Zuschauer sieht, wie der junge Mann die nasse Straße herunter rennt, in einem Bus auf der hinteren Bank Platz nimmt und entsetzt aus dem Rückfenster zu der Stelle blickt, an der er gerade noch mit seiner Schwester stand (Abb. 3). Dann folgt eine Weißblende. Die Handkamera ist in diesen kurzen Szenen ganz nah an den Darstellern. Es wird während der gesamten Sequenz auf Filmmusik verzichtet, der Zuschauer hört zu Beginn nur ein leises «Anne»[16] von Cem und das schwere Atmen von Acar. Die

---

12   Chris Kraus: Eine unvorsichtige Annäherung. Regisseur und Autor Chris Kraus zur Kameraarbeit von Judith Kaufmann. http://www.marburg.de/de/54944 (8.6.2011).
13   Ebd.
14   G. Heinz-Mohr zitiert nach Hans Biedermann: *Knaurs Lexikon der Symbole*. Erftstadt 2004, S. 63.
15   00:00:00–00:01:37.
16   Im Türkischen bedeutet «Anne» Mutter.

3 Blick aus dem Bus heraus

fragmentarische Inszenierung der Eingangssequenz spielt mit der Erwartungshaltung der Zuschauer und gibt erst am Ende des Filmes eine Erklärung dafür, indem die entstandenen Leerstellen gefüllt werden.

Die gesamte Szenerie findet im Regen statt, der die Unschärfen innerhalb der Szene betont. Judith Kaufmann arbeitet in der Anfangssequenz besonders mit Nahaufnahmen der Protagonisten, die die Hälfte des Bildraums einnehmen. Dadurch entsteht der Eindruck, dass der Bildraum davor und dahinter «verschwimmt». Umay und Acar haben, wie sich im Verlauf der Geschichte noch zeigen wird, eine enge und innige Beziehung zueinander. Der jüngere Bruder senkt deshalb auch seine Waffe wieder, weil diese Zuneigung, die er gegenüber seiner Schwester empfindet, größer ist als die familiäre Verpflichtung sie zu töten, um dadurch die Ehre der Familie wiederherzustellen. «Wahrheit hat bei ihr [Judith Kaufmann] viel mit Atmosphäre zu tun, die erst einmal aufgespürt werden muss.»[17] Kaufmanns blaue Raumkonstruktion verdeutlicht gleich zu Beginn der Narration das ambivalente Verhältnis zwischen Tradition und Familie und wirft Fragen auf, die den gesamten Film begleiten werden. Nach dieser Sequenz setzt eine Rückblende ein und die (Vor-) Geschichte wird chronologisch erzählt. Feo Aladağ eröffnet nun die unterschiedlichen Räume, in denen sich Umay und ihre Familie bewegen. Diese Räume werden von Judith Kaufmann mit natürlichem Licht, mit klaren Farben und einfachen Formen gezeichnet.

Raum I: Istanbul

Judith Kaufmanns erster Blick auf Istanbul wirkt zunächst romantisch verklärt. Erst der Schwenk auf das traurige Gesicht der Protagonistin erklärt die Wahl des überzeichneten von der Seite kommenden Sonnenlichts. Umay ist nach einer Abtreibung, welche in einem sonnendurchfluteten Zimmer und mit einer Kamera fotografiert wird, die allein auf Umays Gesicht konzentriert ist, auf

17 Kraus.

dem Weg nach Hause. Die Busfahrt endet in einer Plattenbauvorstadt, in der die Straße keinen Asphalt hat, eine seelenlose Hochhaussiedlung am Rande des lebendigen und farbenfrohen Istanbuls, inmitten eines Brachlandes. Umay lebt mit ihrem Ehemann Kemal und seiner Familie in einer großen und hellen Wohnung. Die Kommunikation innerhalb der Familie ist verwahrlost. Meist wird geschwiegen. Umay kann keine Heimatgefühle entwickeln und fühlt sich fremd. Als sie vor ihrem gewalttätigen Ehemann nach Deutschland flieht, nimmt sie von Istanbul und der dort lebenden Familie keinen Abschied. Stumm sitzt sie mit dem schlafenden Cem auf dem Arm im Bus. Das scharfe Seitenlicht der Sonne, das in dem Bus hineinfällt, wirkt auch hier wie eine Überstrahlung. Umay blickt während der gesamten Busfahrt nicht zurück und schließt bereits auf dem Weg zum Flughafen mit ihrem dortigen Leben ab. Umays Ziel ist Berlin, wo sie auf ein neues zufriedenes Leben innerhalb ihrer Familie hofft, das Liebe und Freiheit zugleich ermöglicht.

Judith Kaufmann setzt nacheinander zwei «Nicht-Orte» ins Bild. Marc Augé[18] bezeichnete als «Nicht-Orte» nicht nur Autobahnen und Flughäfen, «sondern auch die Niemandsländer der Vorstädte sowie die Räume *zwischen* diesen Nicht-Orten.»[19] Diese «Nicht-Orte» werden allein durch Negationen bestimmt. «So wie ein Ort durch Identität, Relation und Geschichte gekennzeichnet ist, so definiert ein Raum, der keine Identität besitzt und sich weder als relational noch als historisch bezeichnen läßt, einen Nicht-Ort.»[20] Die türkische Großstadt Istanbul als erster «Nicht-Ort» zeichnet sich einzig durch ihre anonyme Kälte aus, die sich auch in den Gegebenheiten des zersiedelten Raumes zeigt. Das Haus, in dem sich die Wohnung von Kemal und seiner Familie befindet, steht inmitten einer Trabanten- bzw. Schlafstadt. Diese Vororte sind von den Großstädten abhängig und haben nur rudimentäre Teile einer Infrastruktur. In Trabanten- und Schlafstädten wohnen überwiegend Pendler, die am frühen Morgen die Wohnsiedlung in Richtung einer größeren Stadt verlassen und spät am Abend wieder zurückkommen.

Raum II: Die Wohnung der Eltern

Auch die Wohnung von Umays Eltern wird durch die Gestaltungskunst von Judith Kaufmann zu einem «Nicht-Ort». Dort wo Umay Geborgenheit und Liebe, ein zärtliches Miteinander bei ihrer Familie sucht, wird sie schmerzlich enttäuscht.

---

18   Vgl. Marc Augé: *Nicht-Orte*. München 2010.
19   Michael Sicinski: Berliner Weltkino? Ein Blick aus Nordamerika. In: *Cargo Film/Medien/Kultur* 07, 2010.
20   Augé, S. 83.

Die Protagonisten sind voneinander isoliert. Keiner erreicht den anderen. Die Küche, ein Ort der Kommunikation, in dem man zusammensitzt und einander vom Tag erzählt, ist in DIE FREMDE der einzige Raum, der hell und geordnet gestaltet ist. Dieser Ort ist der Raum von Umays Mutter. Das Wohn- und das Esszimmer gehört dagegen gänzlich dem Familienoberhaupt: Umays Vater. Es wird eine unbehagliche, fast bedrohliche Stimmung geschaffen. Hier wird entschieden, wer am Tisch reden darf und wie das Leben der Familie und vor allem Umays Leben weitergehen sollen. Während der Gesprächssituationen wird der Sprechende scharf und der Hörende beziehungsweise Schweigende unscharf in Szene gesetzt. Anders als in den Situationen, die in der Küche stattfinden, dort ist der Sprechende oft unscharf und der Schweigende scharf. Unsichtbar sichtbar zeigt Kaufmann die Gefühle dieser Person. Einzig das Zimmer von Umays Schwester ist ein Ort der Wärme und Vertrautheit – ein Rückzugsort.

Im zweiten «Nicht-Ort» findet das Leben gleichzeitig an unterschiedlichen Orten statt, die sich aber nicht vereinbaren lassen. Es werden verschiedene Gefühle und Stimmungen innerhalb der Wohnung geschaffen, die sich während der Narration verändern.[21] Die inneren «Nicht-Orte» schaffen bei den Protagonisten vor allem Einsamkeit.[22] Mit diffusem Licht schafft Kaufmann eine bedrohliche Atmosphäre innerhalb der elterlichen Wohnung.

Die Wohnung von Umays Familie ist der zentrale Handlungsort des Filmes, an dem der Hauptkonflikt ausgetragen wird. Hier findet die Kommunikation nach außen und nach innen statt. Umays Freiheitsstreben steht im Widerspruch zu ihrer traditionellen Erziehung. Sie ist eine typische Vertreterin der zweiten, beziehungsweise dritten Generation von Migrantenfamilien, die zwar in Deutschland geboren wurden, deren Familien jedoch nach den traditionellen Werten ihrer «alten» Heimat, der Türkei, leben.[23] Umays emotionale Zwangslage lässt sich am besten als «zwischen den Stühlen»[24] beschreiben: Sie will nicht auf ihre Freiheit verzichten, mit eigener Wohnung, einem nicht-türkischem Freund, Studium und einen selbstgewählten Job, aber auch nicht auf ihre Familie.

Schweigen innerhalb der türkischen Gemeinschaft ist andererseits aber auch ein Druckmittel, um «ehrlose» Mitgliedern durch den Verzicht jeglicher Interaktion zur Umkehr zu bewegen.[25] Auch Umays Familie bricht den Kontakt zu ihr ab. Mit aller Kraft versucht sie diese Mauer der kommunikativen Isolation

---

21 Vgl. Die beobachtende Kamera.
22 Vgl. Augé, S. 120.
23 Vgl. Amin Farzanefar: Filmheft Die Fremde. http://www.bpb.de/publikationen/W4QLS0,0,Die_Fremde.html (05.07.2010).
24 Vgl. ebd.
25 Vgl. ebd.

zu durchbrechen, prallt aber immer wieder ab. Umays Aufbegehren äußert sich deshalb auch darin, dass sie schonungslos Dinge an- und ausspricht. Sie nutzt die Sprache, um zu provozieren, aber auch um sich von ihrer Familie zu emanzipieren. Jedoch finden ihre Worte keinen eloquenten Gegenpart. Die Auseinandersetzungen mit verschiedenen Familienmitgliedern werden gleich zu Beginn mit einfachen Standardfloskeln wie «Weil es so ist!» erstickt.[26] Immer wieder wird auf die Ehre, die Schande und das soziale Ansehen, das die Familie durch Umays Handeln verlieren kann, verwiesen. Eine gemeinsame, familiäre Weiterentwicklung ist deshalb nicht möglich. Besonders deutlich wird der fortschreitende Bruch innerhalb der Familie nach Umays Selbstmordversuch, den sie als Aufschrei sieht, um ihrer Familie zu zeigen, dass sie auch zu ihnen gehört. Über ihren Kopf hinweg entscheiden ihr Vater und ihr älterer Bruder, wie Cem zu seinem Vater Kemal in die Türkei zurückgebracht werden soll. Umay sitzt in einer Halbtotalen alleine im Wohnzimmer. Sie wirkt verloren. Ihre Mutter kommt zu ihr und gibt ihr ein Amulett, welches sie vor dem «bösen Blick» beschützen soll. Die Sequenz ist in einem diffusen, aber kontrastreichen Tageslicht gedreht, welches vom Fenster kommt. Die Bedrohung der nächsten Szene ist schon greifbar. In dieser läuft Umay den dunklen Flur zu ihrem Zimmer entlang. Auf halber Strecke belauscht sie das Gespräch zwischen ihrem Vater und ihrem Bruder. Sie bleibt in einem Lichtstrahl stehen und hört, wie ihr Vater jemanden erklärt, dass Cem bei seinem Vater in der Türkei aufwachsen und deshalb von Kemal in die Türkei entführt werden soll. Die Kamera fängt Umays entsetztes Gesicht ein. In der darauffolgenden Nacht, als alle anderen Familienmitglieder schlafen, brennt in der stillen Wohnung kein Licht. Nur die Straßenlaternen lassen Umrisse von den schlafenden Personen und Gegenständen erkennen. Umay geht zusammen mit Cem zur Tür, als sie bemerkt, dass sie nicht herauskommt, ruft sie mit dem Handy ihrer Mutter die Polizei.

Die Gestik und Mimik der Figuren stehen im Gegensatz zur Kommunikation. Zwischen gesprochenen Worten und Gesten besteht ein großes Missverhältnis. Jedes Familienmitglied scheint innerlich zerrissen und leidet gleichzeitig darunter. Dem Zuschauer wird das besonders in Einstellungen anschaulich gemacht, die direkt nach einer Auseinandersetzung folgen.[27] Jan van Helt beschreibt diese Szenen mit folgenden Worten: «Sie alle wirken wie einseitig Getriebene einer Gesellschaft, aus deren Verantwortung sie sich nicht lösen können. Das macht die inneren Konflikte, die sie mit sich austragen müssen, jedoch nicht schwächer.

26 Vgl. ebd.
27 Vgl. ebd.

Das Licht verwandelt die Räume

4 Umay mit ihrem jüngeren Bruder

Im Gegenteil, die Zerrissenheit der Figuren ist in beinahe jeder Szene spürbar.»[28] Die Beteiligten rücken in diesen Szenen einsam, in sich verschlossen und traurig an den Bildrand. Ihre Körpersilhouetten heben sich in diesen verlassenen Momenten nur durch die entstehenden Lichtkanten von den Räumen ab, die im Dunkeln liegen.

Gefühle werden in schüchternen Blicken und leisen Gesten verpackt, zum Beispiel, wenn Kader im Licht der Straßenlaternen seine schlafende Tochter zudeckt. Sein Blick vermittelt in diesem Moment Zärtlichkeit und Wärme.[29] Aber auch wenn Umay mit ihrem jüngeren Bruder Acar gemeinsam im Bett liegt, ihm sanft über die Haare streift und mit ihm in Erinnerungen schwelgt.[30] Bei diesen «leisen» Szenen glaubt der Zuschauer, für einen kurzen Augenblick einen Einblick in das Innenleben der Protagonisten erahnen zu können. Auf der anderen Seite kündigt sich in diesen «kleinen», zarten Szenen auch schon das Auseinanderbrechen der Familie an. Die Geschichte nimmt ihren unabwendbaren Lauf und führt zwangsläufig zum schlimmstmöglichen Ende. In diesen Momenten, in denen die Bilder ein «Zuhausegefühl» beim Zuschauer hinterlassen, fühlt sich dieser zugleich aber auch wie ein unbefugter Störenfried, der die kurze und seltene Harmonie stört (Abb. 4).

Auch zu ihrer kleinen Schwester Rana hat Umay ein inniges Verhältnis. Rana erzählt ihr von einem türkischen Jungen Duran, in den sie sich verliebt hat und den sie heiraten will. Aufgeregt berichtet sie ihrer großen Schwester von ihren Hochzeitsvorstellungen und fragt Umay, welchen Teil sie dabei übernehmen will.[31] Doch Ranas Traum droht an dem Leben ihrer «ehrlosen» Schwester zu zerplatzen, die von ihrem Mann getrennt lebt und dadurch der traditionellen Eheschließung im Wege steht. Umays Nähe zur Mutter wird hingegen immer

---

28 Jan van Helt: Die Fremde. Ihre Welten kreuzen sich. Sibel Kekilli leidet in Die Fremde unter Gesellschaft und Familie. Sehr sogar. http://www.critic.de/film/die-fremde-2043/ (21.06.2011).
29 00:17:57–00:18:33.
30 00:16:01–00:17:25.
31 00:24:54–00:26:26.

wieder durch den Respekt, den sie gegenüber den Entscheidungen ihres Ehemanns hat, in Frage gestellt. Für Umay verkörpert ihre Mutter Halime einerseits das «Zuhausegefühl», andererseits möchte sie nicht so werden wie sie und sagt ihr das auch sehr deutlich. Halime ist für Umay kein Vorbild. Sie will keine sich unterordnende, duldsame Ehefrau und Mutter sein.

Die Wohnung von Umays Eltern hinterlässt beim Zuschauer ein Gefühl der Isolierung, wirkt wie eine Parallelwelt fernab des lebendigen Berlins. Viele Dialogszenen werden in der Wohnung auf engstem Raum in nahen und halbtotalen Einstellungen fotografiert. Judith Kaufmann setzt selten Totalen ein. Durch diese Wahl der Einstellungsgrößen «[...] bietet der Film eine Innensicht dieser abgeschotteten Welt, und die Kamera betont ihre Enge durch eine sehr klaustrophobische Optik».[32] Die Räume sind in dunklen und gedämpften Farben gehalten und vermitteln ein Gefühl der Bedrücktheit. Die kokonartige Enge der elterlichen Wohnung und die Statik der Kamera hinterlassen ein schales Gefühl melancholischer Entrücktheit. Die Figuren sind in ihren unveränderlichen Rollenmustern gefangen. Judith Kaufmanns Bildordnungen vermitteln dem Zuschauer die langsame und immer größere Entfremdung der Protagonisten zueinander. Im Bild sind alle wichtigen Informationen vorhanden. Die Blicke der Protagonisten gehen oftmals über den Bildrahmen hinaus, als würden sie alle von einer Sehnsucht getrieben, diesen kalten und unwirtlichen «Nicht-Ort» hinter sich zu lassen.

Raum III: Die Stadt Berlin

Berlin versprüht anders als die elterliche Wohnung Lebendigkeit und wird in DIE FREMDE zum Inbegriff von Umays Freiheits- und Lebensentwurf. Die deutsche Hauptstadt ist ohne Zweifel so etwas wie ein handlungstragender Protagonist des Films. Judith Kaufmanns Kamera lenkt die Narration immer wieder auf das städtische Raum-Zeit-Gefüge. Der urbane Raum verbindet die architektonischen Gebäude, die Straßen und Plätze, die Orte der Freizeit mit den Akteuren. Judith Kaufmanns Darstellungen dieses städtischen Raumes können auch als ein Charakteristikum der «Berliner Schule» gelten, indem das Leben fernab halsbrecherischer Abenteuer gezeigt wird. Kaufmann zeigt deshalb den urbanen Raum in beinahe dokumentarisch erscheinenden Bildern. Die Stadt wird als Lebensraum vorgeführt, die Großstadtmotive werden mit der Gefühlsgeschichte der Figuren verbunden.

---

32 http://www.fbw-filmbewertung.com/film/die_fremde (22.06.2011).

In den Momenten, in denen Umay ihre selbstbestimmte Freiheit genießt, entwickeln die Sequenzen eine ungewöhnliche Dynamik und verändern dadurch auch den Charakter und Kompositionsweisen der Bilder. Vor allem die Motorrollertour mit Stipe, die in kürzeren Einstellungen geschnitten ist und einen integralen Bestandteil der «städtischen Mobilität»[33] symbolisiert, bezeichnet die Veränderung und die Bewegung in Umays Leben. Sie genießt das Gefühl, nachts mit dem Motorroller durch Berlin zu fahren. Judith Kaufmann nutzt in diesem Moment auch einige Totalen, um den urbanen Raum in seiner Größe zu eröffnen und zeigt die Berliner Nacht mit dem funkelnden Funkturm (Farbabb. 40, S. 111).

Der rosafarbene Sonnenaufgang am Ostbahnhof mit dem Fernsehturm im Hintergrund beflügelt Umays verliebten Gang entlang der Warschauer Straße. Ihre Emotionen und Sehnsüchte, ihre Suche nach Liebe und Freiheit wird in äußere Bewegungen versetzt.[34] Dem Zuschauer wird zum ersten Mal der Eindruck vermittelt, dass Umay in diesem Moment ohne Einschränkungen glücklich ist. Diese Sequenz wird auch non-diegetisch mit Score-Musik unterlegt. In Die Fremde wird größtenteils auf Filmmusik verzichtet. Die äußerst sparsame Verwendung von Filmmusik verstärkt die familiäre Isolation, die trotz der Großstadt Berlin überwiegt. Nur an prägnanten Stellen der Narration werden reduzierte Klaviermelodien eingesetzt, die zerbrechlich wirken. Feo Aladag setzt anstelle von Musik des Öfteren effektvoll Geräusche ein, die die einzelnen inneren Gefühlszustände verstärken und auch eine Dehnung der Zeit bewirken, um diese Innendimension der einzelnen Figuren noch intensiver zu zeigen. Besonders die innere Zerrissenheit des Vaters, der unter dem Zwang des Ehrenkodex leidet, wird in der Sequenz nach seinen Herzinfarkt erfahrbar. Unfähig zu sprechen und Umay vor der bevorstehenden Tat durch Acar zu warnen, sieht der Zuschauer nur sein trauriges Gesicht, das von einem sterilen Krankenhauslicht eingerahmt wird.

Die Bilderfolge nach Umays Auszug steht im Kontrast zu den Szenen in der engen elterlichen Wohnung. Voller Stolz zeigt sie Stipe die einzelnen Räume ihrer neuen Wohnung, in denen kaum Möbel stehen. Diese ist im Gegensatz zu der Wohnung der Eltern hell und groß. Keine schweren und dunklen Möbel lassen den Eindruck einer fremden Welt entstehen. Judith Kaufmann fängt diesen neuen «Freiheitsraum» still und langsam mit der Kamera ein. Nichts wirkt in

---

33 Guntram Vogt: *Die Stadt im Film. Deutsche Spielfilme 1900–2000*. Marburg 2001, S. 31.
34 Vgl. http://www.filmportal.de/df/6b/Artikel,,,,,,,,EE45B584F69059AEE03053D 50B376302,,,,,,,,,,,,,,,,,,,,,,,,,.html (19.11.2011).

dieser lichtdurchfluteten Wohnung bedrohlich. Sie strahlt vielmehr ein Gefühl von «Angekommensein» aus.

Doch auch die «Freiheitsräume» Berlin und Umays erste Woche in der neuen Wohnung drohen nach und nach zu zerbrechen. Nachdem sie mit letzter Kraft verhindert hat, dass Kemal seinen Sohn mit in die Türkei nimmt, beschließt sie gemeinsam mit Stipe, Berlin zu verlassen. Diesen Entschluss bespricht Umay mit Cem, als sie gemeinsam auf seinem Bett liegen, und Umay ihm etwas vorliest. Diese einerseits liebevolle Geste und andererseits den schmerzlichen Beschluss der Flucht aus Berlin hört der Zuschauer zunächst nur. Dann fährt die Kamera um die Ecke auf die angelehnte Zimmertür zu und bleibt, aufgrund der Heftigkeit dieser Entscheidung, dort stehen. Judith Kaufmanns Kameraführung vermittelt den Eindruck, dass der Zuschauer in diesem Moment ein Eindringling ist und dass daher die Szene nur ausschnitthaft gezeigt wird. Mit dem Entschluss Berlin zu verlassen, endet auch Umays Hoffnung, in der Hauptstadt glücklich zu werden und ein selbstbestimmtes Leben zu führen.[35] Bei der Hochzeit ihrer Schwester Rana kündigt sich bereits das schlimmstmögliche Ende an.

Schlüsselszene I: Ranas Hochzeit

Die Hochzeit von Rana,[36] Umays kleiner Schwester, sticht aus dem gesamten Film heraus. Umay, ihre Familie und die Generation der türkischen Gastarbeiter, die in Deutschland geblieben sind, treffen aufeinander und der daraus resultierende Konflikt ist unabwendbar. Neben dem schnellen Montagerhythmus verdeutlichen vor allem die dynamische Kameraführung und der zusätzliche Einsatz der Handkamera Umays innere Entwicklung. Die unterschiedlichen Perspektiven und Blickwinkel auf die handelnden Figuren werden durch zahlreiche Kameraschwenks umgesetzt. Diese versetzen die Protagonisten in immer wieder neue Korrelationen zueinander. Durch Schärfenverlagerungen werden einzelne Figuren immer wieder hervorgehoben und dadurch ständig in sich ändernde Beziehungen zueinander gesetzt. Die unterschiedlichen Blickwinkel (Umay, ihre Eltern, ihre Geschwister) werden zu einem Gesamtbild einer zutiefst zerrissenen Familie zusammengefügt.

Die Sequenz zerfällt grob in zwei Teile: Der erste Teil zeigt Kader und Halime zufrieden im Festsaal am Tisch sitzen. Durch einen Schwenk werden auch die beiden Söhne gezeigt, die neben ihnen am Tisch ihren Platz haben. Das Brautpaar Rana und Duran tanzt zu türkischer Musik. Auf der Straße folgt die Kamera

35 01:36:00–01:37:19.
36 01:12:41–01:19:40.

5 Der traurige Cem

Umay und Cem, die beschwingt zum Festsaal laufen. Der hell erleuchtete Saal wird in einer Totalen gezeigt und steht im deutlichen Kontrast zum engen elterlichen Wohnungs-Kokon. Als der Tanz des Brautpaares endet, wird Umays und Cems Anwesenheit bemerkt (Farbabb. 41, S. 111). Als Cem der Braut ein Hochzeitsgeschenk überreichen will, wendet sich Rana von ihm ab. In einer Nahaufnahme wird Cems trauriges Gesicht gezeigt (Abb. 5). Umay wird daraufhin von Acar zur Tür gebracht. Draußen wird Umay in einem von der Handkamera gefilmten Schuss-Gegenschuss-Verfahren klar, dass sich auch Acar von ihr abgewendet hat. Er erklärt ihr, dass sie nun nicht mehr ein Teil der türkischen Gemeinschaft und vor allem der Familie sei.

Im zweiten Teil dieser Schlüsselszene kehrt Umay, nachdem Cem sie gefragt hat «Dürfen wir nicht zu Rana?», in den Festsaal zurück. Die subjektive Handkamera folgt ihr durch die Menge hin zur Bühne. Umay, deren Körper von Weinkämpfen immer wieder überschüttet wird, bekennt sich öffentlich dazu, dass sie durch ihre Entscheidungen die Familienehre verletzt hat und bittet ihre Eltern, dass ihr kleiner Sohn Cem nicht darunter zu leiden haben soll. Umays Rede wird von Judith Kaufmann in Halbtotalen und Zooms auf die Gesichter bebildert. Zwischenschnitte zeigen immer wieder Umays Eltern und ihre Geschwister. Die angespannte Situation, die zu einem Schock unter den Hochzeitsgästen geführt hat, wird durch eine unruhige Handkameraführung vermittelt. Mehmet holt, von einer Handkamera gefolgt, Umay brutal von der Bühne und «schleppt» sie schreiend nach draußen, wo er sie vor die Rampe der Lieferanteneinfahrt wirft. Umay liegt weinend am Boden. Mehmet verlässt die Szenerie. Cem rennt zu seiner Mutter und streichelt ihr zärtlich über den Kopf. Judith Kaufmann zeigt die beiden, die Straße und das Gebäude in einer Totalen. Umay ist nun endgültig zur «Anderen» geworden – eine moderne Effi Briest, die ähnlich wie Theodor Fontanes Romanfigur durch ihr Handeln (die Affäre mit dem Major Crampas) von ihren Eltern verstoßen und dadurch von der Gesellschaft ausgeschlossen und geächtet wird. Effi Briest scheitert, ähnlich wie Umay in DIE FREMDE, an vorgegebenen gesellschaftlichen Konventionen, denen sie schließlich im Verlauf der Geschichte zum Opfer fällt. Beide wurden in eine

Ehe gedrängt, die arrangiert wurde und die beide nicht wollten. Ihr Aufbegehren (Effis Ehebruch und Umays Entschluss unabhängig in Berlin zu leben) wird zum Inbegriff eines «gesellschaftlicher Misskredit[s]».[37] Beide Eltern, Effis und Umays, sehen ihr eigenes Ansehen bedroht und verstoßen daraufhin ihre Töchter. Bernd W. Seiler beschreibt dieses Handeln folgendermaßen: «Im übrigen machte es aber natürlich auch keinen Sinn, die Mädchen zu mehr Selbständigkeit zu erziehen, ihnen dann aber in der wichtigsten persönlichen Lebensentscheidung, der Ehe, die mündige freie Wahl vorzuenthalten. Am Ende ist dies ja auch nicht einmal mehr in den Fürstenhäusern gelungen.»[38] Ähnlich wie Effis Familie zerbricht auch die Familie von Umay durch den äußerlichen gesellschaftlichen Druck. Kaders Reise in die Türkei besiegelt den Zerfall seiner Familie.

Schlüsselszene II: Türkei-Reise

Kaders Reise in die Türkei[39] verdeutlicht die Vormachtstellung der Männer. Entscheidungen und Handlungen werden wortlos während einer Reise nach Anatolien getroffen. In monochromen Bildern fängt Judith Kaufmann Kaders Reise ein. Schweigend sitzt Umays Vater in halbnahen Einstellungen in einem Überlandbus. Dieser bringt ihn über weite, staubige Straßen und Felder in sein Heimatdorf (Abb. 6). Diese Sequenz wirkt ähnlich deprimierend wie Umays Rückkehr nach Hause nach ihrer Abtreibung zu Beginn des Films. Mühsam steigt Kader einen Hügel zu einem Steinhaus herauf. Nachdem er das Haus betreten hat, betrachtet er kurz einen schlafenden alten Mann und setzt sich diesem gegenüber. Schweigend sehen sie sich an.

Judith Kaufmanns Kamera folgt Kader auf seiner Reise in die Türkei. Sie will den Raum, in dem Kader die folgenschwere Entscheidung entgegennimmt, seine Töchter durch ihren jüngeren Bruder töten zu lassen, für den Zuschauer nachvollziehbar machen. Dieser Raum, der in überstrahltes, von der Seite kommendes Sonnenlicht getaucht wird, wird ausschließlich über die Bilder erzählt. Oft wechseln die Bilder zwischen scharf und unscharf. Die Landschaft wird von Kaufmann in ihrer ganzen Breite und Sinnlichkeit erfahrbar gemacht. Dadurch werden die räumlichen Zusammenhänge, die Distanzen zwischen den Welten, thematisiert. Die Heftigkeit und Gewalt der bevorstehenden Entscheidung stehen im markanten Kontrast zu den Landschaftsbildern, die die Schönheit Anatoliens in der untergehenden Sonne zeigen.

---

37 Bernd W. Seiler: «Effi, du bist verloren!» – Vom fragwürdigen Liebreiz der Fontaneschen Effi Briest. http://www.uni-bielefeld.de/lili/personen/seiler/drucke/effi/uebersicht.html (16.9.2011).
38 Ebd.
39 01:33:36–01:36:43.

Das Licht verwandelt die Räume

6 Mit dem Bus durch die Türkei

Das Prinzip der nicht ausgesprochenen Worte wird in der nachfolgenden Szene besonders deutlich, die eine ausgeprägte Parallelität zu Kaders schweigendem Besuch in der Türkei aufzeigt. Eine Totale zeigt Kader, Mehmet und Acar im altmodischen Elternwohnzimmer sitzen (Abb. 7).[40] Einzeln werden ihre Gesichter in halbnahen Einstellungen nebeneinander gestellt. Der Schatten der umliegenden Möbel liegt auf ihren Gesichtern. Keiner spricht; einzig der Blickwechsel zwischen Mehmet und Kader, die dann beide ihre Blicke auf Acar richten, lässt dem Zuschauer erahnen, dass Umays jüngerer Bruder beauftragt wurde, seine Schwester zu töten. In der darauf folgenden Sequenz sitzt Acar weinend im Dunkeln in der Ecke seines Zimmers. Seine Körpersilhouette zeichnet sich nur durch das schwache Licht der Nachttischlampe ab. Verzweifelt schlägt er mit

7 Im elterlichen Wohnzimmer

40 01:37:33–01:38:17.

der Faust gegen seinen Schreibtisch. Judith Kaufmann setzt Feo Aladags Drehbuchintention subtil um, «ihre Charaktere nicht als Abziehbilder zu gestalten.» Die drei Männer, die später zu Tätern werden, kämpfen mit «widerstreitenden Gefühlen».[41] Besonders deutlich wird das auch an den Tränen von Mehmet, der Probleme sonst lautstark, aggressiv und mit Gewalt löst. Ähnlich verlassen und einsam wie Acar sitzt er in seinem Zimmer. Sein Gesicht liegt halb im Schatten, die andere Seite wird von einer Schreibtischlampe angestrahlt. Alle drei Männer sind unfähig, mit Worten Probleme zu lösen und führen durch ihr Schweigen eine Katastrophe herbei.

Der Schluss oder: Zurück zum Anfang

Das Ende des Films kehrt zum Anfang zurück.[42] Die Rückblende endet, nachdem Umay zusammen mit Cem das Krankenhaus verlassen hat, in das Kader mit Herzproblemen eingeliefert wurde. Die Eingangsszene wird mit zusätzlichen Einstellungen wiederholt. Acar läuft hinter den beiden her, fragt, ob er sie ein Stück begleiten darf. Auf gleicher Höhe laufen sie im nüchternen Tageslicht nebeneinander her. Zunächst zeigt die Kamera die Rücken der beiden, als Acar plötzlich eine Waffe auf seine Schwester richtet, schwenkt die Kamera in die Frontalansicht und zeigt im Schuss-Gegenschuss-Verfahren Umays trauriges und Acars ängstliches Gesicht. Als Acar die Waffe fallen lässt, sieht der Zuschauer dies aus der subjektiven Perspektive von Mehmet, der die Situation aus einem Auto von der gegenüberliegenden Seite beobachtet. Acar läuft davon. Umay blickt ihm nach, als sie bemerkt, dass Cem die Waffe vom Boden aufgehoben hat. Sie schlägt ihm diese aus der Hand und nimmt ihn auf den Arm. Klaviermusik setzt ein. Plötzlich erscheint aus dem unscharfen Hintergrund ihr älterer Bruder Mehmet. Als sie sich zu ihm umdreht, sticht Mehmet mit einem Messer zu und trifft dabei versehentlich Cem, der daraufhin mit leeren Augen leise «Anne» sagt. Cem stirbt in den Armen seiner Mutter. In einer Detailaufnahme sieht man Umays mit Cems Blut getränkte Hand. In diesem Moment gibt es keine Straßengeräusche, bis auf das Geräusch des vorbeifahrenden Busses aus dem Acar fassungslos die Tat beobachtet. Umays «stummer Schrei» scheint die Welt um sie herum für einen Moment in eine Zeitlupe zu versetzen. Danach setzt wieder der Realton ein. Durch die Wahl des Sounds wird auch die subjektive Wirkung der Handkamera verstärkt: Umays Verzweiflung wie auch Mehmets Traurigkeit

---

41 Julia Teichmann: Die Fremde. http://cinomat.kim-info.de/suchen/index.php?aktion=FS& (29.11.2011).
42 01:43:48–01:47:54.

werden abwechselt in Halbtotalen gezeigt. Nach der Tötung ihres Sohnes durch ihren älteren Bruder wendet sich Umay von diesem ab und läuft mit Cem im Arm einsam und *fremd* die Straße entlang, die im Unschärfebereich liegt (Farbabb. 42, S. 111).

Anders als in der Anfangsszene nimmt der Zuschauer den Regen viel später wahr. Er ist in der Schlussszene kein Handlungsträger. Judith Kaufmann konzentriert sich vielmehr auf die Emotionen, die nach Mehmets Tat bei ihm und Umay folgen und ist in diesem Moment der schlimmstmöglichen Katastrophe ganz nah an den Figuren. Der Bildraum um Umay und Mehmet herum «verschwimmt» zunehmend und wird unscharf. Die Farben sind stark ausgeblichen. Judith Kaufmann arrangiert Zeitlupen, Unschärfen und ein ins Bläuliche gehendes Tageslicht zu einer schmerzhaft-ästhetisierenden Melange, die den Zuschauer tief berührt und Gleichgültigkeit nicht zulässt. Mit solch radikalen Bildern, die bis zum Bersten aufgeladen sind mit Gewalt, mit Erschrecken, Empörung und Mitleiden, bereichert Judith Kaufmann das neue deutsche Migrantenkino auf entscheidende Weise.

Rasmus Greiner

Die künstlerische Einstellung
Judith Kaufmanns Fernseharbeiten

I. Der Fernsehfilm als ästhetische Herausforderung

Obwohl der aktuelle deutsche Fernsehfilm regelmäßig um ein Vielfaches größere Zuschauerzahlen als nationale Kinoproduktionen erreicht, wird er sowohl in der Kritik als auch im wissenschaftlichen Diskurs weitgehend gemieden. Zu Unrecht, konnte das Fernsehen doch auch in Zeiten der digitalen Revolution seinen Status als das wichtigste ‹mediale Lagerfeuer› verteidigen. Mehr noch – anknüpfend an Horace M. Newcomb und Paul M. Hirsch erweist sich das Medium auch heute noch als ein «kulturelles Forum», auf dem über die Gesellschaft diskutiert und debattiert wird.[1] Insbesondere fiktionale Formate spielen hierbei eine wichtige Rolle. Im Gegensatz zur Information kann sich die Fiktion «mehr Zeit lassen, kann Geschichten verdichten, komprimieren, steigern», so der Medienwissenschaftler Knut Hickethier.[2] In der jungen Bundesrepublik wurden große Hoffnungen in das Fernsehspiel gesetzt, das sich zur ureigenen Kunstform entwickeln sollte. Doch genau daran haperte es: Die starre Abgrenzung zum Kino, das Live-Spiel und die Theatralisierung lähmten die Entwicklung innovativer Bild- und Erzählkonzepte.[3] Infolgedessen verfolgten junge Filmemacher bereits in den 1950er Jahren Konzepte der Filmisierung.[4] Bis zum Ende der Sechziger war die schleichende Metamorphose zum Fernsehfilm abgeschlossen. Die Krise des Kinos wurde zur großen Chance für das Fernsehen, das sich mit dem ersten Film- und Fernsehabkommen (1974) noch stärker und keineswegs völlig selbstlos dem Film zuwand-

---

1 Horace M. Newcomb / Paul M. Hirsch: Fernsehen als kulturelles Forum. Neue Perspektiven für die Medienforschung. in: Rundfunk und Fernsehen 34, 1986, S. 177–190.
2 Knut Hickethier: Das Fernsehspiel zwischen TV-Movie und Fernsehdramatik. Zur Situation einer Programmsparte Mitte der neunziger Jahre. in: Birgit Peulings, Rainer Maria Jacobs-Peulings (Hrsg.): Das Ende der Euphorie. Das deutsche Fernsehspiel nach der Einigung. Münster u.a. 1997, S. 48.
3 Vgl. Karl Prümm: Film und Fernsehen. Ambivalenz und Identität. in: Wolfgang Jacobsen, Anton Kaes, Hans Helmut Prinzler (Hrsg.): Geschichte des Deutschen Films. Zweite Auflage. Stuttgart 2004, S. 552.
4 Ebd.

1 Arbeitsfoto zu Das Ende einer Nacht

te.⁵ Die großangelegte Kooperation ermöglichte trotz scharfer Kritik und gegenseitigem Misstrauen aufwändige Kinoproduktionen, die ohne die Investitionen des Fernsehens nicht denkbar gewesen wären. Dennoch setzten sich die Kontroversen der sechziger Jahre noch intensiver fort, so dass dem mächtigen Medium wiederholt ‹Raubbau am Kino› vorgeworfen wurde.⁶ Es lässt sich nicht leugnen, dass für das Fernsehen die Vorteile des Abkommens weit über das Zweitverwertungsrecht der geförderten Kinofilme hinausgingen. So führte der Austausch von Personal und Ideen zu einer komplexen, zeitkritischen Ausrichtung und einer ästhetischen Aufwertung der eigenen Produktionen. Ende der siebziger Jahre hatte sich mit dem *Kleinen Fernsehspiel* ein Laboratorium für neue Erzählformen und audiovisuelle Experimente herausgebildet. Karl Prümm spricht sogar von einer «kleinen *nouvelle vague*» im Fernsehen, die das Filmangebot des Kinos ergänzte.⁷ Doch die Gründung privater Fernsehsender sorgte wenige Jahre später für neue Konkurrenz. Seit Anfang der neunziger Jahre versuchen vor allem RTL und Pro7/SAT1 mit aufwändigen Eigenproduktionen die Ästhetik und Erzählweise von Hollywood-Blockbustern nachzuahmen. Oftmals aber verliert der Fernsehfilm in diesem Modus seinen zeitkritischen Bezug und die ästhetische Eigenständigkeit. Umso schwerer wiegen die massiven institutionellen und ökonomischen Zwänge, denen die Bildgestaltung zur Zeit bei den öffentlich-rechtlichen Sendern

---

5   Eine an dieser Stelle nicht mögliche, genauere Einschätzung der Entwicklungen in den sechziger und siebziger Jahren liefert Knut Hickethiers Text «Die Zugewinngemeinschaft» (Knut Hickethier: Die Zugewinngemeinschaft. Zum Verhältnis von Film und Fernsehen in den sechziger und siebziger Jahren. In: Hilmar Hofmann (Hrsg.): *Bundesdeutscher Film der sechziger und siebziger Jahre*. Frankfurt am Main 1992, S. 190–211). Zur Programmpolitik der öffentlich-rechtlichen Sender bis Anfang der neunziger Jahre vergleiche zudem: Irmela Schneider: *Film, Fernsehen & Co. Zur Entwicklung des Spielfilms in Kino und Fernsehen*. Heidelberg 1990.
6   Vgl. ebd., S. 152–157.
7   Prümm 2004, S. 556.

unterworfen ist. Die ohnehin begrenzten Möglichkeiten, am Set noch etwas auszuprobieren, werden durch die beständige Verknappung der Ressourcen und die Reduktion der Drehtage immer weiter beschnitten. Benedict Neuenfels, selbst Kameramann und Grimme-Preis-Gewinner (2012), bemängelt vor allem die rigorose Umsetzung von Senderichtlinien und kommerziellen Auflagen.[8] Bereits die Längenvorgaben der Programmschienen lassen wenig Raum für innovative Erzählformen.[9] Die Fähigkeit des Fernsehfilms darzustellen, «was möglich ist, an Wünschbarem wie an weniger Wünschbarem»[10], bedarf jedoch der Perspektivierung, der Auswahl und Funktionalisierung neuer Blickwinkel, und sie kulminiert in der Kameraarbeit. Das erkennen auch etablierte TV-Regisseure wie Dominik Graf, der die Quotenhörigkeit und die restriktive Finanzpolitik öffentlich kritisiert; sein Kollege Friedemann Fromm spricht gar von einer Politik der Ausbeutung.[11] Die Verwendung eingefahrener Konventionen und Routinen trifft mit einer fortschreitenden Formatisierung der TV-Fiktion zusammen. Alles konzentriert sich auf den Degeto-Heimatfilm, die Wohlfühlfilme im Stil von Rosamunde Pilcher – oder auf harte Krimis. Nur ganz wenige Filmschaffende können sich diesen Zwängen widersetzen. Dabei wäre gerade jetzt Kreativität und Mut zum Neubeginn gefragt – schließlich hat das Fernsehen technisch enorm aufgeholt. Digitale Aufnahmeverfahren, der HDTV-Standard, weitaus größere Bildschirmdiagonalen, verbesserte Kontrastwerte und eine höhere Auflösung der Geräte ließen den Vorsprung des Kinos schmelzen. Diskussionen um normative Größen des «Fernsehhaften» und des Filmischen, die auch auf die vermeintlichen bildgestalterischen Einschränkungen im Fernsehfilm abzielten, wurde hierdurch die letzte Grundlage entzogen.[12]

Judith Kaufmann hat die Zeichen der Zeit erkannt, sie macht keine grundsätzlichen Unterschiede zwischen Kinofilm und Fernsehfilm. Vielmehr gelingt es ihr, ihren Fernseharbeiten eine ästhetische Identität zu verleihen, die das Medium

---

8   Benedict Neuenfels: Stil versus Corporate Identity. Möglichkeiten und Grenzen der Bildgestaltung. In: Karl Prümm / Silke Bierhoff / Matthias Körnich (Hrsg.): *Kamerastile im aktuellen Film. Berichte und Analysen*. Marburg 1999, S. 52, 60.
9   Vgl. Katja Nicodemus: Zu viel Fernsehen im Kino. in: *Die Zeit*, 11.12.2008.
10 Hickethier, S. 16.
11 Ebd.; O.V.: Es ist so viel Angst da. epd-Interview mit Friedemann Fromm. in: *epd medien* 13, 2012.
12 Vor allem Thomas Meyer sprach sich Ende der siebziger Jahre für eine rigide Trennung zwischen Film und Fernsehen aus, indem er die Relationen der beiden Medien in einer «Polaritätstabelle» gegeneinander aufführte (Vgl. Thomas Meyer: Auf dem Weg zum Staatsfilm? Bausteine zu einer Situationsanalyse des bundesdeutschen Kinos. in: *medium* 10, 1977, S. 27–30.). Meyers Einschätzung, der Fernsehfilm verfüge generell über optische Mängel, lege größeren Wert auf die Sprache statt auf das Bild, bevorzuge Sinn gegenüber Sinnlichkeit, Ratio gegenüber Emotion und Distanz gegenüber Identifikation traf schon damals nicht zu – man denke nur an die Filme Volker Schlöndorffs und Rainer Werner Fassbinders.

nicht als Beschränkung, sondern als Quelle neuer Ausdrucksmöglichkeiten begreift. Zwar hat sich Kaufmann in erster Linie als Kinokamerafrau profiliert, mit mittlerweile 16 von 42 Filmen verfügt das Fernsehen jedoch über einen hohen Stellenwert in ihrem Werk. Das war nicht immer so: War die Verteilung zwischen 1988 und 1999 nahezu ausgeglichen, stehen im Zeitraum von 2000 bis Ende 2006 elf Kinofilmen nur drei Fernsehfilme gegenüber. Seit 2007 halten sich die beiden Gattungen wieder die Waage. Der Kino-Blick, den sich Kaufmann in der vorangegangenen Schaffensperiode angeeignet hat, wirkt jedoch auch in ihren aktuellen TV-Produktionen nach. In Zeiten, in denen allerorten «zu viel Fernsehen im Kino»[13] beklagt wird, setzt Judith Kaufmann die Tradition des experimentellen filmischen Erzählens fort – auch und gerade im Fernsehen. Statt sich eines festgeschriebenen ‹Kanons bestimmter ästhetischer Gestaltungsmittel›[14] zu bedienen, betont sie bisher übersehene, zeitkritische Nuancen der Medienkultur. Dass dieser Ansatz durchaus honoriert wird, zeigt sich neben dem Marburger Kamerapreises in Auszeichnungen wie dem Deutschen Fernsehpreis für die Bildgestaltung in BELLA BLOCK: DIE FRAU DES TEPPICHLEGERS (2005) und in zahlreichen lobenden Worten in Presse und Filmkritik.[15]

II. Zentrale Bildstrategien in Judith Kaufmanns Fernseharbeit

Judith Kaufmann konzentriert sich auch in ihren Fernsehfilmen auf «bewegende Geschichten von Gefährdeten, von Gestrandeten und Ausgestoßenen, an denen eine auf Erfolg fixierte Gesellschaft vorbei sieht» – ganz wie es in der Jurybegründung des Marburger Kamerapreises heißt.[16] Immer bleibe ihre Kamera «in einer sympathisierenden und bedingungslosen Nähe zu den Figuren» und öffne sich «damit unmittelbar deren Wahrnehmung und Welterleben».[17] Auch die kurzen und zerbrechlichen Momente des Glücks und der Hoffnung würden auf diese

---

13 Nicodemus.
14 Zwar stellt der Medienwissenschaftler Hans J. Wulff die Existenz eines solchen Kanons audiovisueller Gestaltungsmittel des Fernsehfilms vehement in Abrede (vgl. Hans J. Wulff (Hrsg.): *TV-Movies «Made in Germany». Struktur, Gesellschaftsbild und Kinder-/Jugendschutz. 1. Historische, inhaltsanalytische und theoretische Studien.* Kiel 2000, S. 14.), angesichts der Masse immer uniformer erscheinender Produktionen muss jedoch zumindest von der Schematisierung der Ästhetik im Dienste von Corporate Identities ausgegangen werden (vgl. Neuenfels.).
15 Unter anderem lobt der Fernsehkritiker Rainer Tittelbach Kaufmanns ‹magische Kamera› und ihr ‹besonderes Faible für ambivalente Stimmungen› in Jo Baiers DAS LETZTE STÜCK HIMMEL (2007). Vgl. Rainer Tittelbach: Fernsehfilm DAS LETZTE STÜCK HIMMEL. 17.08.2007. in: tittelbach.tv. http://www.tittelbach.tv/programm/fernsehfilm/artikel-613.html (01.11.2012).
16 Vgl. den Urkundentext zum Marburger Kamerapreis 2006 in: http://www.online.uni-marburg.de/kamerapreis/die-preistrager/2006-judith-kaufmann/judith-kaufmann-der-urkundentext/ (01.11.2012).
17 Vgl. die Begründung des Beirats des Marburger Kamerapreises 2006 in diesem Band, S. 222 f.

Weise erfasst.[18] Diese sehr zutreffende Einschätzung muss noch durch eine weitere Bemerkung ergänzt werden: Durch die besondere Präsenz des Menschlichen präfigurieren Kaufmanns Bilder die Rezeption. Indem sie die Protagonisten im Kontext ihrer Umwelt geradezu durchleuchten, ermöglichen sie eine doppelte Identifikation, eine implizite, bildhafte Reflexion der Figurenhandlung sowie der dargebotenen Situation. Vor allem der Darstellung von Architektur und Raum wird eine zentrale Bedeutung beigemessen. Judith Kaufmann macht sich diese Spezifik zunutze, indem sie die Schauplätze aktiv in die Ausgestaltung von Persönlichkeiten, Figurenbeziehungen, Stimmungen und sogar unterbewussten Neigungen einbindet. Selbst in äußerst beengten Verhältnissen fungiert die Tiefe des Raums als entscheidende Größe. Mittels der dynamischen Verknüpfung mehrerer Bildebenen werden komplexe Sinnzusammenhänge erzeugt. Hierbei ist eine Vorliebe für halbtransparente, spiegelnde Oberflächen zu erkennen, die den Bildern gleichermaßen Tiefe und eine gewisse Undurchdringlichkeit verleihen. Zusätzlich strukturiert Kaufmann das Bild mit Licht und Schatten. Ihr Umgang mit harten Kontrasten, hellen und dunklen Zonen zeigt Parallelen zur Arbeit Eugen Schüfftans, des Pioniers des arbiträren Seitenlichts, sowie dessen Schüler Gernot Roll, der diese Stilistik auf den Fernsehfilm übertragen hat.[19] Betrachtet man Judith Kaufmanns Fernseharbeiten, kann auch hier die Entwicklung zu einer Ästhetik der Düsternis beobachtet werden.[20] Zu Recht ist in der Jurybegründung des Marburger Kamerapreises von einem ‹neuen poetischen Realismus› die Rede, den Kaufmanns Kamerakonzept wesentlich ausprägt.[21] Die sensible Verknüpfung der fast übernah ins Bild gerückten Protagonisten mit ihren materiellen und sozialen Umgebungen erzeugt in der Tat «ein sinnlich und affektiv spürbares und darin existenziell bedeutsames Artikuliertsein von realisierten oder nicht realisierten Lebensmöglichkeiten».[22] Kaufmann erschafft mit ihren Bildern eine in sich konsistente Welt, in der das Innenleben ihrer Figuren greifbar wird. Der Zuschauer kann sich die offenbarten Ängste, Hoffnungen und Träume zu eigen machen und mit seinen Erfahrungen und Imaginationen verknüpfen. Folgt man dem Philosophen Martin Seel, dann handelt es sich hierbei um die Grunddefinition

---

18 Ebd.
19 Vgl. Karl Prümm: Stilbildende Aspekte der Kameraarbeit. Umrisse einer fotografischen Filmanalyse. in: Ders. / Silke Bierhoff / Matthias Körnich (Hrsg.), S. 50.
20 Vor allem die beiden im Folgenden ausführlich analysierten Filme IHR KÖNNT EUCH NIEMALS SICHER SEIN (2008) und DAS ENDE EINER NACHT (2012) zeigen Kaufmanns Affinität zur Verwendung einer ausgeprägten Hell-Dunkel-Dramatik, die in früheren Arbeiten wie DAS LETZTE STÜCK HIMMEL (2007) bereits angedeutet wurde.
21 Vgl. Begründung des Beirats des Marburger Kamerapreises 2006, S. 222.
22 Martin Seel: *Ästhetik des Erscheinens*. Frankfurt am Main 2003, S. 152.

für Atmosphäre.[23] Dass auf diesem Weg auch eine außerordentlich verstörende Wirkung erzielt werden kann, zeigt Judith Kaufmanns Vorliebe für Bildwelten der Entfremdung und der Identitätssuche, die so gar nicht den Erwartungen an das Fernsehen entsprechen. Besonders ausgeprägt erweist sich dieser Ansatz in den Fernsehfilmen Ihr könnt euch niemals sicher sein (2008) und Das Ende einer Nacht (2012).[24] Während sich die Kamera in Nicole Weegmanns Jugenddrama äußerst beeindruckend mit dem Blick der Hauptfigur und deren Weltwahrnehmung identifiziert, erzeugt sie in Matti Geschonneks Gerichtsthriller ein multiperspektivisches Spiel mit Vexierbildern, das eine visuelle Dekonstruktion und Verrätselung des scheinbar Bekannten evoziert.

III. Ihr könnt euch niemals sicher sein

Es ist ein zeitloser Generationenkonflikt zwischen einem unverstandenen Jugendlichen, seinen Eltern und seinen Lehrern, den Judith Kaufmann mit ihren zu Recht gefeierten, «atmosphärischen Bildern»[25] in die Lebenswelt des Jahres 2008 transferiert. Der siebzehnjährige Oliver (Ludwig Trepte) verliert nach einem Streit mit seiner Lehrerin einen Zettel mit einem selbstverfassten, gewaltverherrlichenden Raptext. Unverständnis und mangelnde Kommunikation ziehen ungerechtfertigte Verdächtigungen und am Ende sogar Olivers Einweisung in die Psychiatrie nach sich. Selbst als der sensible Junge den Selbstmord einer anderen Patientin und später einen Amoklauf an seiner Schule verhindert, bleibt die Entfremdung zwischen dem Jugendlichen und den Erwachsenen bestehen. Der mit dem österreichischen Fernsehpreis ‹Romy› für den besten Film des Jahres 2009, sowie Adolf-Grimme-Preisen für Buch, Regie und Hauptdarsteller ausgezeichnete Film ähnelt vordergründig Curtis Hansons 8 Mile (2002; Kamera: Rodrigo Prieto). Überzeugend verkörpert der US-amerikanische Hip-Hop-Star Eminem den jungen weißen Rapper Jimmy, der mit Hilfe der Musik versucht, der Tristesse und Gewalt in einem Vorort von Detroit zu entkommen. Ausgestattet mit Mütze, Kapuzenpulli und losem Mundwerk gleichen sich die Helden der beiden Außenseitergeschichten nicht nur in ihrer visuellen Erscheinung: Die identifikatorische Nähe, in der die Kamera die Gesichter der Jugendlichen erforscht, lässt das große künstlerische Potenzial aufscheinen, das in ihnen schlummert. Doch die Bildgestaltung enthüllt auch den größten Unterschied zwischen den

---

23   Ebd.
24   Das Ende einer Nacht gewann beim Deutschen Fernsehpreis 2012 die Trophäe für den besten Film – eine Auszeichnung, an der Judith Kaufmann großen Anteil hat.
25   Vgl. Rainer Tittelbach: Fernsehfilm «Ihr könnt Euch niemals sicher sein». o.J. in: tittelbach.tv. http://www.tittelbach.tv/programm/fernsehfilm/artikel-12.html (01.11.2012).

beiden Plots – während Rodrigo Prieto in 8 Mile die verfallene Oberfläche der Unterschichtenviertel Detroits abtastet und sich für die Atmosphäre der Straße interessiert, ergründet Judith Kaufmann in Ihr könnt euch niemals sicher sein die scheinbar perfekt funktionalisierten und architektonisch durchgestylten Innenräume in der Lebenswelt des gehobenen deutschen Mittelstandes. Im Gegensatz zu Jimmy, der versucht, mit Hilfe des Hip-Hop ein geregeltes Einkommen und soziales Prestige zu erlangen, dienen Oliver die selbstgedichteten Texte als Medium, den gesellschaftlichen Normen und Konventionen der erfolgsorientierten Schicht der Besserverdiener zu entkommen.

Judith Kaufmann schlägt mit ihrem visuellen Konzept in Ihr könnt Euch niemals sicher sein einen eigenen Weg ein. Selbst die technische Grundlage der Bildgestaltung steht im Widerspruch zum geglätteten Styling des angepassten Bürgertums. Das deutliche Videorauschen der einleitenden Nachtsequenzen fungiert im Zeitalter der Digitalen Revolution ebenso als unaufdringliches Authentizitätsmerkmal wie als Störung, deren Ursprung intuitiv auf den zentralen Gegenstand des Bildinteresses, das Verhältnis zwischen Individuum und Gesellschaft, übertragen wird. Die auf einen kurzen Establishing Shot folgende, ruhig umherwandernde Handkamera kann bereits als Perspektive Olivers identifiziert werden, der mit den Augen eines stillen Beobachters die ausgelassene Party einer Mitschülerin durchstreift. Fokalisierende Schwenks folgen dem Blickinteresse des Protagonisten, der im Gegenschuss stets ins Bildzentrum gerückt wird. Regisseurin Nicole Weegmann verlässt sich ganz auf die Wirkung von Judith Kaufmanns Bildern, die – durchaus medienreflexiv – die subjektivierte Perspektive eines Webvideos mit einem fließenden Gestus der Verlangsamung kombiniert. Ein filmisches Tabu – die Partygäste blicken direkt in die Kamera – besiegelt schon zu Beginn des Prologs die Identifikation des Zuschauers mit der Weltwahrnehmung Olivers. Mit den Augen des Jugendlichen erkundet Kaufmann die moderne Architektur des Hauses wie ein Höhlensystem. Jede Kammer verfügt über eine eigene Lichtstimmung. Das Dämmerlicht des überfüllten Wohnzimmers, die Dunkelheit des Flurs und die bläulich-kühle Helligkeit des Badezimmers. Ganz wie die Luftbilder in Das Ende einer Nacht ähneln die Affinität zur Dunkelheit und die fast verletzend dargestellte Kraft des Lichts der Ästhetik von Drive (2011; Regie: Nicolas Winding Refn; Kamera: Newton Thomas Sigel). Stärker noch als bei Newton Thomas Sigel fressen sich gleißende Lichtquellen wie weiße Löcher in die filmische Oberfläche und führen zu überstrahlenden Reflexionen auf dem Kameraobjektiv. Ausgeprägte Schatten erzeugen überdies eine komplexe Bildstruktur, die über die bloße Erzählfunktion weit hinausgeht (Abb. 2).

Der Kontrast von Hell und Dunkel fungiert als wichtige Grundlage für die Raumkonstruktion. Geometrisch angeordnete Leuchtstoffröhren und dunkle

Die künstlerische Einstellung

2 Ihr könnt euch
niemals sicher sein:
Ausgeprägte Hell-Dunkel-
Kontraste als Grundlage für
die Konstruktion filmischen
Raums

Hindernisse im Bildvordergrund dienen hierbei als Werkzeuge. Als Olivers Eltern ihn in die Psychiatrie begleiten, wird aus der leicht untersichtigen Perspektive des Jungen die Raumdecke des Krankenhausganges in den Bildausschnitt integriert. Die in regelmäßigen Abständen angebrachten Leuchtstoffröhren und die geradlinigen Muster der Deckenverkleidung verursachen ein Ornament aus Licht und Schatten, dass einerseits die Raumwirkung unterstreicht und andererseits – aufgrund seiner Gitterstruktur – das Gefühl von Einengung und Abgrenzung hervorruft. Judith Kaufmann nutzt die Lichtgestaltung darüber hinaus als Mittel zur Charakterisierung der Filmfiguren. Die Undurchschaubarkeit der auftretenden Personen findet in zahlreichen Gegenlichtaufnahmen ihre visuelle Entsprechung. Hierbei bedient sich Kaufmann häufig großer Fenster. Mitunter erweist sich das von außen einfallende Licht gar als Täuschung. Während des Polizeiverhörs sitzen Oliver und der Kripobeamte vor einer erleuchteten Innenjalousie. Doch stammt das Licht nicht von außen, sondern von einer innerhalb des Raumes angebrachten Leuchtstoffröhre. Der Eindruck des Eingesperrtseins wird hierdurch noch verstärkt. Zudem suggerieren die klar abgegrenzten, dunklen Silhouetten vor dem hellen Hintergrund, dass der Versuch, Oliver mit dem kalten, entblößenden Licht zu ‹durchleuchten› zum Scheitern verurteilt ist. Auch als der Kripobeamte den Jungen mit Fragen zu einem Computerspiel, in dem Frauen vergewaltigt werden, konfrontiert, verraten die dunklen Schatten in Olivers Gesicht, dass er den Erwachsenen ein Rätsel bleibt. Eine ähnliche Wirkung entfalten die bereits angesprochenen spiegelnden Oberflächen, mit denen Judith Kaufmann experimentiert. Immer wieder wird Oliver durch eine Glasscheibe gefilmt, die als ein Zeichen der Distanz zu seinem sozialen Umfeld interpretiert werden kann. Besonders deutlich wird dies nach der Einweisung in die Psychiatrie: Aus einem dunklen Nebenraum fokussiert die Kamera das Krankenzimmer, in dem der Jugendliche unschlüssig steht (Farbabb. 43, S. 112).

Eine waagerechte Leiste, hinter der das diffuse Licht von Leuchtstoffröhren aufscheint, sowie senkrecht abgeteilte Schranktüren am rechten Bildrand engen den Raum ein. Leichte Spiegelungen kennzeichnen eine Glasscheibe, die das Bild zum Betrachter hin versiegelt und abflacht. Der Protagonist wird in ein künstliches, geometrisch geordnetes Koordinatensystem gesperrt. Doch der dunkle Fensterrahmen im Vordergrund verändert den Bildrahmen, der – ganz wie der schöne Schein der Außenwelt – aus den Fugen zu geraten scheint.

Mit einfachsten technischen Mitteln gelingt es Judith Kaufmann, die Beziehung der Filmfiguren zu ihrem Umfeld zu akzentuieren. Als wichtigstes Werkzeug erweist sich hierbei eine ‹Ästhetik der rückversetzten Kamera›: Bewusst im Vordergrund angeschnittene Hindernisse versperren teilweise die Sicht auf die Protagonisten im Hintergrund, deren Präsenz durch einen verhältnismäßig kleinen Schärfebereich betont wird. Mit Hilfe großer Brennweiten werden die Filmfiguren auch in nahen Einstellungen im Kontext ihrer Umgebung dargestellt. In IHR KÖNNT EUCH NIEMALS SICHER SEIN wird der hierdurch hervorgerufene Eindruck der ständigen Kontrolle durch die scheinbar auf den Protagonisten zurückblickende Welt zum Programm. Vor allem die Sequenzen in Olivers Elternhaus werden aus der Perspektive eines versteckten Beobachters eröffnet. Das Gebäude ist zunächst von einem Baum und einer auf der mittleren Bildebene vorbeifahrenden Straßenbahn verdeckt und wird erst nach einer seitlichen Kamerafahrt sichtbar. Auch Olivers Eltern werden mit einer Spielart dieses Stilmittels charakterisiert. Einstellungen, in denen große Teile des Bildes durch Hindernisse im Vordergrund verdeckt sind, vermitteln die Gehemmtheit und Befangenheit mit der sie auf die Verletzung gesellschaftlicher Normen reagieren. Was in der Darstellung der wartenden Eltern erstmalig während Olivers Vernehmung zum Einsatz kommt, setzt sich auch nach der Heimkehr des Jugendlichen fort (Abb. 3).

Der Bildrahmen wird im Dienste der Handlung umgeformt. Beim gemeinsamen Abendessen der Familie wird er gar zu einem quadratischen Fenster transformiert. Die vorherige Ordnung scheint aus den Fugen zu geraten. In den darauffolgenden frontalen Naheinstellungen werden die einzelnen Familienmit-

3 IHR KÖNNT EUCH NIEMALS SICHER SEIN: Umformung des Bildrahmens

glieder schließlich geradezu auseinanderdividiert; die Illusion des harmonischen Familienlebens hat keinen Bestand mehr.

Die mit der Visualisierung der Figurenbeziehungen erzeugte Atmosphäre wird durch die spezifische Darstellung der Gebäudearchitektur noch verstärkt. Die Einengung des Bildausschnitts und die komplexe Struktur aus Licht- und Schattenzonen hebt die labyrinthische Form der modernen Betonbauten hervor. Es sind Eindrücke der Entfremdung und Abstraktion, mit der Judith Kaufmann eine beinahe schon dystopische Welt konstruiert, die auf pure Funktionalität ausgelegt ist. Abgesehen von wenigen Establishing Shots werden die meisten Schauplätze von innen erschlossen. Kaufmann setzt die Opposition von Innen und Außen, Enge und Weite bewusst ein, um Atmosphären zu erzeugen und Figurenempfindungen sichtbar zu machen. Hierbei interessiert sich die Kamera mehr für Ecken und Winkel als für den gesamten Raum. Von besonderer Relevanz erscheint die Verbindung zur Außenwelt, schließlich unterscheiden sich die Räume in IHR KÖNNT EUCH NIEMALS SICHER SEIN sehr deutlich in ihrer Offenheit. Das Haus von Olivers Eltern steht über die großen, unverdeckten Fenster im direkten Kontakt mit der Straße. Ankommende Gäste können schon frühzeitig entdeckt werden, ein Austausch zwischen Innen und Außen ist grundsätzlich möglich. Im Vernehmungszimmer auf der Polizeiwache und in der Psychiatrie sind hingegen keine oder nur verdeckte Fenster zu sehen. Gleiches gilt für das labyrinthartige Treppenhaus in der Schule. Lediglich die Russendisko, in die Oliver seinen Freund Micha begleitet, entzieht sich der klaustrophobischen Spannung, die die geometrische Geradlinigkeit der modernen Architektur aufbaut: Der Bildausschnitt ist gefüllt mit der sich bewegenden Masse der Feiernden. In Kombination mit der warmen, grünlich-gelben Beleuchtung suggeriert die Bildgestaltung ein heilsames, organisches Chaos. Oliver fühlt sich hier erkennbar wohler. Als er später gemeinsam mit Micha aus dessen Auto auf die Stadt blickt, wird deutlich, dass für einen Außenseiter nur die Peripherie ein Zuhause sein kann. Nicht die vertikal aufstrebende, moderne Architektur, sondern großzügig in die Fläche gebaute Industrieanlagen lassen Gefühle der Ruhe und Vertrautheit aufkommen. Als Micha von seinem verstorbenen Bruder erzählt, trennt zudem eine Glasscheibe die beiden Protagonisten von der Außenwelt. Die Seitenfenster des Autos befinden sich jeweils hinter den beiden Jugendlichen und schirmen sie so von der Außenwelt ab. Gleiches geschieht, als Oliver seine Klassenkameradin Charlotte küsst: Die Gischt und der Dampf der Außendusche, unter der die beiden stehen, formen im sanft überstrahlenden Scheinwerferlicht eine Art warmen Schutzschirm. Es entsteht ein flüchtiger Raum der Nähe und Intimität, den die umkreisenden Kamerabewegungen noch zusätzlich betonen.

Fast ohne Unterbrechung forscht die Kamera in Olivers Gesicht nach feinsten Regungen. Um den Zuschauer mit den zahlreichen Nahaufnahmen nicht zu überfordern, wird der drohenden Klaustrophobie durch einen geschickten Kunstgriff entgegengewirkt. Während der Interaktion mit anderen Figuren wird der Raum hinter dem Protagonisten durch die Verlagerung der Schärfe geöffnet. Die Naheinstellung wird zu einer over-shoulder-Perspektive. Die hierdurch realisierte, bildimmanente Montage mehrerer Aktionsebenen schafft Freiräume. Gleichzeitig ‹klebt› die Kamera an Olivers Körper und passt ihren Gestus dessen Bewegungsrhythmus an. Der Zuschauer kann förmlich spüren, wie der Junge bei dem Versuch, sich Luft zu verschaffen, immer wieder aneckt. Wenn ihm nicht andere Menschen wie seine Lehrerin oder Charlottes Vater den Weg versperren, sind es die verwinkelten Formen der Innenräume, die die Bewegung in die Bildtiefe unterbinden. Die beiden Fahrradfahrten durch die nächtliche Stadt ähneln dagegen einem Ausbruch. Die dynamische Bewegung parallel zur Kameraachse eröffnet in Kombination mit der rhythmischen Musik aus dem Off einen Reflexionsraum. Rückwärts und schräg seitlich fahrend, begleitet die Kamera den in Naheinstellungen ins Bild gerückten Protagonisten. Im Hintergrund verschwimmen die Lichter der Stadt zu bunten Flecken und lassen ein urbanes Lebensgefühl aufkommen, das der Verstocktheit und der Begrenztheit des Kleinbürgertums spottet. Einen ganz ähnlichen Effekt hat die Darstellungsweise der Autofahrt, auf die Oliver von seinem Freund Micha mitgenommen wird. Die unruhige, in Fahrtrichtung angeordnete Handkamera erzeugt einen Tunneleffekt. Endlich – so suggeriert die Bildgestaltung – kann der Körper dem Blick in die Raumtiefe folgen.

Ganz anders verhält es sich mit der Kamerabewegung in der letzten Einstellung des Films. Wieder bietet sich ein Vergleich mit 8 Mile an, der mit der traditionellen Bildersprache Hollywoods endet. Jimmy, dessen Talent letztlich erkannt wurde, entfernt sich in einer Totalen von der Kamera, und geht einer ungewissen aber vermutlich erfolgreichen Zukunft entgegen. Oliver, der den Amoklauf der psychisch verwirrten Katja stoppen konnte, scheitert hingegen bei dem Versuch, die Vergangenheit hinter sich zu lassen. Dem Blick der Steadycam, die im immer gleichen Abstand vor ihm her schwebt, kann er nicht entkommen. Er bleibt ein Sonderling, dessen kreative Ader im rational-funktionalistischen Denken der oberen Mittelschicht keinen Platz hat.

IV. Das Ende einer Nacht

Bereits die Eingangssequenz greift die Ikonografie des Fernsehens auf, um sie aus ihrem ursprünglichen medialen Kontext zu lösen. In eine filmische Ästhetik eingebettet, werden neue Blickwinkel auf das scheinbar Bekannte ermöglicht. Bereits die ersten Bilder zeugen von dieser Strategie: Die unruhig umher huschende Handkamera beobachtet mit dem Gestus von Reality-TV-Formaten einen Mann, der an eine blutverschmierte Tür hämmert. Es ist der erfolgreiche Softwareunternehmer Werner Lamberg (Jörg Hartmann), der – lautstark nach seiner Frau rufend – Erinnerungen an allnachmittägliche Low-Budget Produktionen wie LENSSEN & PARTNER (2003–2009) wachruft. Doch die mosaikartige Montage sorgfältig komponierter Detailaufnahmen sowie das harte Seitenlicht, das das Bild durch den Kontrast von überhellen Bereichen und schwarzen Dunkelzonen verrätselt, unterlaufen diesen ersten Eindruck.

4–5 *Luftbilder des Urbanen in* DRIVE *und* DAS ENDE EINER NACHT

Die parallel einmontierten nächtlichen Außenaufnahmen sich nähernder Polizeifahrzeuge variieren wiederum die Ästhetik populärer Fernsehkrimis. Reflexe von Blaulichtern und blendenden Autoscheinwerfern auf dem Kameraobjektiv schreiben den Bildern einen pulsierenden Rhythmus ein. Die Totale eines im Flutlicht erleuchteten Sportplatzes erinnert zwangsläufig an die ikonisch gewordenen Fernsehbilder einer Fußballübertragung – und führt sie gleichermaßen ad absurdum. Sowohl das Spielfeld, als auch die Ränge sind leer, der Schauwert kann nicht mehr an den Konventionen des bekannten Programmformats gemessen werden. Die erhabenen Luftbilder der erleuchteten Verkehrsadern Düsseldorfs knüpfen hingegen an eine genuin kinematografische Stilistik an. Wenn die rötlich erleuchtete Rheinbrücke das Bild wie eine Diagonale durchschneidet und die Stadt im weiteren Verlauf des Films wie ein Koordinatensystem aus Licht erscheint, dann können Ähnlichkeiten zu Newton Thomas Sigels Kamerarbeit in DRIVE kaum geleugnet werden (Abb. 4–5).

Komplettiert wird die Eingangssequenz durch die Konfrontation zwischen Lamberg und der Polizei. Aus der Perspektive eines Polizeikommissars erkundet die Kamera den vermeintlichen Tatort. Der Blick folgt sukzessive den mannigfaltigen Blutspuren auf dem Teppich, an Türen und Möbeln, fokussiert Details wie eine umgekippte Lampe und setzt schließlich ein Bilderpuzzle zusammen, das zunächst keinen Zweifel an der Schuld Lambergs aufkommen lässt. Doch was in herkömmlichen Kriminalfilmen als unumstößlicher Ausdruck der Lösung eines Falls fungiert, wird in Das Ende einer Nacht Stück für Stück seiner Evidenz beraubt. Die visuelle Suggestion eines Tathergangs dient als Grundlage für das Duell zweier Frauen, in dessen Verlauf jede Gewissheit genüsslich dekonstruiert wird. Es ist in erster Linie das Verdienst Judith Kaufmanns, dass der Zuschauer ebenso wie Richterin Katarina Weiss (Barbara Auer) und Anwältin Eva Hartmann (Ina Weisse) nur vermuten kann, was in der vermeintlichen Tatnacht tatsächlich geschehen ist. Die Bildgestaltung in Das Ende einer Nacht oszilliert zwischen der Ikonografie des Fernsehens und der poetischen Weltwahrnehmung des Kinos, zwischen immersiver Nähe des Spielfilms und dem Gestus der ‹Überwachung›[26], wie sie dem Fernsehen zugeschrieben wird. Um diese Zwischenwelt für unsere Augen zu erschließen, bedient sich Kaufmann ganz bestimmter Schlüsselbilder, die die Ästhetik von Sportübertragungen, von Kriminalfilmen, von Videoclips oder Gerichtsshows replizieren. Doch eingebunden in Kaufmanns komplexe filmische Visualität werden die bekannten Bildwelten des Fernsehens neu codiert und in ihrem Bedeutungsspektrum substanziell erweitert.

Großes Lob erhielt der Film für seine Stilsicherheit und die Tiefe der Figuren – zwei Merkmale, die zurecht Judith Kaufmanns Kameraarbeit zugeschrieben wurden.[27] Hat der erfolgreiche Softwareunternehmer Werner Lamberg seine Frau misshandelt und vergewaltigt oder ist er das Opfer einer Verleumdung – das ist die zentrale Frage. Doch der Zuschauer wird auf die Folter gespannt. «Vergewaltigungen in der Ehe spielen sich in einem verborgenen Raum ab», erklärt Regisseur Matti Geschonneck – sein Film maßt sich infolgedessen nicht an, in diese Dunkelzone vordringen zu können.[28] So bestimmt keine vermeintliche ‹Wahrheit›, sondern die Kluft zwischen Recht und Gerechtigkeit das Duell zwischen Richterin Katarina Weiss und Anwältin Eva Hartmann. Ganz im Stile eines Western wird die «Zerrissenheit zwischen juristischem Pragmatismus und moralischer Befangenheit»[29] als ein Kampf der Blicke inszeniert. Doch statt der in Ihr könnt euch niemals sicher sein verwendeten authentisierenden Webvideo-Optik bedient sich Judith Kaufmann hochauflösender HD-Bilder. Die damit einhergehende Glätte der Bildoberfläche suggeriert einen Eindruck von Klarheit und

---

26 Vgl. Stanley Cavell: Die Tatsache des Fernsehens. In: Ralf Adelmann / Jan O. Hesse / Judith Keilbach / Markus Stauff / Matthias Thiele (Hrsg.): *Grundlagentexte zur Fernsehwissenschaft. Theorie – Geschichte – Analyse*. Konstanz 2001, S. 144.
27 Vgl. Tittelbach 2012.
28 Matti Geschonneck in einem Interview, zitiert nach: Rainer Tittelbach: Fernsehfilm «Das Ende einer Nacht». 26.02.2012. In: tittelbach.tv. http://www.tittelbach.tv/programm/fernsehfilm/artikel-1866.html (01.11.2012).
29 Ebd.

Transparenz, der im bewussten Widerspruch zur wachsenden inhaltlichen Ungewissheit steht – oder wie es Simone Schellhammer im *Tagesspiegel* ausdrückt: «Die Hochglanzkulisse und die Luxusausstattung gaukeln eine Sicherheit vor, die genüsslich Stück für Stück demontiert wird.»[30] In der Tat lebt Das Ende einer Nacht in erster Linie von der visuellen Konstruktion einer ebenso glatten wie kalten Kulissenwelt, an deren Oberfläche das Individuum abprallt und sich die Verletzbarkeit des menschlichen Körpers offenbart. Wieder ist es die Kombination von Nahaufnahmen mit der ‹Ästhetik der rückversetzten Kamera›, die eine identifikatorische Nähe erzeugt. Vor allem zu Beginn des Films werden die Figuren immer in den Kontext ihrer unscharf den Bildvordergrund beherrschenden Umgebung gesetzt. Die Berliner Kanzlei ‹Sänger und Partner›, für die Hartmann ihren Mandanten vertritt, wird gar als Zentrale des Bösen visualisiert. Eingeengt zwischen zwei Edelstahlwänden wird dem Blick der Kamera das streng geometrische Muster eines luxuriösen Innenhofs aufgezwungen. Doch im Gegensatz zu Ihr könnt euch niemals sicher sein kann der Zuschauer dieser präfigurierten Wahrnehmung nicht trauen. Ständig wechselt die Erzählperspektive zwischen den beiden Hauptfiguren hin und her. Die Kamera nimmt hierbei die Rolle eines auktorialen Erzählers ein. Geschickt passt sie die Figuren ab, folgt ihnen und wechselt elegant ihr Blickinteresse. Eine festgelegte Einschätzung, wer Held und wer Gegenspieler ist, wird auf diesem Weg unterlaufen. Gleichsam macht die Bildgestaltung selbst kleinste Nuancen der Figurenbeziehungen wahrnehmbar:

> «Jede neue Einstellung führt zu winzigen Verschiebungen in den Überzeugungen der Charaktere, Schritt für Schritt wird eine neue Facette der Geschichte freigelegt. Das ist das wahre Kunststück dieses eleganten Films: Bei aller Entschlossenheit, mit der die Figuren ihren Weg gehen, ist in jeder Szene auch das Aufbrechen des Bisherigen zu hören, das sich aus der Verschiebung der Figuren zueinander ergibt.»[31]

Schon in der ersten Sequenz kann Achim Zons Beobachtung nachvollzogen werden: Während Lambergs Verteidigerin Eva Hartmann bei der Lektüre des Aktenmaterials nach rechts schaut, blickt Richterin Katarina Weiss in der darauffolgenden Einstellung in die genau entgegengesetzte Richtung. Das Duell der beiden Frauen wird hierdurch bereits vorweggenommen. In anderen Sequenzen wird die sorgsame Bildkomposition noch durch zusätzliche Rahmenelemente

---

30 Simone Schellhammer: Fernsehen für Erwachsene. In: *Tagesspiegel*. http://www.tagesspiegel.de/medien/gerichtsthriller-fernsehen-fuer-erwachsene/6371052.html (01.11.2012).
31 Achim Zons: Mann gegen Frau, Aussage gegen Aussage. In: *Süddeutsche Zeitung*. http://www.sueddeutsche.de/medien/das-ende-einer-nacht-im-zdf-mann-gegen-frau-aussage-gegen-aussage-1.1318768 (01.11.2012).

6–7 Das Ende einer Nacht: Visualisierung von Figurenbeziehungen durch Bildkomposition und Lichtgestaltung

in Form von Fenstern, Türen und Gängen erweitert. Als sich Hartmann mit Lamberg im Untersuchungsgefängnis bespricht, entwickelt sich ein Dissens, der einen direkten Widerhall in der Bildstruktur findet. Sowohl die Anwältin im Bildvordergrund als auch ihr Mandant im Hintergrund werden jeweils durch ein rechteckiges Fenster in der Rückwand des Raumes eingerahmt. Die visuelle Trennung unterstreicht die (zumindest temporäre) Unvereinbarkeit der Standpunkte. Darüber hinaus werden die Gesichter der Figuren in einem starken, überstrahlenden Gegenlicht verrätselt. Die Lichtgestaltung dient demnach nicht nur der Erzeugung von Atmosphäre, sondern hat einen direkten Einfluss auf die Wahrnehmung von Figurenbeziehungen. Wie in Ihr könnt euch niemals sicher sein kommen künstliche Lichtquellen als bildstrukturierende Elemente zum Einsatz. Der fortschreitenden Entfremdung, mit der Hartmann ihrer Aufgabe als Strafverteidigerin entgegensteht, wird durch die visuelle Trennung von ihrem zynischen Gehilfen Ausdruck verliehen. Eine senkrechte, in die Wand eingelassene Lichtleiste spiegelt sich auf der glatten Oberfläche eines Tisches und teilt so das gesamte Bild, an dessen äußeren Rändern die beiden Figuren angeordnet sind (Abb. 6–7).

Wenn Rainer Tittelbach also konstatiert, dass der Film vor allem durch Szenen überzeuge, in denen sich «Haltungen, Gefühle, Wertvorstellungen, Berufsbilder, Frauenbilder»[32] kristallisierten, dann muss Kaufmanns Kameraarbeit ein großer Anteil an dieser Wirkung zugesprochen werden.

---

32 Vgl. Tittelbach 2012.

Hinsichtlich der Konstruktion von Raum setzt Kaufmann die in Ihr könnt euch niemals sicher sein erprobten Strategien fort. Jeder Handlungsort wird aufmerksam erkundet und erhält «eine eigene Bildgebung»[33]. Visuelle Fixpunkte wie die trichterförmige Box der Designermusikanlage in Lambergs Wohnung dienen als Orientierungshilfe und charakterisieren die Schauplätze. Die immer wieder in leicht untersichtigen Einstellungen fokussierte, turbinenartige Deckenkonstruktion im Empfangsbereich des Landgerichts avanciert zum bildlichen Mittelpunkt des Films. Die Justiz wirkt infolgedessen wie ein System, das um diesen geschäftigen Transitraum kreist. Zuweilen erscheint in Kaufmanns fotografischer Konstruktion von Raum gar «eine Physiognomie, ein Gesicht, das uns plötzlich an einer Stelle der Gegend wie aus den wirren Linien eines Vexierbildes anblickt».[34] Was Béla Balázs für die filmische Darstellung natürlicher Landschaften beschreibt, gilt hier ganz besonders für die moderne Architektur der Innenräume. Durch die spezifische «Einstellung des Apparates, Auswahl der Motive und der Beleuchtung» erzeugt Judith Kaufmann «das Menschenwerk, das in die objektive Natur eingreift, um jene subjektive Beziehung zu ihr zu schaffen, auf die es ankommt».[35] In Das Ende einer Nacht ist dies eine Atmosphäre der Glätte, Kälte und Undurchdringlichkeit, in die sich auch der gleitende Kameragestus einfügt. Vor allem im Gebäude des Landgerichts werden die spiegelnden Oberflächen der Wandverkleidungen und Glastüren hervorgehoben, die statt Transparenz den Eindruck verwirrender Vielschichtigkeit heraufbeschwören. Analog zur wachsenden Ungewissheit gehen die Bildebenen ineinander über, überlagern sich oder verursachen prismatische Verzerrungen. Dies betrifft auch die Visualisierung von Figurenbefindlichkeiten. Nachdem Hartmann die Entlassung ihres Mandanten aus der Untersuchungshaft erwirkt hat, verweisen vor ihrem Gesicht vorüberziehende Spiegelungen auf der Autoscheibe auf die zunehmenden Zweifel der Anwältin.

Die wichtigsten Schauplätze werden überdies aus verschiedenen Blickwinkeln und in variierenden Lichtstimmungen erkundet. Nach den Nachtaufnahmen im Prolog wird der Sportplatz später auch am Tag gezeigt. Im Gegensatz zur totalen Übersicht zu Beginn des Films folgt die Kamera nun den ausschnitthaften Blicken Eva Hartmanns. Das Fernsehbild wird einer subjektiven Lesart unterworfen und auf diese Weise entkontextualisiert. Doch Hartmann scheitert, sie kann keine Hinweise finden, die zur Entlastung ihres Mandanten beitragen würden. Als sie am Ende des Films auf den erleuchteten Sportplatz zurückkehrt

---

33 Vgl. Die Kritiker: Das Ende einer Nacht. in: http://www.klamm.de/partner/unter_news.php?l_id=6&news_id=55708 (01.11.2012).
34 Béla Balázs: *Der sichtbare Mensch oder die Kultur des Films*. Frankfurt am Main 2008, S. 67.
35 Ebd.

8 Das Ende einer Nacht: Der Sportplatz im Flutlicht als Fernseh-Ikon und Schlüsselbild

und sich nachdenklich auf eine Bank setzt, ähnelt die abschließende Totale der Einstellung aus dem Prolog. – Und doch hat sich etwas verändert: Die leere Laufbahn ist zu einem Schlüsselbild geworden, schließlich hätte nur der geheimnisvolle zweite Jogger Lambergs Alibi, er sei ein paar Runden gelaufen, bestätigen können (Abb. 8).

Das Haus des Angeklagten wird ebenfalls mehrfach erkundet, einmal aus der Perspektive des Jägers, einmal aus der Perspektive der Gejagten. Während des Prologs imitiert die Kamera die suchenden Blicke des Polizeikommissars, der den Blutspuren in den künstlich beleuchteten Räumen bis zu Sandra Lamberg (Katharina Lorenz) folgt. Kaufmann nutzt hierzu einen zielstrebigen, kontrollierten Gestus, mit dem sie die Räume abschwenkt. Eine gänzlich andere Atmosphäre wird erzeugt, als Eva Hartmann ihren Mandanten nach dessen Haftentlassung nach Hause begleitet. Die verdunkelten Räume wirken aus der Perspektive der Anwältin äußerst bedrohlich. Als sie das Gebäude beinahe fluchtartig verlässt, zeugen die übernahen, nervösen Handkamerabilder von der wachsenden Unruhe, die die Protagonistin erfasst. Noch deutlicher zeigen die beiden Waschraumsequenzen, dass kleinste Veränderungen in der Bildgestaltung große Auswirkungen haben können. Als Eva Hartmann und Sandra Lamberg sich in einer Verhandlungspause frisch machen, rufen der schräge Winkel der over-shoulder-Perspektive und die symmetrisch an gegenüberliegenden Wänden angebrachten Spiegel eine Endlosspiegelung hervor. Die Verdopplung der Figuren evoziert die Frage nach Täter und Opfer – zunächst mit eindeutigem Ausgang, fällt Sandra Lamberg doch nach kurzer Zeit in Ohnmacht. Erst die zweite Begegnung lässt Zweifel aufkommen. Trotz einer ganz analogen Bildkomposition scheint sich etwas Fundamentales verändert zu haben. Dieser Eindruck kann darauf zurückgeführt werden, dass die Kamera die Seite gewechselt hat. Sie blickt Eva Hartmann nun nicht mehr von links, sondern von rechts über die Schulter. Tatsächlich endet auch die Begegnung mit Sandra Lamberg nicht mehr mit einer Ohnmacht, sondern einem kurzen Wortgefecht – anscheinend hat der visuelle Achsensprung die Karten neu gemischt (Farbabb. 44, S. 112).

Das Fernsehen bespiegelt sich in D E N selbst. Wiederholt laufen im Hintergrund fiktive Nachrichtenbeiträge über den Prozess, die einerseits Authentizität suggerieren und andererseits Judith Kaufmanns visuellen Stil der Glätte und Überbelichtung fortsetzen. Als wichtigstes Beispiel für das Aufgreifen und Variieren bekannter Fernsehmotive fungieren jedoch die Gerichtssequenzen. Zwar erscheinen der Aufbau des Verhandlungssaals und die Protagonisten bereits aus zahllosen Filmen und Gerichtsshows bekannt, die Bildgestaltung unterscheidet sich jedoch maßgeblich. Während zunächst die Zuschauerperspektive eingenommen und damit die bühnenhafte Theatralisierung der TV-Formate nachgestellt wird, betonen die langsamen Fahrten die Entschleunigung der Verhandlung. Statt den Saal gleichmäßig auszuleuchten, verwendet Judith Kaumann eine ausgeklügelte Lichtdramaturgie. Von der Außenwelt durch Lamellenvorhänge abgeschirmt, befinden sich die Fenster im Rücken des Staatsanwalts, des vermeintlichen Opfers und des Anwalts der Nebenklage. Sie haben die Helligkeit auf ihrer Seite, gleichzeitig erschwert die Gegenlichtaufnahme die Wahrnehmung ihrer Mimik. Gegenüber sitzen die Verteidigerin und der Angeklagte, als sollten sie durchleuchtet werden. Die Richterin befindet sich genau dazwischen. Halb im Licht, halb im Schatten suggeriert ihre Physiognomie den schwierigen Prozess der Urteilsbildung. Das Licht der Wandlampen unterscheidet sich wiederum kaum vom weißen, indirekten Außenlicht, das den Schimmer der Hochglanzoberflächen auf die Gesichter der Figuren überträgt. Die Verbindung verschiedenster Bildebenen und Lichtstimmungen ermöglicht die Konstruktion eines komplexen Kommunikationsnetzwerks, dessen Wirkungsmacht durch gezielte Musikeinsätze noch gesteigert wird. Während der Befragungen erlauben es halbnahe und nahe over-shoulder-Einstellungen, die Mimik und Gestik beider Gesprächsteilnehmer in jeweils einem Bild zu erfassen. Erweitert um Gegenschüsse und over-shoulder-Einstellungen, die auf andere Zuhörer zielen, wird ein detailliertes Stimmungsbild generiert. Darüber hinaus gewinnt der Rezipient eine genaue Vorstellung von der Geometrie des Raumes, der auf diese Weise zur Arena wird. Auch das Publikum im Gerichtssaal wird aktiv in die Visualisierung dieser ganz speziellen Kommunikationssituation einbezogen, etwa als Werner Lamberg nach seinem Sexualleben befragt wird. In einer langsamen Fahrt späht die Kamera über die Köpfe der Zuschauer auf das Gesicht des Angeklagten, der auf diese Weise öffentlich entblößt wird. Die höchste Brisanz entwickeln jedoch die beinahe übernahen Bilder der ‹Infights›, die in ihrer Statik die sanften Kamerafahrten abrupt abbremsen. Wieder sind es kleine Details, mit denen Kaufmann ihrer Fernseharbeit die entscheidenden Nuancen verleiht. Das besondere Gewicht von Eva Hartmanns Frage, ob Gewalt den Ehevertrag aufheben würde, wird durch eine Umschärfung auf das vermeintliche Opfer unterstrichen: Sandra Lamberg kann nur bestätigen, dass sie ohne die angezeigten Übergriffe leer ausgegangen wäre.

V. Resümee

Mit ihrer spektakulären Bildgestaltung gelingt es Judith Kaufmann, ihren Fernseharbeiten eine eigene Identität zu verleihen. Erfolgreich widersetzt sie sich den aktuellen Formatisierungszwängen. Ihre ‹Ästhetik der rückversetzten Kamera› verankert die Filmfiguren im filmischen Raum und macht soziale Beziehungen sichtbar. Die ausgeklügelte Rekadrierung mittels Fensterrahmen und Hindernissen im Bildvordergrund trägt gleichermaßen zur dichten Atmosphäre bei wie die an Eugen Schüfftan und Gernot Roll orientierte arbiträre Lichtgestaltung. Neben verrätselnden Gegenlichtaufnahmen spielt hierbei die Dichotomie von Transparenz und Undurchdringlichkeit eine zentrale Rolle. Mal öffnen – und mal versiegeln die häufig ins Bild genommenen Glasscheiben und spiegelnden Oberflächen den Blick. Kaufmanns Fähigkeit, die visuelle Kennung bekannter Fernsehformate aufzugreifen und zu einem Bestandteil ihres eigenen Stils zu transformieren, kann indes am besten mit Béla Balázs` Worten über die besondere Qualität des Spielfilms beschrieben werden: «Und doch ist nur eine alltägliche Wirklichkeit fotografiert. Nur eben mit einer Sinn und Seele gebenden Betonung durch künstlerische Einstellung.»[36] Judith Kaufmann bricht mit ihrer eindringlichen Beobachtung, Begleitung und Inszenierung der Filmfiguren die alltägliche Wirklichkeit des Fernsehens auf, ihre künstlerische Einstellung manifestiert sich in künstlerischen Einstellungen, die zwischen der Transparenz und der Undurchdringlichkeit des Raumes changieren und die inneren Konflikte ihrer Helden reflektieren.

---

36   Balázs, S. 70.

«Auch das Zufällige, Ungeplante und Fehlerhafte des Bildes zulassen»

Ein Gespräch zwischen Judith Kaufmann und Astrid Pohl

Astrid Pohl: Frau Kaufmann, Sie gehören zu den erfolgreichsten deutschen Kameraleuten der vergangenen Jahre. An großen Überraschungen im Kino der letzten Jahre wie Die Fremde (2010) von Feo Aladag oder Vier Minuten (2006) von Chris Kraus, waren Sie als Chefkamerafrau beteiligt. Besonders die Resonanz auf den Film Vier Minuten war enorm und insgesamt sehr positiv. Haben Sie damit gerechnet?

Judith Kaufmann: Nein, gar nicht. Der Film lag praktisch ein Jahr lang brach. Wir hatten versucht, damit auf die Berlinale zu kommen, aber er ist in jeder Sektion abgelehnt worden. Auf Festivals in Deutschland ist der Film nicht angenommen worden und schließlich lief er in Shanghai, wo ihn Luc Besson gesehen hat, der ihn sehr interessant fand. Dann wurde der Film in zwanzig Länder verkauft außer nach Deutschland, hier wollte ihn niemand haben. Erst dann ist die Welle zurück nach Deutschland geschwappt (und war dann hier in aller Munde), nachdem er ein Jahr lang wirklich geächtet wurde.

Astrid Pohl: Woher kamen diese Widerstände? Ein zu sprödes Thema?

Judith Kaufmann: Die Verleiher sind zum Teil bei den Vorführungen nach einer Viertelstunde rausgegangen. Gegen diesen Film gab es irgendeine massive Aversion. Der Film hat sicher zu viele Themen und es gibt eine Gratwanderung am Rande von zu viel Betulichkeit. Er hat viele Ingredienzien, die eine Tendenz zum Manie-

1 Judith Kaufmann während der Dreharbeiten zu Wer wenn nicht wir

rierten haben. Aber wir haben die ganze Zeit versucht, dagegen zu arbeiten. Was wirklich der Grund für diese erste Ablehnung war, kann ich gar nicht sagen, denn ich denke, dass der Film trotzdem eine gewisse Kraft besitzt.

Astrid Pohl: Vielleicht ist der Film auf diese Ablehnung bei den Festivals und Verleihern gestoßen, weil er vom Timing her Pech hatte und es gerade zu dieser Zeit viele schwere, ernste deutsche Filme gab?

Judith Kaufmann: Ja, oder auch andersherum. Vielleicht hatten wir gerade großes Glück und eine ganz positive Phase für diese Art von Film erwischt. Vier Minuten ist eine low-budget-Produktion mit 1,5 Mio. Euro, letztlich weniger Geld, als ein Tatort kostet. Alle Beteiligten haben mit ganz wenig Geld und lange dafür gearbeitet. Dass jetzt so ein Film, der mit sechzig Kopien gestartet ist, in den ersten zwei Wochen 100.000 Zuschauer macht, ist total erstaunlich. Das ist Glück, aber andererseits auch ein langer Weg gewesen, auf dem alle auch schnell an sich zweifeln, wenn überhaupt keine Resonanz kommt.

Astrid Pohl: Würden Sie sagen, das ist was typisch Deutsches, wenn die Reaktionen sehr schnell sehr hoch in die eine oder andere Richtung ausschlagen?

Judith Kaufmann: Ich weiß nicht, ob das in anderen Ländern anders ist. Ich habe das Gefühl, dass, wenn ein Preis kommt, es einen Dominoeffekt gibt. Wenn Luc Besson sagt, dass der Film okay ist, dann ist da vielleicht was dran. Dann kommt ein Preis, dann der nächste. Aber oft ist es egal, ob die Kritiker einen Film gut finden, er findet eventuell trotzdem keine Zuschauer. Vier Minuten ist dagegen durchaus ein Zuschauerfilm. Die Zuschauer, die den Film mögen, analysieren ihn nicht wie die Kritiker in Bezug auf dieses Zuviel oder Überladene, sondern spüren, dass der Film eine bestimmte Wucht und Kraft hat, die einen ergreift.

Astrid Pohl: Sollte der Film nicht zuerst anders heißen?

Judith Kaufmann: Ja, der erste Titel war ziemlich unglücklich: *Nur für Mozart*, und das noch im Mozart-Jahr, wo alles *Mozart-…* hieß. Dann wurde händeringend nach einem anderen Titel gesucht. Vier Minuten war eine sehr gute Wahl, finde ich, weil es insgesamt auch zentral um dieses Aufbäumen des Mädchens am Ende geht.

Astrid Pohl: Sehr gefallen hat mir die Szene nach dem heftigen Angriff des Mädchens auf den Wachhabenden. Die geschockte Klavierlehrerin nimmt wie nach einem zu lauten Discobesuch alle Geräusche nur noch sehr gedämpft wahr und scheint über einen dumpfen Tonteppich zu gehen. Dazu kommen die *slow-motion* der Kamera, sehr wenige Schnitte und ein Weichzeichner-Effekt, die das ganze zu einem sehr eindrücklichen Moment machen.

Judith Kaufmann: Zur Figur der Klavierlehrerin gehört ja ganz wesentlich, dass sie in ihrem Leben sehr stark ausblenden kann, was sie nicht wahrnehmen will. Und in dieser Szene blendet sie diesen Ausbruch von Gewalt einfach aus. Sie lebt gleichzeitig im Jetzt und im Damals und hat eine so durchwachsene Innenwelt, dass sie in der Lage ist, nicht zu sehen, was sie nicht sehen will, und sich völlig rauszunehmen aus allem. Über diese Verlangsamung steuern wir gegen das, was ansonsten in der Szene passiert, bewusst an, um ihre innere Haltung dazu zu vermitteln.

Astrid Pohl: Wann und womit fing für Sie die Lust an der Arbeit mit der Kamera an?

Judith Kaufmann: Angefangen hat es, als ich mit Vierzehn meinem Freund imponieren wollte, der älter war als ich und selbst fotografiert hat. Daraus ist etwas Eigenes entstanden, das mir wirklich etwas bedeutet hat. Ich habe angefangen Menschen zu fotografieren, meine Geschwister, meine Mutter, dann Menschen in Räumen, in Zusammenhang mit Architektur. Dann war ich mit Siebzehn auf einem Jazzkonzert in der Philharmonie. Da war eine kleine Frau hinter einer großen EB-Kamera.[1] Man konnte das Bild sehen, dass sie machte, dass sie ein Bild *erstellt*. Das war ein Bild, das mich unglaublich beeindruckt hat. Danach habe ich allen gesagt: Ich werde Kamerafrau. Fotografie mit der Arbeit in der Dunkelkammer war mir zu einsam. Dann habe ich mich, ohne zu wissen, was das genau bedeutet, an Filmhochschulen beworben. Ich wusste nur, ich will mit Bildermachen über die Fotografie hinaus zu tun haben. Aber ich war für die meisten Filmhochschulen einfach zu jung und bin dann an die Fachschule für Optik und Fototechnik in Berlin gegangen. Dazu gehörte ein einjähriges Praktikum in einer Filmproduktion und dabei bin ich auf verschiedene Kameraleute getroffen, die mich intensiver in den Beruf hineingezogen haben.

Astrid Pohl: Wie kamen Sie dann zu den ersten Projekten in den Jahren 1982/83?

Judith Kaufmann: Während des Praktikums habe ich zwei Kameraleute kennen gelernt, die wichtig für mich waren. Konrad Kotowski kam aus Frankreich von der Filmschule IDHEC in Paris. Durch ihn habe ich das erste Mal angefangen, wirklich intensiv Filme zu schauen. Er hat jeden Tag zwei Filme im Kino gesehen. Wir sind immer ins Arsenal gegangen und über ihn bin ich mit den unterschiedlichsten Genres und Richtungen in Kontakt gekommen. Bei ihm habe ich als Materialassistentin angefangen.

---

1 Zur Erläuterung: «EB» meint hier «elektronische Berichterstattung». EB-Kameras waren frühe elektronische Kameras, deren Aufnahmen in einem separat zu tragenden Rekorder aufgezeichnet wurden.

Ein Gespräch zwischen Judith Kaufmann und Astrid Pohl

Der zweite wichtige Kameramann war Thomas Mauch, der damals gerade von den Dreharbeiten zu Werner Herzogs FITZCARRALDO (1982) aus dem Urwald kam und gerade am Höhepunkt seiner Karriere war. Er bereitete in Berlin einen Kinofilm nach einem Theaterstück vor, bei dem meine Mutter, die Schauspielerin ist, eine Rolle gespielt hat. Da habe ich mich so lange an den Drehort gestellt, bis sie gesagt haben: «Okay, mach mit, leg das Material ein, damit du uns nicht weiter auf die Nerven gehst.» Danach war ich zwei, drei Jahre bei Thomas Mauch Materialassistentin und nach der Ausbildung zur Kameraassistentin habe ich das bei ihm und anderen Leuten fast acht Jahre lang gemacht.

Astrid Pohl: Es ist relativ viel Zeit vergangen, bis Sie 1991 als Chefkamerafrau gearbeitet haben. Woran lag das? Waren das äußere Umstände oder hatten Sie das Gefühl, noch nicht so weit zu sein?

Judith Kaufmann: Ich habe mir das am Anfang überhaupt nicht zugetraut. Obwohl ich die Arbeit hinter der Kamera machen wollte, hatte ich große Ängste, das nicht zu schaffen. Dazu kommt, dass die Kameraassistenz ein sehr technischer Beruf ist, mit dem man sich absolut tief befassen muss, um darin gut zu sein. Man ist für die Schärfe verantwortlich, für das ganze technische Umfeld. Auch wenn man immer hofft, dass das der Weg zur Kameraführung ist, haben diese beiden Berufe eigentlich gar nichts miteinander zu tun. Ich habe während dieser Assistenzzeit immer die Lichtpläne der Kameraleute mitgezeichnet und habe zuhause ordnerweise Material gesammelt, wie andere das machen. Ich dachte, irgendwann, wenn ich alles gesammelt habe, würde mir das die Sicherheit geben, mich selbst ranzutrauen.

2 Judith Kaufmann Mitte der 1990er Jahre

Astrid Pohl: Und irgendwann war es dann soweit?

Judith Kaufmann: Ja, aber nur, weil eine Regisseurin mich quasi dazu gezwungen hat. Ich kannte Pia Frankenberg seit zehn Jahren, sie hatte mit Thomas Mauch gearbeitet und auch mit Raoul Coutard, den ich über die Arbeit mit ihr kennen gelernt habe. Nach neun Jahren als Kameraassistentin musste ich dann die Kamera machen. Es war gleich der Einstieg mit einem Spielfilm (Nie wieder schlafen; 1992)und das war dann wirklich eine Offenbarung. Es war wie eine totale Erfüllung, gleich ab dem ersten Drehtag. Ich kann es gar nicht beschreiben. Davor war ich ein paar Mal eingesprungen oder hatte zweite Kamera gemacht. Aber dieses Erlebnis bei dem Film mit Pia Frankenberg war so, dass ich wusste, ich werde nie wieder Assistenz machen. Dieser lange Weg hat sich gelohnt, ich bin hier richtig, das ist das, was ich machen will.

Astrid Pohl: Was hat die Kameraarbeit so reizvoll gemacht? War es die geringere Konzentration auf die rein technischen Ebenen, konnten Sie jetzt kreativer werden und Ihre eigenen Bilder umsetzen?

Judith Kaufmann: Am Anfang waren die Anforderungen durch die Kamera nicht weniger technisch, weil man das ja noch gar nicht alles beherrscht. Aber dieses Bilderfinden für etwas, das war etwas vollkommen Neues. Es ist dieses Suchen nach dem Ausdruck für etwas, das mir auch beim Fotografieren gefallen hat. Der Kontakt mit dem Leben, mit dem, was Menschen fühlen und leben, dafür Bilder zu finden, mit Schauspielern in Kontakt zu sein, das ist für mich sofort das Aufregende an dieser Arbeit gewesen.

Astrid Pohl: Nach dem Schritt zur Chefkamerafrau gibt es in Ihrem weiteren Werdegang noch einmal eine relativ deutliche Zäsur in der Zeit um 1999 herum. Danach entstanden zahlreiche sehr spannende Projekte. Sie haben mehr Filme pro Jahr gedreht als vorher.

Judith Kaufmann: Nach diesem Spielfilm mit Pia Frankenberg Nie wieder schlafen wusste ich zwar, dass ich die Kameraarbeit unbedingt weiter machen will. Aber danach kam die große Ernüchterung, denn der Film war kein Erfolg im Kino und es kamen erst mal keine neuen Angebote. Meine Ausbildung führte auch nicht zu der klassischen Kombination von Kamera und Regie, die für viele an den Filmhochschulen entsteht. Dort lernen sich spätere Regie- und Kameraleute schon im Studium kennen und so entstehen früh Kontakte und Zusammenarbeiten. Mir fehlten diese Kontakte und es kam eine lange Durststrecke, in der überhaupt nichts passierte. Ich habe ein Lichtpraktikum bei einem Wenders-Film gemacht, dann gab's mal eine low-budget-Produktion, in der ich ohne Geld mitgemacht habe. Wichtig war in dieser Zeit noch die Mitarbeit in dem Dokumentarfilm Nico Icon (1995). Aber es schleppte sich.

Astrid Pohl: Wie haben Sie diese Zeit finanziell überstanden?

Judith Kaufmann: Ich musste mich halt soweit einschränkten, dass ich durchkam. Es kam mal hier und da ein Angebot, aber ich konnte von dem Beruf, den ich machen wollte, nicht leben. Da gab es schon auch Momente von großer Verzweiflung.

Astrid Pohl: Wann hat sich diese Situation geändert?

Judith Kaufmann: Das war 1997, als ich zum ersten Mal mit Angelina Maccarone zusammengearbeitet habe, immerhin sechs Jahre nach meiner ersten Arbeit als Kamerafrau. Wir haben in dem Jahr zwei Projekte, ALLES WIRD GUT und EIN ENGEL SCHLÄGT ZURÜCK gemeinsam gemacht. Ein paar Jahre vorher hatte ich angefangen als Operator bei Axel Block zu arbeiten. Ich dachte, bevor jetzt hier gar nichts mit Kamera läuft, schwenke ich, um überhaupt wieder in Kontakt mit der Kamera zu kommen. Wir haben dann einige Kinofilme, einige Schimanskis zusammen gemacht. Ich hatte wenigstens das Gefühl, in einem Film eingebunden zu sein. Auch wenn es nicht das Gleiche ist wie Kameraarbeit, kann man viel dabei lernen.

Astrid Pohl: Was war dann das nächste große Projekt, in dem Sie als Chefkamerafrau gearbeitet haben?

Judith Kaufmann: Das war 1999 VERGISS AMERIKA. Endlich gab es da für mich wieder die Möglichkeit, eigenverantwortlich einen wirklichen Film zu machen.

Astrid Pohl: Kannten Sie die Regisseurin Vanessa Jopp vorher?

Judith Kaufmann: Ich habe zwischendurch Seminare über Kameraassistenz und Kameratechnik gegeben, um mich finanzieren zu können. Unter anderem auch an der Münchner Filmhochschule, wo sie war und einen ersten Kurzfilm gemacht hatte. Wir mochten uns und sie fragte mich: «Willst du meinen ersten Film machen?» Und das wollte ich.

Astrid Pohl: Ende der neunziger Jahre begegnete das Kinopublikum plötzlich einer neuen Generation von beeindruckenden Darstellern, die zum Teil noch sehr jung waren, aber schon überraschend präsent und frei in ihrem Spiel. So ein Film ist auch ENGEL & JOE mit Robert Stadlober und Jana Pallaske, den Sie mit Vanessa Jopp 2001 zusammen gemacht haben. Haben Sie diese Phase insgesamt als einen Aufbruch im deutschen Film erlebt?

Judith Kaufmann: Ob es da insgesamt eine neue Entwicklung im deutschen Film gegeben hat, kann ich gar nicht sagen. Vielleicht war ich damals gerade zu stark mit meinen eigenen Projekten beschäftigt. Aber Vanessa ist mit Sicherheit eine Regisseurin, die sehr stark schauspielerorientiert ist und der es sehr um Wahrhaftigkeit, um ‹Nicht-Posieren› geht. In ihrer Arbeit wie im privaten Kontakt versucht sie, zu einer Art von Direktheit zu kommen. Das hat sie meiner Meinung nach auch in ihrem ersten Film Vergiss Amerika gleich geschafft. Auch die Leute in der Produktionsfirma haben das sofort gespürt. Der Produzent sagte mir gleich beim ersten Gespräch: «Achtzig Prozent Regie und zwanzig Prozent Kamera!» Er wollte, dass ich mich zurücknehme.

Astrid Pohl: Hatten Sie bei einem solchen Einstieg denn überhaupt noch Lust auf das Projekt?

Judith Kaufmann: Ich hätte alles getan, um diesen Film zu machen. Und ich glaube, es ging einfach darum, die Angst der Regie zu beruhigen, die Technik könnte sich zu sehr in den Vordergrund drängen. Er wollte mir damit sagen: Gib der Regie Raum.

Astrid Pohl: In Engel & Joe, der ein Jahr später entstand, durfte sich die Kamera dann schon mehr zeigen, oder?

Judith Kaufmann: Ja. Ich glaube, wir haben in dem Film nach einer anderen Form gesucht. Wir waren zu dem Zeitpunkt stark von Lars von Trier und *Dogma 95* inspiriert und es ging uns um die Suche nach einem Moment in der Pubertät, wo keine Orientierung mehr da ist, auch im Zusammenhang mit Drogen. Es ging um Sinnsuche und das Lebensgefühl von Jugendlichen, dass man sehr schnell an seine Grenzen kommt, verzweifelt ist und überhaupt keinen Ausweg mehr sieht. Wir wollten für diese Ruhelosigkeit und Aussichtslosigkeit einen Ausdruck in Bildern finden. Unsere Idee war, dass der Film etwas Abgehacktes hat, etwas Kurzatmiges, etwas Rasendes, Treibendes.

Astrid Pohl: Sie arbeiten in diesem Film auch viel mit der Ausleuchtung der Schauplätze und entwickeln eine dichte Lichtdramaturgie. Das hat wenig mit *Dogma 95* zu tun, oder?

Judith Kaufmann: Das stimmt. Wir wollten nicht nur dokumentarisch rangehen, sondern auch Zäsuren im Film setzen, wo wir ein explizites Bild für etwas finden. Es gibt auch sehr ausgestellte Sequenzen, die vielleicht nicht unbedingt gelungen sind, aber mit denen wir experimentieren wollten.

Astrid Pohl: Wie wichtig sind diese Sequenzen, die mit ganz artifiziellem Licht arbeiten und eine entrückte Atmosphäre schaffen?

Judith Kaufmann: Es gibt in dem Film eine Mischung zum einen aus diesen zerrissenen, dokumentarischen, unruhigen Passagen, und zum anderen den Versuch, diesem Drogenrausch, dieser ganz subjektiven Wahrnehmung durch die Bilder nahe zu kommen. Wir haben außerdem versucht, an bestimmten Stellen im Film etwas über die Situation zu erzählen, das über den Text hinausgeht. Manchmal sind wir in extreme Überstrahlungen gegangen, weil wir was über Reinheit erzählen wollten. Auch das war ein Versuch. Ich habe schon Zweifel, ob unsere Lösungen an allen Stellen funktionieren. Aber das Tolle an Vanessa ist, dass sie den Mut hat, zu sagen: «Wir probieren das jetzt», ohne dass sie sich noch mit einer anderen Variante absichert. «Wenn es nicht klappt, dann scheitern wir eben.»

Astrid Pohl: Würden Sie denn aus Ihrer Perspektive sagen, dass Sie mit diesem Film gescheitert sind?

Judith Kaufmann: Der Film hat wirklich große Probleme gehabt, nicht nur bei den Zuschauerzahlen. Auch in der Dramaturgie kommen Elemente zu kurz, zum Beispiel die Beziehungen und Charaktere innerhalb dieser Jugend-Gang. Der Vorwurf gegen den Film war auch, dass man eher drauf schaut, als sich zwischen den Figuren zu fühlen. Aber es gibt auch ganz unterschiedliche Meinungen zum Film. Was wir formal versucht haben, war ehrlich und hatte mit der Geschichte zu tun. Aber ich weiß trotzdem nicht, ob es gelungen ist. Ich bin da immer sehr unsicher und zu nah dran an den Filmen, um sagen zu können: Das ist gelungen. Das müssen andere Menschen beurteilen.

Astrid Pohl: Die Darsteller gehen hier wirklich sehr aus sich heraus und das, obwohl sie noch gar nicht viel Spielerfahrung sammeln konnten. Hat eine Atmosphäre am Set geherrscht, die so etwas wie eine Kultur des freieren Spiels unterstützt hat?

Judith Kaufmann: Ich glaube, das hat viel mit Vertrauen zu tun und damit, dass Vanessa intensiv mit den Schauspielern arbeitet, mit ihnen spricht, sie bestärkt, mit ihnen probt. Dann gibt es den Moment, wo Vanessa sagt, «wir drehen jetzt», und oft ist noch gar nicht festgelegt, was wir dann drehen. Ich reagiere dann auf das, was passiert.

Astrid Pohl: Gab es Vorbilder für Ihre Arbeit, filmische Stile oder Personen, die Sie besonders beeindruckt haben? Sie nannten schon Raoul Coutard, der auf das Engste mit der *Nouvelle Vague* verbunden ist.

Judith Kaufmann: Erstmal beeindrucken einen Filme. Ich glaube nicht, dass man mit Stilen oder Vorbildern anfängt, sondern damit, dass einen bestimmte Filme nicht mehr loslassen. Dazu gehören für mich tatsächlich auch Filme der *Nouvelle Vague*, zum Beispiel Vivre sa vie (Die Geschichte der Nana S.; 1963; Regie: Jean-Luc Godard; Kamera: Raoul Coutard), Filme von Rohmer und Truffaut, Les quatre cent coups (Sie küssten und sie schlugen ihn; 1962; Regie: François Truffaut; Kamera: Henri Decaë) oder L'Enfant sauvage (Der Wolfsjunge; 1960; Regie: François Truffaut; Kamera: Nestor Almendros). Also Filme, wo man so total berührt und gefangen war, dass man sich gefragt hat: Wie schaffen die das, dass das so lebendig und so wenig künstlich ist?

Nestor Almendros ist für mich sicher extrem wichtig gewesen, weil er auch über seine Arbeit geschrieben hat und eine Art von bedingungslosem Naturalismus gefordert hat. Wir gehen von den natürlichen Lichtquellen aus, von dem, was der Raum uns gibt, und verstärken das. Raus aus den Studios auf die Straße. Es geht in der Ausleuchtung nicht um die klassische Schönheit, sondern um das Interessante, das Eigene im Menschen. Es geht um Geschichten, die im Hier und Heute der jeweiligen Zeit spielen. Natürlich war auch Raoul Coutard in diesem Zusammenhang wichtig.

Astrid Pohl: Gibt es noch andere Kameraleute, deren Arbeit Sie besonders fasziniert hat?

Judith Kaufmann: Ja, es gab auch ganz andere Leute wie zum Beispiel Gordon Willis, die mich beeindruckt haben. Willis hat THE GODFATHER (DER PATE; 1972; Regie: Francis Ford Coppola) fotografiert und ich war begeistert von der Kameraführung und dem Licht in dieser Form der radikalen Gestaltung. Das gilt auch für MANHATTAN (1979; Regie: Woody Allen). Auch als ich THE SHINING (1980; Regie: Stanley Kubrick; Kamera: John Alcott) damals gesehen habe, war das für mich vollkommen neu. Dieses Arbeiten mit Mischlicht, warmem und kaltem Licht zugleich.

Insgesamt würde ich sagen, dass es auch sehr unterschiedliche Vorbilder gab. Natürlich, die *Nouvelle Vague* war sehr wichtig, außerdem die Filme von Cassavetes und andere Filme des *New Hollywood*. Filme, die stark auf die Schauspieler reagieren, die mit der gegebenen Lichtsituation arbeiten und die Freiheit zulassen.

Geprägt hat mich auch die Arbeitsweise von Thomas Mauch, der oft halbdokumentarisch und wenig technisch gearbeitet hat und dazu gesagt hat: «Es geht hier um eine Geschichte, und wie das jetzt mit dem Licht gemacht wird, ist mir nicht so wichtig.» Viele Filme der *Nouvelle Vague* sind ja auch aus technischer Beschränkung so geworden, wie sie sind. Natürlich war das auch gegen ein Studiosystem gerichtet, aber oft hatte man einfach nicht mehr Geld zur Verfügung.

Astrid Pohl: Man könnte also sagen: Sie haben sich von zwei Bildkonzepten begeistern lassen, die nicht im Konflikt stehen, sondern nebeneinander existieren: ‹Das durchgeplante Bild› und ‹das zugelassene, gefundene Bild›. Ich habe den Eindruck, dass diese beiden Strömungen in Ihrer Kameraarbeit das erste Mal deutlich in ELEFANTENHERZ (2002) aufeinander treffen. Hier finden sich zum Beispiel in den Boxsequenzen sehr ausdifferenzierte und technisch aufwändige Inszenierungen, während es andere Sequenzen in quasi-dokumentarischer Machart gibt.

Ein Gespräch zwischen Judith Kaufmann und Astrid Pohl

3 Judith Kaufmann im Gespräch mit dem Regisseur Züli Aladag am Set von ELEFANTENHERZ

Judith Kaufmann: Allerdings war das nicht Teil eines vorher erarbeiteten Konzeptes. Eigentlich gab es solche Planungen bei kaum einem Film außer bei ENGEL & JOE. Meistens liest man das Drehbuch, das eine bestimmte Atmosphäre hat. Dann spricht man miteinander und es entwickeln sich Richtungen, in die man gemeinsam gehen will. Es gibt dann Atmosphären, auf die man hinzielt, es gibt ein Interesse der Regie an bestimmten Fragen. Daraus entwickeln sich eine Reihe von Punkten, an denen man sich im Gespräch entlang hangelt. Man findet Beispiele in anderen Filmen, in der Filmgeschichte. Aber ich kann nicht sagen, dass ich vorher weiß, wie ein Film aussehen wird. Das war auch bei ELEFANTENHERZ nicht klar. Natürlich haben die Boxkämpfe eine bestimmte Dramaturgie, innerhalb der jeweiligen Kämpfe, aber auch innerhalb des Gesamtfilms. Es gibt in ELEFANTENHERZ drei Kämpfe, die jeweils eine andere Bedeutung innerhalb der Erzählung haben.

Wir haben uns viele Vorbilder, klassische Boxerfilme, angesehen. Wir waren lange in Boxhallen und haben Kämpfe gesehen oder auf Video aufgenommen. Mich interessierte bei der Kameraarbeit dann besonders die Mischung aus Präzision und Dilettantismus. Damit meine ich, dass man einerseits mit viel Vorbereitung ganz genau auf ein Bild hin arbeitet und andererseits Situationen schafft, wo man überhaupt noch nicht weiß, was passieren wird und wo das Zufällige, das Ungeplante, das Fehlerhafte sein darf, sein sollte. In diesem Film ist das so entstanden.

Astrid Pohl: Sie haben für ELEFANTENHERZ Ihren ersten großen Preis, den Bayerischen Filmpreis, bekommen. War das noch mal eine neue Art von Durchbruch?

Judith Kaufmann: Es ist eigentlich nicht so, dass man aufgrund eines solchen Preises dann plötzlich mehr Anfragen bekommt. Es ist sogar eher so, dass die Leute einen dann ein bisschen meiden, weil sie fürchten, man will mehr Geld.

Astrid Pohl: Worauf baut sich dann der Ruf auf, den Sie in der Branche haben?

Judith Kaufmann: Wenn ich wüsste, wie das funktioniert, hätte ich das schon früher gemacht. Ich kann jetzt nur vermuten, warum es irgendwann mehr Angebote wurden. Ich habe relativ viele Debütfilme gemacht. Mir macht das auch großen Spaß, weil das meistens Leute sind, die mit großem Enthusiasmus und mit großer Neugierde an Filme und an ihre Arbeit rangehen und weniger in einem Produktionszusammenhang eingebunden sind.

Astrid Pohl: Lassen Sie uns noch über eine andere, von der Kritik sehr positiv aufgenommene Produktion des Jahres 2002 sprechen. SCHERBENTANZ, Ihre erste Zusammenarbeit mit Chris Kraus, hat den Look eines Films mit größerem Etat. Die Inszenierung jeder einzelnen Szene erscheint so aufwändig, das Ineinandergreifen von Vorder- und Hintergrund, der Einsatz der Schärfe, die Farben, alles wirkt als große kompositorische Leistung. Ist neben viel Energie auch viel Geld in den Film geflossen?

Judith Kaufmann: Vielleicht entsteht der Eindruck auch wegen des Drehorts, der großen Villa. Die Opulenz im Motiv führt vielleicht dazu. Mit Chris haben wir sehr lange am Drehort daran gearbeitet, um das, was in der Szene geschieht, auf Bilder zu kommen. Es hat Wochen, zum Teil Monate gedauert, etwas zu finden und da ist er auch jemand, der nicht nachlässt. Bis ihn eine Idee für ein Bild nicht wirklich überzeugt, hört er nicht auf. Andere Regisseure arbeiten anders. Vanessa ist jemand, der sehr lange probt. Sie will den lebendigen Ausdruck, und dann muss man auch sofort drehen und gucken, wie man das macht. Und ein Film wie ELEFANTENHERZ spielt im Hier und Jetzt, in einem relativ harten sozialen Milieu. Das war die Hauptaufgabe, im Hier und Jetzt zu sein und dem zu folgen, was passiert. Bei SCHERBENTANZ geht es aber an vielen Stellen um eine Überhöhung, um einen Ausdruck, um ein Bild für einen inneren Zustand, um eine Abstraktion.

Astrid Pohl: Der Film hat eine mythische Ebene, ist wie ein antikes Drama. Das ist ja auch eine Form der Überhöhung, auf Kernkonflikte zurückzugehen, zwischen Brüdern, zwischen Kindern und ihren Eltern. Diese mythische Erzählung korrespondiert mit der Ästhetik der Bilder.

Judith Kaufmann: Hier geht es auch stark um Vergangenheit, um das Entrinnen. Gibt es eine Möglichkeit, der eigenen Vergangenheit zu entrinnen? Bilder, die wieder hochkommen aus der Kindheit, kann man nicht einfach so abfilmen, da sie auch zerrissene Bilder sind. Wichtig war es hier auch, Übergänge zu schaffen, zwischen dem Jetzt und dem Damals.

Astrid Pohl: Sehr schön gelöst ist das in der Badezimmer-Szene, in der die Kamera in der Jetztzeit ins Waschbecken eintaucht und in der Kindheit der Protagonisten aus der Badewanne auftaucht.

Judith Kaufmann: Oder die Mutter, die nachts die Schubladen des Vaters durchsucht. Im Drehbuch steht: »Sie ist mit der Taschenlampe unterwegs und sucht nach einer Spur in den Unterlagen.« Wir haben ewig überlegt, wie man das machen kann. Man kann nicht einfach dieses Gewühle zeigen. Was hat das noch für eine Qualität, wenn jemand auf eine Art, die man schon hunderttausendmal gesehen hat, nachts Schubladen aufreißt? Dann haben wir dieses geriffelte Glas gefunden, eine Schiebetür im Motiv. Und wir dachten, dieses Glas gibt dem Ganzen eine Brechung. Es ist nicht einfach dieses Suchen, wie ein Detektiv, sondern es hat mit viel mehr Ebenen zu tun.

Astrid Pohl: Die Mutter sucht ja auch nach ihrer gesunden, liebevollen Seite, oder? Nach dem einen Akt, den sie für ihren Sohn noch leisten kann.

Judith Kaufmann: Genau. Da ist so viel innerer Zwiespalt, soviel Angst, soviel Krankheit, so viel Schmerz dahinter, dass man dafür nicht so ein planes Bild finden kann. Das Bild, die Schiebetür mit dem geriffelten Glas, ist am Drehort entstanden, weil man mit Chris immer ganz stark an den Orten auflöst und ganz viel Inspiration fürs Bild aus den jeweiligen Orten herkommt. Natürlich kann man das auch manieriert finden oder ausgestellt. Aber es ist eben ganz oft die Grenze zwischen dem, dass man für etwas einen ganz eigenen Ausdruck finden will und der Gefahr, dass die Kamera zu prominent wird.

Diese Regenszene am Anfang, als Jesko (Jürgen Vogel) darüber spricht, was es heißt, nach Hause zu kommen, das sind zum Teil Texte, bei denen sich die Frage stellt, was schafft man da für Bilder. Dann sind wir auf den Regen gekommen. Die Bilder sind ganz verschwommen, wirklich verschwommen und so etwas ist unglaublich aufwändig zu machen, furchtbar zeitaufwändig. Aber ich glaube, dass es Sinn macht, nach Bildern zu suchen, die über die Enge der Situation, über das, was gesagt wird, hinausweisen und über den Text hinaus bebildern.

Astrid Pohl: In SCHERBENTANZ geht es zentral um das Geflecht der Figuren. In jedem Blick, in jeder Blickrichtung zeigt sich ein anderes Verhältnis, auch ein Machtverhältnis. Hier scheint mir SCHERBENTANZ in der Tradition vieler Filme von Fassbinder zu stehen, der oft rigoros Menschen in Räume platziert hat, diese Räume in separate Areale zerlegt und die Blicke der isolierten Figuren mit verschiedenen Wertigkeiten belegt hat. Außerdem finden sich in Ihrem Film viele Szenen mit extrem geringer Tiefenschärfe. Sobald man die Fokusebene des Bildes verlässt, erscheint alles unscharf und die Zuschauer müssen spekulieren und erahnen, was genau im Bildvordergrund oder -hintergrund geschieht. Wie weit waren diese Inszenierungsmittel Teil eines klaren Konzeptes?

Judith Kaufmann: Wir hatten das zwar nicht ausgesprochen, aber wenn man die Geschichte wirklich versteht, dann wird das einfach klar. Wir haben vorher nie über lange Brennweiten oder geringe Tiefenschärfe gesprochen. Es war auch der erste Film von Chris und es gab noch nicht die Erfahrungen, um über diese technischen Details zu sprechen. Das Konzept ist etwas, was sich entwickelt hat, das aber inhaltlich dem, was Sie beschrieben haben, absolut entsprochen hat.

Astrid Pohl: Sind die Wege der Umsetzung dann Entscheidungen, die Sie in der Vorbereitung der Szene allein treffen?

Judith Kaufmann: Chris war Illustrator und wenn wir an den Drehorten über mögliche Auflösungen der Szenen gesprochen haben, gab es manchmal Ideen von ihm, manchmal aber auch nicht. Beim gemeinsamen Durchgehen der einzelnen Bilder entstanden dann Konstellationen von Figuren, die uns interessierten. Beim ersten Film war das noch eher zaghaft, wir mussten uns herantasten. Chris hat etwas gezeichnet, hat über das Zeichnen die Szene für sich erschlossen. Aber bei den Entscheidungen für bestimmte Objektive, Lichtstimmungen oder Tiefenschärfen bin ich oft auch meinem Gefühl gefolgt, was mich mit dem Film verbindet.

Bei SCHERBENTANZ ist man ja nicht wirklich nah dran an den Personen. Man hat Distanz, aber sieht sie ganz nah. Das schafft den Reiz, gerade in Zusammenhang mit Szenen, die eher mit Handkamera aufgenommen, härter und näher an den Personen sind.

Astrid Pohl: Ist diese Methode, Irritationen ins Bild zu bringen, eine Form der Verfremdung?

Judith Kaufmann: Ja. Der Versuch war, eine bestimmte künstliche Nähe zu erzeugen, die etwas mit der Geschichte zu tun hat, denn dort geht es zum Teil auch um eine scheinbare Nähe. Besonders die Hauptfigur Jesko hat etwas Unzugängliches, eine Art ‹Im-eigenen-Saft-Schmoren›, um das Bild von sich selbst aufrecht zu halten. Darunter liegen eigentlich Schmerzen und ein unheimlicher Wille, tiefer hineinzugehen, aber er hält sich für unantastbar. Und die Mutter ist ebenso wenig zugänglich. Die Figuren haben diese Form von Wortspielen gewählt, die sie alle miteinander machen. Jeder bleibt in seiner Rolle und darunter liegt das Geheimnis. Wir haben in den Bildern versucht, eine Entsprechung zu finden. Das hat was mit Überhöhen zu tun und darin ähnelt SCHERBENTANZ auch VIER MINUTEN, denn Chris reizt diese Mischung von Pathos und Realismus.

Chris schafft beim Schreiben wirklich sehr schöne Bilder. Bei SCHERBENTANZ hatten schon das Buch und auch der Roman von Anfang an für mich eine unheimlich spannende Atmosphäre. Für mich war sofort klar, dass ich das machen will. Es ist selten, dass man ein Buch liest und denkt: unbedingt!

Astrid Pohl: Im dem Film VIER MINUTEN gibt es viel personelle Kontinuität. Sie sind wieder die Chefkamerafrau, aber auch viele Darsteller des ersten Films wie Nadja Uhl oder Peter Davor treten zum Teil in kleinen Rollen wieder auf.

Judith Kaufmann: Wenn man mit Leuten gute Erfahrungen gemacht hat, will man mit Ihnen wieder arbeiten. Es ist auch dieselbe Kostümbildnerin und dieselbe Szenenbildnerin, Silke Buhr, auch die Produzentin, Meike Kordes, war damals als Produktionsleiterin dabei. Chris versucht natürlich, die Leute wieder zu binden und mit denen weiterzuarbeiten, denen man vertraut.

Bei VIER MINUTEN war auch wieder sehr wenig Geld da und dann sind das manchmal auch Freundschaftsdienste, weil die Leute Chris vertrauen und wissen, dass er es ernst meint.

Astrid Pohl: Sie arbeiten oft mehrmals mit demselben Regisseur oder derselben Regisseurin zusammen.

Judith Kaufmann: Für mich ist es sehr schön, eine Kontinuität zu entwickeln. Wenn man sich besser kennen lernt, traut man sich, gemeinsam neue Schritte zu gehen. Man muss weniger kommunizieren, es gibt eine Neugierde aneinander über den Film hinaus. Ich arbeite sowieso lieber in einem freundschaftlichen Verhältnis miteinander als in einem hierarchischen.

Astrid Pohl: In anderen Interviews antworten Sie auf Fragen nach dem Geschlechterverhältnis am Set, nach der Rolle hinter der Kamera als Frau, nach der Zusammenarbeit mit männlichen oder weiblichen Regieführenden oft in dem Sinne: Das ist für mich kein Thema. Tatsächlich haben Sie allerdings in über der Hälfte Ihrer Produktionen mit Regisseurinnen gearbeitet, was sicher nicht dem Anteil von Frauen im Regiesektor entspricht. Ist für Sie die Kombination von Frau hinter der Kamera und Frau auf dem Regiestuhl ein besonders gutes Teamwork?

Judith Kaufmann: Ich arbeite genauso gerne mit Frauen wie mit Männern zusammen, und wenn die Arbeit gut war, will ich das immer gerne fortsetzen.

Astrid Pohl: Ist es möglich, wenn das gar nicht von Ihrer Seite reinkommt, dass es auf der anderen Seite geschlechtsbezogene Entscheidungen gibt, dass zum Beispiel Regisseurinnen lieber mit einem weiblichen Kameramenschen arbeiten?

Judith Kaufmann: Ich glaube, dass es das bei Frauen gibt, dass aber inzwischen auch Männer oft lieber mit einer Frau arbeiten wollen. Ich glaube, es ist manchmal die Hoffnung von Regisseurinnen, dass es nicht so stark um Machtpositionen geht, sondern mehr um gemeinschaftliche Arbeit. Wenn eine Regisseurin ihren ersten Film macht, möchte sie sich vielleicht weniger dieser klassischen technisch-männlichen Dominanz aussetzen, weil sie fürchtet, dass es ein Kampf wird und dass es schwieriger sein könnte, bei sich selbst zu bleiben. Bei männlichen Regisseuren ist das Interesse an mir als Kamerafrau auch die Suche nach einer weiblichen Wahrnehmung in der Auseinandersetzung mit einer Geschichte. Mit weiblicher Wahrnehmung meine ich nicht unbedingt, was da für Bilder entstehen, sondern eher einen Zugang, bei dem es mehr ums Fragen stellen geht, mehr ums Suchen, auch um Selbstzweifel. Frauen sind immer noch zweifelnder, forschender, bestätigender. Sie versuchen, wirklich auf den Grund eines Verstehens zu kommen, und müssen weniger etwas vorstellen, etwas darstellen, etwas behaupten. Ich kann mir vorstellen, dass das bei Regisseuren die Hoffnung weckt, ein Gegenüber zu haben, das mehr Auseinandersetzung, Fragen und Suche aus einem selbst herausholen kann.

Astrid Pohl: Das heißt, die Vorstellung der Regieseite von einem zu statischen, dominanten, um die eigene Position besorgten Gegenüber in einem so wichtigen Arbeitsbereich wie der Kameraführung ist – unabhängig vom Geschlecht – oft angstbesetzt.

Korrespondiert das nicht auch mit Motiven und Stilmitteln im jungen Kino der letzten zehn bis fünfzehn Jahre, das sich ja zu so etwas wie dem zweiten Neuen Deutschen Film entwickelt hat? Hier geht es ebenfalls um eine neue Suche, um Stories und Stile mit größerer Unbestimmtheit, um das Aufgeben von Klarheit und das Zulassen von Unklarheit im Bild, im Schnitt und im gesamten Zugang auf ein Projekt. Ist gerade hier ein weiblicher Blick stärker gesucht als in der Dekade zuvor oder als in einem anderen Teil von Kino, wie zum Beispiel den aktuellen größeren Ausstattungsfilmen? Hat sich da ein neuer Raum aufgetan?

Judith Kaufmann: Mit dem Begriff «der weibliche Blick» habe ich eher ein Problem. Ich habe große Zweifel, ob man beim Filmesehen geschlechtsspezifisch Bilder herleiten kann und erkennen kann, das hat eine Frau oder ein Mann fotografiert. Es geht, glaube ich, um eine weibliche Wahrnehmung in der Arbeitsweise, in der Zusammenarbeit, aus der heraus sich Bilder entwickeln. Um sagen zu können, das ist ein weibliches Bild, dazu sind diese Begriffe doch viel zu wenig abgezirkelt, vielleicht auch nicht mehr zeitgemäß. Nur weil ich eine Frau bin, bin ich deshalb weiblich, oder hab ich nicht ganz viele männliche Anteile? Und ich kenne viele Männer, die mit dem vermeintlichen Männlichsein Probleme haben, weil sich daran so viele Erwartungen anschließen.

Astrid Pohl: Sind Sie für das Selbstbild ihres Gegenübers weniger gefährlich und machen es ihm leichter, Fragen zu formulieren, auf die er oder sie noch keine Antwort hat?

Judith Kaufmann: Wahrscheinlich. Dieses ‹Ich bin wer›, ‹Ich habe etwas darzustellen›, ‹Ich bin besser› macht natürlich auch unheimlich Druck, das immer wieder zu reproduzieren. Jede Frage stellt natürlich auch das in Frage. Ich möchte damit nicht tauschen, obwohl das natürlich auch ein Weg ist, sich selbst zu bestärken, anstatt zu sagen, ich habe große Zweifel.

Vielleicht entscheiden sich deshalb viele interessierte Frauen nicht für diesen Beruf, weil sie an diesen Selbstzweifeln hängen bleiben, während die Männer sagen: Ach, ich mach das mal. Viele Frauen hören auch wieder auf, weil sie diesen Grad an Selbstüberschätzung nicht haben, der zum ‹Ich mach das mal› einfach dazugehört und einen rückwirkend wieder bestätigen kann. Frauen müssen durch diesen Dschungel von ‹Kann ich das?› und ‹Schaffe ich das?›. Aber dann, wenn sie sich durchgekämpft haben, bleiben sie dabei und müssen weniger Behauptungen aufrechterhalten.

Astrid Pohl: Dieser Druck und die Erwartungshaltungen von außen wachsen vermutlich, je etablierter man im Geschäft ist. Sie sind seit über zehn Jahren sehr gut im Geschäft. Kommen Leute auf Sie zu, die annehmen, dass Sie die ‹richtigen› Bilder schon im Kopf haben und von Ihnen erwarten, dass Sie eine klare Position beziehen? Spüren Sie einen ansteigenden Druck von Außen?

Judith Kaufmann: Ehrlich gesagt, gar nicht. Ich finde, dass eher die Freiheit wächst, wirklich das zu tun, woran ich glaube, was ich will. Ich habe ja nie auf Einschaltquoten geschaut, nach Blockbustern gesucht oder mehr Geld verdienen wollen. Das sind nicht die Kriterien, nach denen ich eine Arbeit mache. Für mich ist immer wichtig, ob ich in der Geschichte etwas finde, das mir wesentlich erscheint. Glaube ich an die Regie, das Drehbuch? Sehe ich, dass die Darsteller glaubwürdig sind? Ist da ein Reiz für mich? Mal ergeben sich ganz tolle, aufregende Kombinationen und manchmal mache ich einen Film, um meine Miete zu verdienen. Meine Hauptleidenschaft für bestimmte Projekte ist unabhängig vom Budget. Da stehe ich dann nicht unter Druck, sondern bin aufgeregt und freue mich. Bei jedem Film habe ich Angst vorm ersten Drehtag, aber einen wachsenden Leistungsdruck spüre ich nicht. Die Zweifel an meiner Arbeit habe ich auch schon ein Leben lang und bis heute nach jedem Film. Robby Müller hat mal gesagt: «Nur weil die Leute klatschen, heißt das nicht, dass man es gut gemacht hat.» Wenn man einen Preis bekommt, ist das eine schöne Ermutigung, aber die Zweifel haben mich eigentlich noch nie verlassen.

Astrid Pohl: Sie haben überwiegend ernste Filme gemacht. Warum gibt es so wenige Komödien?

Judith Kaufmann: Die kommen irgendwie nicht auf mich zu.

Astrid Pohl: In Ihren Filmen der letzten Jahre kommen viele Traumata, viel Tod und Wahnsinn zusammen, oder? Entscheiden Sie sich besonders gern für dramatisch oder traumatisch belastete Figuren und ihre Geschichten?

Judith Kaufmann: Mich interessieren Menschen, ihre Leidenschaften, die Ängste, die Schmerzen. Und ich finde die Suche, die Zweifel und das Scheitern spannender, als Leute, die glücklich sind und wissen, wie's geht. Mich interessieren Leute, die kämpfen. Und das ist wie im wirklichen Leben. Den Kampf, den Menschen machen, um Liebe zu bekommen, um verstanden zu werden, um gesehen zu werden, um sich verständlich zu machen. Das interessiert mich im Leben und im Film. Und das ist nicht das Hauptthema von Komödien. Aber gute Komödien sind etwas Tolles, und ich finde es schade, dass ich nicht öfter so was angeboten bekomme.

Astrid Pohl: Ihr Name ist oft mit Filmen über Heranwachsende verbunden. Haben Sie sich auf diese Geschichten spezialisiert?

Judith Kaufmann: Ich glaube nicht, dass ich mich so sehr auf solche Geschichten konzentriert habe. Es gab auch zahlreiche andere Projekte wie SCHERBENTANZ oder FREMDE HAUT, die mit diesem Thema nichts zu tun haben. Aber dieses Unfertige, dieses Gebeutelte, das mit dem Erwachsenwerden zusammenhängt, ist etwas, das mich sehr interessiert.

Zur Frage nach den Arbeitsverhältnissen für Frauen in meinem Beruf möchte ich noch etwas sagen. Ich verstehe, dass man von mir als einer der wenigen Frauen in dem Beruf etwas über das Besondere dieser Situation hören möchte. Das sehe ich auch als Verantwortung, nachrückenden Frauen Mut zu machen. Es gibt überhaupt keinen Grund für Frauen, diesen Beruf nicht zu machen. Wir können das genauso gut. Mein Eindruck ist vielmehr, dass gesellschaftlich immer noch vermittelt wird, dass Frauen diesen Beruf nicht machen können, wenn sie Kinder haben. Ich kenne wenige Beispiele, wo Frauen ihren Beruf so, wie sie es möchten, weiterführen können, vielleicht auch unter schwierigen Verhältnissen, in low-budget-Produktionen, wo sie unterwegs sind und der Mann zuhause bei den Kindern ist. Die Frauen begraben häufig mit dem Beginn einer Schwangerschaft den Kamerawunsch, wenn sie sich nicht schon vorher dagegen entschieden haben. Auch ich könnte diesen Beruf nicht mehr so machen wie heute, wo ich mich völlig frei fühle zu sagen, ich mache einen Film, der mich interessiert, auch für wenig Geld und egal wo. Frauen werden bei uns immer noch dafür verantwortlich gemacht, wie die Situation zuhause ist.

Astrid Pohl: Es geht also nicht um Geld und rechtliche Regelungen, sondern um Verantwortungs- und Schuldzuweisungen, von denen Frauen sich selbst nicht frei machen können?

Judith Kaufmann: Frauen haben zwar Kinder und geben ihren Beruf nicht auf. Aber die spezifische Freiheit, im Beruf vielleicht auch einen ungewöhnlichen Weg zu gehen, gestehen sich die meisten Frauen dann nicht mehr zu. Das kommt als Grund für die immer noch relativ wenigen Kamerafrauen zu den größeren Selbstzweifeln noch hinzu. Aber ganz viele Kameramänner, die ich kenne, haben Kinder, sind Väter. Und es ist ganz selbstverständlich, dass sie die Filme machen, die sie machen wollen.

Astrid Pohl: Sind diese Bedingungen nicht bei den Darstellern vor der Kamera ganz ähnlich? Trotzdem haben sich die Schauspielerinnen nicht so aufhalten lassen.

Judith Kaufmann: Wenn ich als Kamerafrau ein Projekt mache, bin ich häufig zwischen acht und zwölf Wochen komplett eingebunden. Für Regisseurinnen, von denen es ja auch immer noch viel zu wenige gibt, ist die Situation genauso. Aber bei den Schauspielern sind die Belastungen glaube ich verteilter, da gibt es eine geringe Zahl von Drehtagen und Zeitverträge, das ist einfacher zu handhaben.

Für mich war relativ früh klar, dass ich nicht unbedingt Kinder haben muss. Aber mir war auch klar, ganz tief, wie eingebläut: Wenn ich ein Kind habe, kann ich meinen Beruf nicht mehr so weiter machen. Ich find das nicht gut, trotzdem ist es so, dass ich ein enorm schlechtes Gewissen und Schuldgefühle hätte. Ich weiß nicht, ob ein Mann so fühlen würde.

Astrid Pohl: Die Frage nach dem Geschlecht bleibt also strukturell immer noch ein Thema, auch wenn die Fronten aufgeweicht sind und sich neue Möglichkeiten bieten?

Judith Kaufmann: Das würde ich schon so sagen.

Astrid Pohl: Wie war das am Anfang Ihrer Karriere?

Judith Kaufmann: 1981 habe ich als Kameraassistentin noch nicht einmal einen Praktikumsplatz bekommen, weil mir die Leute beim SFB, bei den Sendern, bei Filmproduktionen gesagt haben: Das ist kein Beruf für eine Frau. Und mit den absurdesten Argumenten: Das ist körperlich zu schwer. Was machen Sie, wenn im Wald gedreht wird und da ist keine Toilette? Was machen Sie, wenn es unterwegs beim Dreh nur noch ein Hotelzimmer für zwei Leute gibt? Es ist eine Zumutung für Männer, wenn die Frauen ihre Tage bekommen usw. Es war für mich damals wirklich ausgesprochen schwierig. Während der ganzen Assistenzzeit habe ich diesen Druck gespürt, dauernd beweisen zu müssen, dass ich so gut bin wie ein Mann, dass ich etwas kann. Das führt zu einer Art von Verhärtung und Verbissenheit. Man erlaubt sich nicht, eine Schwäche zu zeigen, und wird im Kontakt auch tatsächlich anstrengend. Aber wenn schließlich anerkannt wird, dass man die Arbeit gut gemacht hat, dann bleibt man auch stärker in Erinnerung und erfährt einen besonderen Respekt. Es hat bei mir lange gedauert, bis diese Versagensängste sich etwas gelegt hatten.

Astrid Pohl: Mit der wachsenden Sicherheit kommt eine neue Form der Freiheit in der Arbeit dazu. Ab wann haben Sie das selbst gespürt?

Judith Kaufmann: Die erste Stufe von Freiheit war, als ich das erste Mal selbst die Kamera gemacht habe. Das war etwas, das nichts mehr mit Beweisen zu tun hatte. Das war meine Leidenschaft, da musste ich mich nicht anstrengen, sondern etwas wollte raus. Dann kam noch einmal eine lange Durststrecke. Die zweite Stufe begann vor ein paar Jahren, seit die Zusammenarbeit mit Leuten sich fortsetzt, unabhängig vom Geschlecht, seit dabei auch Freundschaften entstehen und man sich für das Projekt und füreinander interessiert.

Astrid Pohl: Auch wenn Sie selbst das Gefühl hatten, dass eine Zusammenarbeit gut war, haben Sie diese Gewissheit ja wahrscheinlich erst, wenn es ein erneutes Angebot zur Mitarbeit gibt. Oder gibt es ein offenes Feedback in der Zusammenarbeit?

Judith Kaufmann: Sorgen über die Qualität ihrer Arbeit und der Zusammenarbeit machen sich ja alle, wie in allen anderen Berufen auch. Auch hier spricht man nicht unbedingt offen darüber und kann sich eben auch nicht sicher sein, wie die anderen das sehen.

Astrid Pohl: Mir scheint es, als hätte sich in den deutschen Produktionen der neuesten Zeit eine bestimmte Inszenierungsmethode eingeschliffen, eine Art runtergekochter «*Dogma*-Stil», wo es nicht mehr ohne Wackelkamera, farbentsättigte Bilder und Blickachsensprünge zu gehen scheint. Gibt es eine zur Routine gewordene Ästhetik im deutschen Kino?

Judith Kaufmann: Ich finde ja! Der Versuch, über die Handkamera Direktheit zu schaffen, Unmittelbarkeit, flexibel reagieren zu können, ist ja der Grundgedanke. Aber ich sehe überall, auch im Fernsehen, dass über die Kamera eine extreme Unruhe praktiziert und gefeiert wird, die kein Bruch mehr ist, keine Haltung gegen etwas ist, sondern die nur noch ablenkt und zum Selbstzweck geworden ist. Da wird eine vermeintliche Lebendigkeit geschaffen, was aber nicht stimmt, so wenig wie eine Großaufnahme automatisch Nähe schafft, weil man nah dran ist, oder eine Totale nicht unbedingt Distanz. Man muss immer wieder schauen, was das richtige Mittel ist. Ich bin dieser beliebigen Unsauberkeit auch ein bisschen müde.

Astrid Pohl: Wie war der Umgang mit diesen Fragen in Vier Minuten?

Judith Kaufmann: Es war von Anfang an klar, dass das kein Handkamera-Film ist, auch wenn es in bestimmten Momenten zu einer direkten Konfrontation kommt. Für mich ist das auch eine Flucht, alles wackelig und mit vorhandenem Licht zu drehen. Mich interessiert weniger das nüchterne Abbilden der Realität. Ich suche bei meiner Arbeit nach einem eigenen Ausdruck, für jeden neuen Film wieder neu, der mir für den Inhalt adäquat erscheint. Das kann mal mit Handkamera sein, das kann mal distanziert sein, das kann über Tableaus gehen.

Astrid Pohl: Muss man bei der Arbeit ständig auf der Hut sein, dass sich Methoden im Kopf nicht zu Arbeitsmustern verfestigen?

Judith Kaufmann: Ich glaube, das ist für mich die Hauptaufgabe, nicht in eine Routine zu verfallen. Meine größte Angst ist zu denken, das habe ich gut gemacht, das mache ich jetzt wieder. Diese berühmte Frage nach dem eigenen Stil, das ist für mich überhaupt nichts Anstrebenswertes. Es gibt sicherlich Vorlieben beim Licht, bei Kamerabewegungen, bei der Auflösung. Aber eher interessiert mich der Stil innerhalb eines Films, dass eine Einstellung wirklich zu diesem Film gehört und nicht zu einem anderen. Vier Filme lang denselben Stil zu behalten, wäre für mich wie ein Gefängnis. Diese Moden wie Farbensättigung oder Handkamera hat ja auch Dogma als Wiederaufguss der *Nouvelle Vague* benutzt. Als Gegenbewegung, als Idee macht das Sinn und dabei sind ganz tolle Filme entstanden, bei denen gerade nicht nach den technischen Parametern, zum Beispiel Kadrage oder Schärfe, gegangen wurde. Aber man muss extrem aufpassen, diesen Moden nicht zu erliegen.

Mit Angelina Maccarone habe ich einen TATORT gedreht, in dem es um einen Mord innerhalb einer türkischen Familie geht (WEM EHRE GEBÜHRT; 2007). Da stellte sich wieder die Frage nach der optischen Form. Dieses Wackelige, das Über-die-Achsen-Springen hat auch zum Teil etwas Ignorantes der Handlung gegenüber, weil man eigentlich dauernd beim Zuschauen gestört wird. Diese Störung ist vielleicht gar nicht unbedingt gewollt, man hat nur Angst davor, dass es zu ‹sauber› ist, aber das allein ist zu wenig, um Ausdruck zu schaffen.

Astrid Pohl: Diese Irritationen und Störungen könnten aber auch Teil einer gewinnbringenden Methode sein. Wie zum Beispiel bei David Lynch, der den Zuschauer so lange überfordert, bis der mit seinen rationalen Verstehensversuchen aufgibt und danach den Film anders und neu wahrnimmt. Bei REQUIEM (2006; Regie: Hans-Christian Schmid; Kamera: Bogumil Godfrejof) scheint mir das zum Beispiel gelungen zu sein. Man gibt als Zuschauer die eigene Stabilität durch das permanente Springen der Kamera irgendwann auf und nähert sich so der Figur und ihren Zuständen.

Judith Kaufmann: Für solche Filme wie Requiem oder Lichter (2003; Regie: Hans-Christian Schmid; Kamera: Bogumil Godfrejof) funktioniert das auch. Aber bei Serien im Fernsehen, wo die Leute beim Kaffee sitzen, wird mit Wackelkamera und Achsensprüngen inszeniert. Warum? Es gibt auch finanzielle Gründe. Man kann mit Handkamera und echtem Licht einfach schneller und günstiger produzieren.

Astrid Pohl: Es gibt ein Auseinanderdriften des deutschen Films in Produktionen mit großem Budget, das sind oft Ausstattungsfilme und europäische Koproduktionen, und andererseits in kleinere Projekte, mit denen Ihr Name eher verbunden wird. Nehmen Sie wahr, dass sich da Fronten auftun, dass Gelder vor allem in Richtung der hochkommerziellen Projekte fließen?

Judith Kaufmann: Ich beziehe das mal auf Filme wie Das Parfum – Die Geschichte eines Mörders (2006; Regie: Tom Tykwer; Kamera: Frank Griebe) Das war zu diesem Zeitpunkt der teuerste deutsche Film, den es je gegeben hat, und der löst sein Versprechen natürlich auch ein. Der hat eine bestimmte Opulenz und ich habe Respekt vor der Arbeit, die dahinter steht. In dem Sinne kann sich so ein Film durchaus mit Hollywood messen. Aber in diese Produktionen fließt viel Geld und Förderung und ich habe Angst, dass die großen auch kleinere Projekte schlucken. Die Filme aus Amerika verstopfen auch über diese *package deals* die Kinos. Im Fernsehen ist das ähnlich mit den *event movies*. Wahrscheinlich werden für ein *event movie* vier Fernsehspiele nicht gemacht. Ich befürchte schon, dass von der Vielfalt an kleineren, unabhängigen Filmen einiges verloren geht. Auf der anderen Seite finde ich es natürlich ganz furchtbar, sich mit Filmen messen zu sollen, die ein Vielfaches an Geld und Möglichkeiten haben. Dann sollen Filme mit einem Budget von vier Millionen Euro aussehen, als hätten sie 20 Millionen gekostet. Dann wird versucht, etwas zu kopieren, was in dem Sinne nicht zu kopieren ist. Man merkt zum Teil das Andienen an den großen amerikanischen Film, aber die Mittel stehen gar nicht zur Verfügung. Das ist so überflüssig und da finde ich wirklich: schade drum.

Astrid Pohl: Die Koproduktionen von Kino und Fernsehen sind leichter geworden, die Abgrenzungen scheinen sich weiter aufzulösen. Entstehen durch diese Öffnung auch im Fernsehen neue Möglichkeiten für Sie, zumal das Kino sich auch thematisch auf sein Hauptpublikum, also auf die Fünfzehn- bis Fünfundzwanzigjährigen einstellt und verengt?

Judith Kaufmann: Ich selbst habe kaum Filme gemacht, an denen die Fernsehsender nicht beteiligt waren. An Vier Minuten waren drei Fernsehanstalten beteiligt. Frei, ohne Mitfinanzierung durch die Sender wären die meisten Projekte gar nicht mehr zu realisieren. Natürlich haben die Redakteure bei reinen TV-Produk-

Ein Gespräch zwischen Judith Kaufmann und Astrid Pohl

4 Judith Kaufmann während der Dreharbeiten zu WER WENN NICHT WIR

tionen immer Angst um die Quote, besonders bei Filmen in der *prime time* um 20:15 Uhr. Darum mache ich gerne unabhängige, kleinere Produktionen, weil ich die Vorstellung, dass jemand wüsste, wie man Quote macht, absurd finde.

Astrid Pohl: Der Filmwissenschaftler Thomas Koebner hat vor einiger Zeit in einem Interview bemängelt, dass sich die Filmemacher und Drehbuchautoren in Deutschland viel zu wenig Zeit zur Entwicklung und Durcharbeitung ihrer Stoffe nehmen würden. Wie sehen Sie das?

Judith Kaufmann: Es gibt tatsächlich so eine Tendenz. Vanessa Jopp zum Beispiel ist nach VERGISS AMERIKA sofort gedrängt worden, ihren nächsten Film ENGEL & JOE zu machen. Die Leute machen unter diesem Druck zu schnell den nächsten Film, weil sie denken, «Ich muss das machen, sonst bin ich weg.» Aber es gibt eine Verantwortung der Produzenten, die Dinge ruhiger anzugehen und zu fragen: Ist das der richtige Stoff, der richtige Moment? Kannst du überhaupt schon wieder das nächste Projekt angehen? Es gibt manchmal ein unsensibles Ausbeuten von Leuten, für die es zu schnell ist, gleich ins nächste Projekt zu gehen. Wenn das dann nämlich keine Zuschauer macht, und das war für Vanessa Jopp bei ENGEL & JOE so, dann rasselst du mit deinem Namen bei der Filmförderung durch, weil die Leute sagen, du bist doch nicht so toll. Andererseits wurde auf der Berlinale in den letzten Jahren auch immer wieder gesagt, dass der deutsche Film mehr in der Gegenwart angekommen ist. REQUIEM, KNALLHART (2005; Regie: Detlef Buck; Kamera: Kolja Brandt), auch LICHTER sind Filme, die sich konkreter mit unseren Lebensbedingungen auseinandersetzen und das macht mir eigentlich Mut. Ich kann mir nur wünschen, dass sich die Deutschen mehr für die deutschen Filme und für die deutsche Wirklichkeit interessieren.

4 Judith Kaufmann mit der Schulterkamera beim Drehen von DAS ENDE EINER NACHT

Astrid Pohl: DIE FREMDE war sicherlich ihr bisher größter Erfolg. Wie beurteilen Sie selbst diesen Film im Hinblick auf Ihre Arbeit und Ihre Entwicklung?

Judith Kaufmann: DIE FREMDE war ein low-budget-Film und das Debut von Feo Aladag. Feos Mut und Unbeirrbarkeit und der absolute Wille, diesen Film machen zu wollen, waren sofort spürbar; und vielleicht ist es genau das, was ich bei jedem Film brauche oder mir zumindest wünsche: diese Leidenschaft und das unverkennbare Bedürfnis, eine Geschichte ureigen erzählen zu müssen. Diesem Gefühl folge ich.

Astrid Pohl: 2012 erhielten Sie den Ehrenpreis des Deutschen Kamerapreises. Was bedeutet Ihnen diese Auszeichnung?

Judith Kaufmann: Bestärkung, eine große Ehre, und eine noch größere Freude, und ein bisschen Schreck war natürlich auch dabei: Denn ich fühle mich doch mitten im Beruf, in keinster Form an einem Ende.

Und dann habe ich eine große Wertschätzung für diesen Preis an sich. Denn er schafft eine Aufmerksamkeit für unseren Beruf, für den oft unterschätzten Anteil der Kameraarbeit an einem Film. Eben auch an dem Erfolg eines Films. Ich meine damit gar nicht unbedingt spektakuläre Bilder, Kran-Fahrten, opulente Landschaften, was auch immer, sondern die Tatsache, dass Filmemachen erst einmal auch bedeutet, einen Weg vom Wort zum Bild zu finden, denn grundlegendes Element der Filmsprache ist nun mal das Bild.

Und auf diesen Weg vom Wort zum Bild hat der Mensch hinter der Kamera eben oft einen entscheidenden Einfluss.

Astrid Pohl: Vielen Dank für das Gespräch, Frau Kaufmann.

Das Gespräch fand am 14. Februar 2007 und am 30. Dezember 2012 statt.

Begründung des Beirats zur Verleihung des Marburger Kamerapreises

Mit Judith Kaufmann wird eine Kamerafrau ausgezeichnet, die in den letzten Jahren eine sehr markante und konsequente Bildlichkeit entwickelt hat. In Kooperation mit jungen Regisseurinnen und Regisseuren (Vanessa Jopp, Angelina Maccarone, Lars Büchel, Chris Kraus, Züli Aladag) erzählt sie bewegende Geschichten von Gestrandeten, Gefährdeten und Ausgestoßenen. Die Protagonisten dieser stark beachteten Filme sind meist Jugendliche, die mit einer geradezu verzweifelten Energie ihren Platz in der Gesellschaft suchen, jedoch immer wieder abgewiesen werden oder junge Erwachsene, die scheinbar im Leben angekommen sind, aber unversehens in eine tiefe Krise geraten. Diese Filme versinken jedoch keineswegs in Tristesse und Depression, denn zu bezwingend sind Kraft und Lebensbegehren ihrer Hauptfiguren. Immer wieder gibt es Momente des geglückten Lebens, des zärtlichen Verstehens, Augenblicke der Hoffnung, die über die Enge der Geschichten hinausweisen. Für dieses jüngste deutsche Kino einer neuen sozialen Sensibilität, einer gesteigerten Aufmerksamkeit für die Ränder der Gesellschaft findet Judith Kaufmann beeindruckende Bilder. Von einem neuen poetischen Realismus, den ihre Kameraarbeit wesentlich ausprägt, könnte man sprechen.

Judith Kaufmann verzichtet dabei ganz auf eine nüchterne Registratur und auf einen distanzierten Blick. Ihre Kamera ist immer in einer sympathisierenden und bedingungslosen Nähe zu den Figuren, öffnet sich damit unmittelbar deren Wahrnehmung und Welterleben. Vor allem in ihren Arbeiten der letzten Jahre wird der Bildraum zur entscheidenden Reflexionsebene. In SCHERBENTANZ (2002) bleibt der Kamerablick gänzlich gebunden an das Bewusstsein der Figuren, an ein Leben am Rande des Abgrunds, an die lebensbedrohliche Krankheit, an die Psychose und an die traumatisierende Erinnerung. ENGEL & JOE (2000) bringt mit hektischen Kamerabewegungen, mit unscharfen, sich auflösenden Bildern und mit einem jagenden Erzählrhythmus die zerstörerische Ruhelosigkeit des Drogenrauschs zum Ausdruck.

Mit einer selbstverständlichen Souveränität nutzt Judith Kaufmann alle Parameter der Bildgestaltung als Instrumente des Erzählens. Mit stark ausgebleichten Farben verschärft sie die Bildkontraste und verleiht den Figuren eine suggestive Präsenz – besonders eindrucksvoll in ELEFANTENHERZ (2002). Ihre Lichtgestaltung ist hoch differenziert und macht mit subtilen Abstufungen die Räume als Bewusstseinsebene der Figuren kenntlich. Oft inszeniert sie die Montage in ihren Bildern und betont mit raffinierten Übergängen das komplexe Erzählgeflecht jener Geschichten, die um die Bedrohten und Gefährdeten kreisen. Ihre einfallsreiche Formgebung bereichert nicht nur das Gegenwartskino, auch in Fernsehfilmen gelingt es ihr immer wieder, ihre herausragende Bildgestaltung zur Geltung zu bringen – zuletzt in der zu Recht hoch gelobten BELLA BLOCK-Folge DIE FRAU DES TEPPICHLEGERS (2005).

Auffallend häufig arbeitet Judith Kaufmann mit Regiedebütanten zusammen. Sie schätzt das Offene und noch nicht Festgelegte und tut alles, um den Bildklischees und den bequemen Lösungen zu entgehen. Es spricht für die Konsequenz ihrer Kameraarbeit, dass aus den gemeinsamen Anfängen stabile und dauerhafte Kooperationen entstanden sind. Mit der Auszeichnung für Judith Kaufmann würdigt der Marburger Kamerapreis zugleich auch die Leistung der Kamerafrauen, die in diesem bislang noch stark von Männern dominierten Beruf eine immer bedeutendere Rolle spielen.

Biografie Judith Kaufmann

Judith Kaufmann wurde am 20. September 1962 in Stuttgart als Tochter des Verlegers Dr. Friedrich Kaufmann und der Schauspielerin Lieselotte Rau-Kaufmann geboren. Sie besitzt die österreichische Staatsbürgerschaft, da ihr Vater Österreicher ist. 1963 zieht die Familie nach Berlin. Ihr Vater arbeitet als Verlagsleiter bei Ullstein und betreut dort die Propyläen-Kunstgeschichte. 1977 übernimmt er die Leitung des angesehenen Reimer-Verlags. Ihre Mutter wirkt in den 1970er und 1980er Jahren bei wichtigen Inszenierungen Berliner Bühnen als Darstellerin mit. Judith Kaufmann wächst in Berlin auf und geht dort zur Schule. 1980 macht sie am Werner-von-Siemens-Gymnasium ihr Abitur. Vor allem über die Fotografie entwickelt sie ein Interesse für das Medium Film und fasst schon früh den Entschluss, Kamerafrau zu werden. 1981/82 ist sie als Praktikantin bei der Industrie- und Werbefilmproduktion Cine Kreis Berlin beschäftigt. Von 1982 bis 1984 absolviert sie die Staatliche Fachschule für Optik und Fototechnik in Berlin und erwirbt dort einen Abschluss als «staatlich geprüfte Kamera-Assistentin für Realaufnahme». Ihren Traum, Chefkamerafrau zu werden, verfolgt sie konsequent. Sie hat das Glück, bei herausragenden Kameraleuten als Assistentin arbeiten zu können und lernt so die verschiedenen Facetten dieser Profession aus nächster Nähe kennen. Schon während ihrer Ausbildung an der Fachschule ist sie als Kamera- und Materialassistentin an sechs Spielfilmen der Kameramänner Thomas Mauch, Jürgen Jürges und Konrad Kotowski beteiligt. 1984 folgt dann ein fünfmonatiges Praktikum bei dem Berliner Kameraverleih Onasch. Von 1984 bis 1991 arbeitet sie als 1. Kamera-Assistentin bei 14 Kinofilmen, sechs Fernsehfilmen und acht Dokumentationen zusammen mit so wichtigen Kameraleuten wie Gernot Roll, Thomas Mauch, Raoul Coutard, Jürgen Jürges, Nurith Aviv und Heinz Pehlke. Ab 1990 fungiert sie als *Operator* oder als *Second-Unit-Kamerafrau* in Kinofilmen der Kameraleute Gernot Roll, Jürgen Jürges und Axel Block – zuletzt 1992 bei Wim Wenders' Film IN WEITER FERNE SO NAH (Kamera: Jürgen Jürges). Seit 1991 ist Judith Kaufmann Chefkamerafrau. Sie hat zahlreiche Kinofilme, Fernsehfilme und Dokumentationen als *Director of Photography* gedreht. Mit ihrer reichen technischen Erfahrung und ihrer eindringlichen, stilsicheren Bildarbeit hat sie wesentlich dazu beigetragen, dass die Regiedebuts von Angelina Maccarone, Vanessa Jopp, Chris Kraus und Feo Aladag zum Erfolg wurden und sich diese Regisseurinnen und Regisseure im Regiefach etablieren konnten. Aber auch bekannte und längst renommierte Regisseure wie Kai Wessel, Jo

Baier, Andres Veiel und Matti Geschonneck versichern sich ihrer Mitarbeit. Die stetig wachsende Anerkennung bei Publikum und Kritik spiegelt sich in zahlreichen bedeutenden Auszeichnungen, die Judith Kaufmann erhalten hat: Bayerischer Filmpreis 2003 für Elefantenherz; Deutscher Kamerapreis 2003 für Scherbentanz; Marburger Kamerapreis 2006; Deutscher Fernsehpreis 2006 für Bella Block: Die Frau des Teppichlegers; Deutscher Kamerapreis und Preis der deutschen Filmkritik 2010 für Die Fremde. Im Juni 2012 wurde sie für ihre «herausragenden Leistungen» mit dem Ehrenpreis des Deutschen Kamerapreises ausgezeichnet.

Bereits seit 1994 hatte Judith Kaufmann Lehraufträge an der Fachhochschule Dortmund, der Filmakademie Ludwigsburg, der Deutschen Film- und Fernsehakademie Berlin, der Kunsthochschule für Medien Köln und der Internationalen Filmschule Köln wahrgenommen. Seit April 2011 leitet sie den Bereich «Kamera» an der Hamburg Media School und unterrichtet dort regelmäßig. Judith Kaufmann lebt in Berlin.

Filmografie Judith Kaufmann

AUFRECHT GEHEN, RUDI DUTSCHKE – SPUREN
Deutschland 1988
Regie: Helga Reidemeister; Produktion: Klaus Volkenborn; Kamera: Judith Kaufmann, Lars Barthel, Hartmut Lange, Fritz Poppenberg; Drehbuch: Helga Reidemeister; Schnitt: Petra Heymann, Katharina Rosa
Länge: 92 Min
Dokumentarfilm, 16 mm

FUSSEL
Deutschland 1988
Regie: Thomas Struck; Produktion: Thomas Struck; Schnitt: Renate Merck; Kamera: Judith Kaufmann, Thomas Mauch, Jochen Moess; Drehbuch: Klaus Feddermann, Thomas Struck
Darsteller: Michael Bessenroth, Finja Friederike, Jürgen Fritzen, Andy Hertel, Hans-Chrsitian Hess, Volkmar Hintz, Susanne Hoenisch, Eva Mattes
Länge: 10 Min
Kurzfilm, 35 mm

NIE WIEDER SCHLAFEN
Deutschland 1992
Regie: Pia Frankenberg; Produktion: Pia Frankenberg; Kamera: Judith Kaufmann; Musik: Loek Dikker; Schnitt: Raimund Barthelmes, Angelika Sengbusch; Szenenbild: Uli Fischer; Drehbuch: Karin Aström, Pia Frankenberg
Darsteller: Lisa Kreuzer, Gabi Herz, Christiane Carstens, Ernst Stötzner, Michael Altmann, Leonard Lansink, Peter Lohmeyer, Klaus Bueb
Länge: 92 Min
35 mm

AUSSERIRDISCHE
Deutschland 1993
Regie: Florian Gärtner; Produktion: Florian Gärtner; Kamera: Judith Kaufmann; Drehbuch: Florian Gärtner; Musik: Stephen Howdon; Schnitt: Tanja Petry; Oberbeleuchter: Ali Olay Gözkaya
Darsteller: Jasper Brandis, Florian Gärtner, Peter A. Werner, Christiane Schlote, Matthias Matz
Länge: 78 Min
TV-Film

NICO – ICON
Deutschland / USA 1995
Regie: Susanne Ofteringer; Produktion: Thomas Mertens Peter Nadermann, Annette Pisacane, Ulla Zwicker; Kamera: Judith Kaufmann, Katarzyna Remin, Sibylle Stürmer; Drehbuch: Susanne Ofteringer; Schnitt: Elfe Brandenburger, Guido Krajewski; Kameraassistenz: Martina Radwan
Darsteller: Nico, Tina Aumont, Ari Boulogne, Edith Boulogne, Jackson Browne, John Cale, Danny Fields, Carlos De Maldonado-Bostock, Jonas Mekas, Paul Morrissey
Länge: 70 Min
Dokumentarfilm, 16 mm / 35 mm

NIEMAND AUSSER MIR
Deutschland 1996
Regie: Florian Gärtner; Produktion: Robert Geisler; Kamera: Judith Kaufmann;

Drehbuch: Florian Gärtner, Sabine Holtgreve; Musik: Andy Groll; Schnitt: Bettina Böhler, Florian Gärtner; Szenenbild: Angelika Mende
Darsteller: Marie-Cecile von Dörnberg, Stephen Mahner, Mario Kranz, Sanam Afrashteh, Leander Lichti, Olli Simon
Länge: 90 Min
TV-Film, 16 mm

Der Steuermann
Deutschland 1997
Regie: Stefan Schneider; Produktion: Stefan Schneider; Kamera: Judith Kaufmann; Drehbuch: Stefan Schneider; Musik: Markus Hoering; Schnitt: Ulla Hiltl; Szenenbild: Camilla Nagler; Oberbeleuchter: Georg Nonnenmacher
Darsteller: Dietmar Mössmer, Katja Weitzenböck
Länge: 12 Min
Kurzfilm, 35 mm

Alles wird gut
Deutschland 1998
Regie: Angelina Maccarone; Produktion: Claudia Schröder; Kamera: Judith Kaufmann; Drehbuch: Fatima El-Tayeb, Angelina Maccarone; Musik: Jacob Hansonis
Darsteller: Kati Stüdemann, Chantal De Freitas, Isabella Parkinson, Pierre Sanoussi-Bliss, Aglaia Szyszkowitz, Uwe Rohde
Länge: 88 Min
Beta SP

Ein Engel schlägt zurück
Deutschland 1998
Regie: Angelina Maccarone; Produktion: Hubertus Meyer-Burckhardt; Kamera: Judith Kaufmann; Drehbuch: Michaela Ewers, Angelina Maccarone; Musik: Jacob Hansonis; Schnitt: Michèle Barbin
Darsteller: Jale Arikan, Tatjana Blacher, Marek Harloff, Silvan-Pierre Leirich, Jessica Kosmalla, Jan Peter Heyne
Länge: 83 Min
TV-Film, Video / Digital Betacam

Marie Marie
Deutschland 1999
Regie: Erica von Moeller; Produktion: Erica von Moeller; Kamera: Judith Kaufmann; Drehbuch: Erica von Moeller; Schnitt: Rita Schwarze; Erica von Moeller; Szenenbild: Anette Laforsch, Claudia Vonend
Darsteller: Cassis Kilian, Fee Maxeiner
Länge: 12 Min
Kurzfilm, 35 mm

Drachenland
Deutschland 1999
Regie: Florian Gärtner; Produktion: Florian Koerner von Gustor; Kamera: Judith Kaufmann; Drehbuch: Florian Gärtner; Schnitt: Bettina Böhler; Szenenbild: Kade Gruber; Kameraassistenz: Ute Freund; Oberbeleuchter: Tom Meienburg
Darsteller: Marek Harloff, Peggy Lukac, Julia Richter, Matthias Matz, Inga Busch, Laura Tonke, Hans Peter Hallwachs, Angela Schanelec
Länge: 90 Min
TV-Film, 35 mm

Schwiegermutter
Deutschland 2000
Regie: Dagmar Hirtz; Produktion: Dagmar Rosenbauer; Kamera: Judith Kaufmann; Drehbuch: Laila Stieler; Musik: Annette Focks; Schnitt: Benjamin Hembus
Darsteller: Christiane Hörbiger, Martin Glade, Camilla Renschke, Monica Bleibtreu, Marie Gruber, Peter Lerchbaumer, Bettina Kupfer, Matthias Fuchs
Länge: 88 Min
TV-Film

Filmografie Judith Kaufmann

VERGISS AMERIKA
Deutschland 2000
Regie: Vanessa Jopp; Produktion: Katja De Bock, Alena Rimbach, Herbert Rimbach; Kamera: Judith Kaufmann; Drehbuch: Maggie Peren; Musik: Beckmann; Schnitt: Martina Matuschewski; Szenenbild: Silke Buhr; Kameraassistenz: Astrid Miegel; Oberbeleuchter: Frank Zschieschow
Darsteller: Marek Harloff, Roman Knizka, Franziska Petri, Margitta Lüder-Preil, Rita Feldmeier, Andreas Schmidt-Schaller, Johannes Franke, Wolfgang Grosse, Ursula Doll, Rainer Gohde
Länge: 90 Min
35 mm

SWETLANA
Deutschland 2000
Regie: Tamara Staudt; Produktion: Gerd Haag; Kamera: Judith Kaufmann; Drehbuch: Ulrike Maria Hund; Musik: Mario Peters; Schnitt: Inge Schneider; Szenenbild: Sonja Ilius, Andreas Piontkowitz; Oberbeleuchter: Dirk Hilbert
Darsteller: Marina Podlich, Denis Burgazliev, Abdelwahab Achouri, Mehmet Zeki Akaltin, Konstantin Brenning, Dennis Davydov, Mestour, El Houssaine, Lilia Henze, Waldemar Hooge, Patrick Joswig
Länge: 85 Min
35 mm / Spherical

JETZT ODER NIE – ZEIT IST GELD
Deutschland 2000
Regie: Lars Büchel; Produktion: Helga Bähr, Hanno Huth, Til Schweiger, Gerhard von Halem, Ralf Zimmermann; Kamera: Judith Kaufmann; Drehbuch: Lars Büchel, Ruth Toma; Musik: Max Berghaus, Stefan Hansen, Dirk Reichardt; Schnitt: Bettina Vogelsang; Szenenbild: Silke Buhr; Kameraassistenz: Matthias Uhlig

Darsteller: Gudrun Okras, Elisabeth Scherer, Christel Peters, Vladimir Weigl, Rainer Bock, Thomas Brenner, Corinna Harfouch, Oliver Korittke, Til Schweiger, Martin Semmelrogge
Länge: 90 Min
35 mm / Super 35

ENGEL & JOE
Deutschland 2001
Regie: Vanessa Jopp; Produktion: Michael Eckelt, Noemi Ferrer, Hieronymus Proske, Volker Stolberg, Ira von Gienanth; Kamera: Judith Kaufmann; Drehbuch: Kai Hermann, Vanessa Jopp, Oliver Simon, Christoph von Zastrow; Musik: Beckmann; Schnitt: Martina Matuschewski; Szenenbild: Alexander Scherer; Kameraassistenz: Henrik Sauer
Darsteller: Robert Stadlober, Jana Pallaske, Lena Sabine Berg, Mirko Lang, Stefanie Mühlhan, Nadja Bobyleva, Oliver Wolter, Michel Besl, Simon Solbert, Dorina Maltschewa
Länge: 93 Min
35 mm

ELEFANTENHERZ
Deutschland 2002
Regie: Züli Aladag; Produktion: Katja De Bock, Annette Pisacane; Kamera: Judith Kaufmann; Drehbuch: Züli Aladag, Marija Erceg; Musik: Eckart Gadow; Schnitt: Andreas Wodraschke; Szenenbild: Ruth B. Wilbert; Erster Kameraassistent: Henrik Sauer
Darsteller: Daniel Brühl, Manfred Zapatka, Jochen Nickel, Angelika Bartsch, Erhan Emre, Thierry van Werveke, Jana Thies, Luana Bellinghausen, Ali Cakir, Hilmi Sözer
Länge: 95 Min
35 mm

Filmografie Judith Kaufmann

BRASS ON FIRE
Deutschland 2002
Regie: Ralf Marschalleck; Produktion: Ralf Marschalleck; Kamera: Judith Kaufmann; Lars Barthel, Christian Maletzke, Marcus Winterbauer; Drehbuch: Ralf Marschalleck; Musik: Fanfare Ciocarlia; Schnitt: Ralf Marschalleck, Joachim Tschirner, Angela Wendt
Darsteller: Constantin Calin, Constantin Cantea, Nicusor Cantea, Nicolae Ionita, Daniel Ivancea, Ioan Ivancea, Laurentiu Mihai Ivancea, Oprica Ivancea, Radulescu Lazar
Länge: 103 Min
Dokumentarfilm, 35 mm

SCHERBENTANZ
Deutschland 2002
Regie: Chris Kraus
Produktion: Norbert W. Daldrop, Monika Kintner, Joseph Rau; Kamera: Judith Kaufmann; Drehbuch: Chris Kraus; Musik: Jan Tilman Schade; Schnitt: Renate Merck; Szenenbild: Silke Buhr; Erster Kameraassistent: Henrik Sauer; Oberbeleuchter: Frank Zschieschow
Darsteller: Jürgen Vogel, Nadja Uhl, Margit Carstensen, Peter Davor, Dietrich Hollinderbäumer, Andrea Sawatzki, David Schwarzenthal, Daniel Veigel, Ronnie Janot, Wolfgang Klapper
Länge: 95 Min
35 mm

TATORT: DER SCHWARZE TROLL
(Folge 533)
Deutschland 2003
Regie: Vanessa Jopp, Christoph Valentin; Produktion: Katja De Bock, Annette Strelow; Kamera: Judith Kaufmann; Drehbuch: Thea Dorn; Musik: Oliver Heuss, Loy Wesselburg; Schnitt: Elke Schloo; Szenenbild: Christian Buchtenkirch, Alexander Scherer; Kameraassistenz: Henrik Sauer; Licht: Hannes Duls
Darsteller: Sabine Postel, Oliver Mommsen, Camilla Renschke, Judith Engel, Marek Harloff, Mathias Herrmann, Alexandra Henkel, Rolf Hoppe
Länge: 89 Min
TV-Film

ERBSEN AUF HALB 6
Deutschland 2004
Regie: Lars Büchel; Produktion: Hanno Huth, Til Schweiger, Ralf Zimmermann; Kamera: Judith Kaufmann; Drehbuch: Lars Büchel, Ruth Toma; Musik: Max Berghaus, Stefan Hansen, Dirk Reichardt; Schnitt: Peter R. Adam; Szenenbild: Christoph Kanter; Erster Kameraassistent: Henrik Sauer; Oberbeleuchter: Niels Maier
Darsteller: Fritzi Haberlandt, Hilmir Snær Guðnason, Tina Engel, Harald Schrott, Jenny Gröllmann, Petra Hartung, Jens Münchow, Annett Renneberg, Alice Dwyer, Max Mauff
Länge: 111 Min
35 mm

JENA PARADIES
Deutschland 2004
Regie: Marco Mittelstaedt; Produktion: Martina Knapheide, Bernhard Koellisch, Sabine Manthey, Jörg Schneider; Kamera: Judith Kaufmann; Drehbuch: Marco Mittelstaedt, Karen Matting; Musik: Lars Löhn; Schnitt: Christian Nauheimer; Szenenbild: Thomas Fischer
Darsteller: Stefanie Stappenbeck, Luca De Michieli, Bruno Apitz, Hans-Jochen Wagner, Gitta Schweighöfer, Jörg Malchow, Henning Peker, Maximilian Grill, Holger Kraft, Frank Benz
Länge: 83 Min
35 mm

Filmografie Judith Kaufmann

FREMDE HAUT
Deutschland 2005
Regie: Angelina Maccarone
Produktion: Markus Fischer, Ulrike Zimmermann; Kamera: Judith Kaufmann
Drehbuch: Angelina Maccarone, Judith Kaufmann; Musik: Hartmut Ewert; Jacob Hansonis; Schnitt: Bettina Böhler; Szenenbild: Thomas Stromberger; Kameraassistenz: Henrik Sauer; Oberbeleuchter: Thomas von Klier
Darsteller: Jasmin Tabatabai, Navíd Akhavan, Bernd Tauber, Majid Farahat, Georg Friedrich, Atischeh Hannah Braun, Mikail Dersim Sefer, Haranet Minlik, Homa Tehrani, Frank Frede
Länge: 97 Min
35 mm

BELLA BLOCK: DIE FRAU DES TEPPICHLEGERS
(Folge 19)
Deutschland 2005
Regie: Kai Wessel; Produktion: Selma Brenner, Norbert Sauer, Christian Springer
Kamera: Judith Kaufmann; Drehbuch: Beate Langmaack; Musik: Ralf Wienrich; Schnitt: Tina Freitag; Szenenbild: Gerd Staub; Kameraassistenz: Henrik Sauer
Darsteller: Hannnelore Hoger, Rudolf Kowalski, Devid Striesow, Anna Antonowicz, Ulrike Krumbiegel, Robert Gallinowski, Judith Engel, Hansjürgen Hürrig
Länge: 98 Min
TV-Film

VIER MINUTEN
Deutschland 2006
Regie: Chris Kraus; Produktion: Alexandra Kordes, Meike Kordes, Georg Steinert; Kamera: Judith Kaufmann; Drehbuch: Chris Kraus; Musik: Annette Focks; Schnitt: Uta Schmidt; Szenenbild: Silke Buhr, Christian Sitta; Kameraassistenz: Henrik Sauer; Oberbeleuchter: Peter Fritscher
Darsteller: Hannah Herzsprung, Monica Bleibtreu, Jasmin Tabatabai, Vadim Glowna, Nadja Uhl, Peter Davor, Christian Koerner, Richy Müller, Dietrich Hollinderbäumer, Dieter Moor
Länge: 112 Min
16 mm / 35 mm

ICH WOLLTE NICHT TÖTEN
Deutschland 2007
Regie: Dagmar Hirtz; Produktion: Andreas Bareiß, Gloria Burkert; Kamera: Judith Kaufmann; Drehbuch: Frauke Hunfeld; Musik: Annette Focks; Schnitt: Nicola Undritz; Szenenbild: Ingrid Buron, Greg Namberger; Kameraassistenz: Christian Almesberger; Licht: Peter Fritscher, Martin Sell
Darsteller: Jessica Schwarz, Hinnerk Schönemann, Gerald Alexander Held, Martin Feifel, Axel Wandtke, Petra Zieser, Peter Lerchbaumer, Inga Birkenfeld
Länge: 87 Min
TV-Film

VIVERE
Deutschland/Niederlande 2007
Regie: Angelina Maccarone; Produktion: Jaymes Butler, Anita Elsani, Christian Fürst, Susanne Kusche, Raymond van der Kaaij; Kamera: Judith Kaufmann; Drehbuch: Angelina Maccarone; Musik: Hartmut Ewert; Jacob Hansonis; Schnitt: Bettina Böhler; Szenenbild: Peter Menne; Erster Kamerassistent: Henrik Sauer
Darsteller: Hannelore Elsner, Esther Zimmering, Kim Schnitzer, Egbert Jan Weber, Aykut Kayacik, Inger Hansen, Evert Aalten, Maarten Hemmen
Länge: 102 Min
35 mm

Filmografie Judith Kaufmann

DAS LETZTE STÜCK HIMMEL
Deutschland 2007
Regie: Jo Baier; Produktion: Gabriela Sperl, Michael André, Gerhard Hegele; Kamera: Judith Kaufmann; Drehbuch: Jo Baier, Michael Watzke; Musik: Torsten Breuer; Schnitt: Clara Fabry; Szenenbild: Patrick Steve Müller; Kameraassistenz: Henrik Sauer; Oberbeleuchter: Timm Brückner
Darsteller: David Rott, Maximilian von Pufendorf, Nora Tschirner, Karl Kranzkowski, Krista Posch, Finja Martens, Saskia Schwarz, Tobias Kasimirowicz
Länge: 87 Min
TV-Film

TATORT: WEM EHRE GEBÜHRT
(Folge 684)
Deutschland 2007
Regie: Angelina Maccarone; Produktion: Lisa Blumenberg, Doris J. Heinze, Kerstin Ramcke; Kamera: Judith Kaufmann; Drehbuch: Angelina Maccarone; Musik: Hartmut Ewert, Jacob Hansonis; Schnitt: Bettina Böhler; Szenenbild: Zazie Knepper; Kameraassistenz: Henrik Sauer
Darsteller: Maria Furtwängler, Mehmet Kurtulus, Aylin Tezel, Hilmi Sözer, Ingo Naujoks, Torsten Michaelis, Meral Perin, Tobias Schenke
Länge: 90 Min
TV-Film

BELLA BLOCK: REISE NACH CHINA
(Folge 24)
Deutschland 2008
Regie: Chris Kraus; Produktion: Selma Brenner, Pit Rampelt, Norbert Sauer; Kamera: Judith Kaufmann; Drehbuch: Chris Kraus; Musik: Annette Focks; Schnitt: Uta Schmidt; Szenenbild: Thilo Mengler; Kameraassistenz: Henrik Sauer; Oberbeleuchter: Timm Brückner
Darsteller: Hannelore Hoger, Devid Striesow, Jeanette Hain, Peter Davor, Jürgen Hentsch, Sven Pippig, Hansjürgen Hürrig, Rudolf Kowalski
Länge: 94 Min
TV-Film

FEUERHERZ
Deutschland / Italien / Österreich / Frankreich 2008
Regie: Luigi Falorni; Produktion: Bernd Burgemeister, Andreas Schreitmüller, Hubert von Spreti; Kamera: Judith Kaufmann; Drehbuch: Luigi Falorni, Gabriele Kister; Musik: Andrea Guerra, Stephan Massimo; Schnitt: Anja Pohl; Szenenbild: Vittoria Sogno; Erster Kameraassistent: Michael Hammer; Oberbeleuchter: Timm Brückner
Darsteller: Letekidan Micael, Solomie Micael, Seble Tilahun, Daniel Seyoum, Mekdes Wegene, Samuel Semere, Mesfin Lesese, Kybra Necash
Länge: 92 Min
35 mm

IHR KÖNNT EUCH NIEMALS SICHER SEIN
Deutschland 2008
Regie: Nicole Weegmann; Produktion: Anke Scheib, Micha Terjung, Iris Wolfin-

Judith Kaufmann mit Oberbeleuchter Timm Brückner

Filmografie Judith Kaufmann

Judith Kaufmann am Set von DIE FREMDE

ger; Kamera: Judith Kaufmann; Drehbuch: Eva Zahn, Volker A. Zahn; Musik: Birger Clausen; Schnitt: Andrea Mertens; Szenenbild: Ralf Mootz; Kameraassistenz: Christian Hüning; Oberbeleuchter: Timm Brückner
Darsteller: Ludwig Trepte, Jenny Schily, Jürgen Tonkel, Anna Marie Fuchs, Anneke Kim Sarnau, Karoline Teska
Länge: 88 Min
TV-Film, Super 16 / Digital (DigiBeta)

DIE FREMDE
Deutschland / Österreich 2010
Regie: Feo Aladag; Produktion: Feo Aladag, Züli Aladag, Karsten Aurich, Julia Radke; Kamera: Judith Kaufmann; Drehbuch: Feo Aladag; Musik: Stéphane Moucha, Max Richter; Schnitt: Andrea Mertens; Szenenbild: Silke Buhr; Erster Kamerassistent: Henrik Sauer; Oberbeleuchter: Timm Brückner
Darsteller: Sibel Kekilli, Nizam Schiller, Derya Alabora, Settar Tanirögen, Tamer Yigit, Serhad Can, Almila Bagriacik, Florian Lukas, Nursel Köse, Alwara Höfels
Länge: 119 Min
35 mm

ALLES LIEBE
Deutschland 2010
Regie: Kai Wessel; Produktion: Ilka Förster, Heike Richter-Karst; Kamera: Judith Kaufmann; Drehbuch: Beate Langmaack, Kai Wessel; Musik: Ralf Wienrich; Schnitt: Tina Freitag; Szenenbild: Josef Sanktjohanser; Kameraassistenz: Florian Ritter; Oberbeleuchter: Timm Brückner
Darsteller: Hannelore Elsner, Karoline Eichhorn, Axel Schreiber, Julia Brendler, Ricarda Zimmerer, Manfred-Anton Algrang
Länge: 90 Min
TV-Film

DAS ENDE IST MEIN ANFANG
Deutschland / Italien 2010
Regie: Jo Baier; Produktion: Manfred Brey, Ulrich Limmer, Giorgio Magliulo; Kamera: Judith Kaufmann; Drehbuch: Folco Terzani, Ulrich Limmer; Musik: Ludovico Einaudi; Schnitt: Claus Wehlisch; Szenen-

Dreharbeiten zu DAS ENDE IST MEIN ANFANG

bild: Eckart Friz; Kameraassistenz: Christian von Spee; Oberbeleuchter: Timm Brückner
Darsteller: Bruno Ganz, Elio Germano, Erika Pluhar, Andrea Osvárt, Nicolò Fitz-William Lay
Länge: 98 Min
35 mm

Wer wenn nicht wir
Deutschland 2011
Regie: Andres Veiel; Produktion: Thomas Kufus, Jörn Klamroth, Andrea Hanke, Carl Bergengruen; Kamera: Judith Kaufmann; Drehbuch: Andreas Veiel, Gerd Koenen; Musik: Annette Focks; Schnitt: Hansjörg Weißbrich; Szenenbild: Christian M. Goldbeck; Erster Kameraassistent: Michael Rathgeber; Oberbeleuchter: Timm Brückner
Darsteller: August Diehl, Lena Lauzemis, Alexander Fehling, Thomas Thieme, Imogen Kogge, Michael Wittenborn, Susanne Lothar, Maria-Victoria Dragus
Länge: 124 Min
35 mm

Charlotte Rampling – The Look
Deutschland / Frankreich 2011
Regie: Angelina Maccarone; Produktion: Michael Trabitzsch, Gerd Haag, Serge Lalou, Charlotte Uzu; Kamera: Judith Kaufmann (Segment: *Exposure*), Bernd Meiners; Drehbuch: Angelina Maccarone; Musik: Friedrich Hollaender, John Covertino, Jean Michel Jarre; Schnitt: Bettina Böhler
Darsteller: Charlotte Rampling, Peter Lindbergh, Paul Auster, Barnaby Southcombe, Juergen Teller, Frederick Seidel, Franckie Diago, Anthony Palliser
Länge: 97 Min
Dokumentarfilm, 35 mm

Mord in Ludwigslust
Deutschland 2012
Regie: Kai Wessel; Produktion: Benjamin Benedict; Kamera: Judith Kaufmann; Drehbuch: Thomas Kirchner; Musik: Ralf Wienrich; Schnitt: Tina Freitag; Szenenbild: Monika Nix; Erster Kameraassistent: Uli Schmidt; Oberbeleuchter: Armin Buerkle
Darsteller: Anja Kling, Mark Waschke, Ina Weisse, Peter Prager, Florian Bartholomäi, Clemens Schick, Michael A. Grimm, Volkmar Kleinert
Länge: 90 Min
TV-Film, 16 mm / Super 16

Das Ende einer Nacht
Deutschland 2012
Regie: Matti Geschonneck; Produktion: Wolfgang Cimera, Reinhold Elschot, Stefanie von Heydwolff; Kamera: Judith Kaufmann; Drehbuch: Magnus Vattrodt; Musik: Florian Tessloff; Schnitt: Ursula Höf; Szenenbild: Thomas Freudenthal; Erster Kameraassistent: Michael Rathgeber; Oberbeleuchter: Timm Brückner
Darsteller: Barbara Auer, Ina Weisse, Jörg Hartmann, Matthias Brandt, Christoph M. Ohrt, Katharina Lorenz, Alexander Hörbe, Johann Adam Oest
Länge: 89 Min
TV-Film

Zwei Leben
Deutschland / Dänemark / Norwegen 2012
Regie: Georg Maas; Produktion: Axel Helgeland, Rudi Teichmann, Dieter Zeppenfeld; Kamera: Judith Kaufmann; Drehbuch: Georg Maas, Christoph Tölle, Ståle Stein Berg, Judith Kaufmann; Musik: Christoph M. Kaiser, Julian Maas; Schnitt: Hansjörg Weißbrich; Szenenbild: Bader El Hindi; Erster Kameraassistent: Michael Rathgeber;

Filmografie Judith Kaufmann

Judith Kaufmann bespricht mit ihrem Oberbeleuchter Timm Brückner die Lichtsetzung für Das Ende einer Nacht

Oberbeleuchter: Timm Brückner
Darsteller: Liv Ullmann, Dennis Storhøi, Ken Duken, Vicky Krieps, Juliane Köhler, Svern Nordin, Rainer Bock, Ursula Werner, Julia Bache-Wiig, Daniel Krauss
Länge: 97 Min
Arri Alexa – Digital Intermediate – 35 mm

Sein letztes Rennen
Deutschland 2013
Regie: Kilian Riedhof; Produktion: Magdalena Prosteder, Boris Schönfelder; Kamera: Judith Kaufmann; Drehbuch: Kilian Riedhof, Marc Blöbaum; Musik: Peter Hinderthür; Schnitt: Melanie Margalith; Szenenbild: Erwin Prib; Erster Kameraassistent: Michael Rathgeber; Oberbeleuchter: Timm Brückner
Darsteller: Heike Makatsch, Frederick Lau, Katrin Saß, Mehdi Nebbou, Dieter Hallervorden, Otto Mellies, Ruth Glöss, Heinz W. Krückeberg

Traumland
Deutschland / Schweiz 2014
Regie: Petra Biondina Volpe; Produktion: Lukas Hobi, Reto Schärli; Kamera: Judith Kaufmann; Drehbuch: Petra Biondina Volpe; Schnitt: Hansjörg Weißbrich
Darsteller: Luna Mijovic, André Jung, Bettina Stucky, Marisa Paredes, Ursina Lardi, Devid Striesow, Stefan Kurt, Kire Gorevski

Hinweise zu den Autorinnen und Autoren

Monica Bleibtreu, geb. 1944 in Wien. Studierte Schauspiel am Max-Reinhardt-Seminar in Wien und konzentrierte sich zunächst ganz auf das Theater. Engagements an wichtigen deutschsprachigen Bühnen: Wiener Burgtheater, Münchner Kammerspiele, Schauspielhaus Zürich, Schiller Theater Berlin, Berliner Schaubühne, Deutsches Schauspielhaus Hamburg. 1993–1998 Professorin für Schauspiel an der Hochschule für Musik und Theater Hamburg. Erst spät wurde sie im Film und im Fernsehen zu einer vielbeschäftigten und gefeierten Darstellerin. Sie erhielt für ihre Arbeit zahlreiche Preise, unter anderem den Adolf-Grimme-Preis, den Bayerischen Filmpreis und den Deutschen Filmpreis für ihre Rolle der Traude Krüger in 4 Minuten. Weitere wichtige Filme: Lola rennt (1998); Abschied. Brechts letzter Sommer (2000); Die manns (2001); Verlorenes Land (2001); Marias letzte Reise (2005); Soul Kitchen (2009). Monica Bleibtreu starb am 13.05.2009 in Hamburg.

Marli Feldvoß (Frankfurt am Main), Publizistin, Filmkritikerin, Lehrbeauftragte. Seit 1985 freie Autorin. Kritiken, Porträts, Essays über Film und Literatur unter anderem für die *Frankfurter Allgemeine Zeitung, Frankfurter Rundschau, Neue Züricher Zeitung, DIE ZEIT, epd Film*. Zahlreiche Buchbeiträge und filmhistorische Essays, Radio- und Fernsehsendungen. Im Frühjahr 2013 erscheint ein Band mit gesammelten Arbeiten: *Zum Kino. Kritiken und Essays.*

Bernd Giesemann (Schlüchtern), geb. 1975. Studium der Neueren deutschen Literatur und Medien, der Neueren und Neuesten Geschichte und der Europäischen Ethnologie / Kulturwissenschaft in Marburg. Veröffentlichungen unter anderem in der Zeitschrift *MEDIENwissenschaft: Rezensionen – Reviews*. Arbeitet zurzeit an einer Dissertation über die visuellen Strategien des Kameramann Jost Vacano.

Rasmus Greiner (Marburg), Dr. phil., geb. 1983. Medienwissenschaftler. Lehrbeauftragter am Institut für Medienwissenschaft der Philipps-Universität Marburg. Veröffentlichungen zur Ästhetik, Geschichte und Theorie des Films, insbesondere der Kriegsdarstellung. Zurzeit Vorbereitung eines Postdoc-Projektes zu narrativen und ästhetischen Strategien der filmischen Historisierung.

Andreas Kirchner (Köln/Lüneburg), geb. 1979. Wissenschaftlicher Mitarbeiter am Centre for Digital Cultures (CDC) der Leuphana Universität Lüneburg. Bis 2012 Wissenschaftlicher Mitarbeiter an der Philipps-Universität Marburg (Marburger Kamerapreis / Marburger Kameragespräche). Publikationen zur Geschichte und Ästhetik von Film und Video. Laufendes Dissertationsprojekt über visuelle Konzeptionen in den Filmen Lars von Triers.

Martin Langer (Hamburg), geb. 1959. Nach dem Abitur zunächst Tätigkeit als Verwaltungsbeamter. Nach 1984 Jobs als Innenrequisiteur, Tonassistent und Tonmeister, Beleuchter, Material- und Schärfenassistent. Seit 1990 Kameramann. Zahlreiche Kino- und Fernsehproduktionen. Wichtige Filme: 14 TAGE LEBENSLÄNGLICH (1997; Regie: Roland Suso Richter); DIE BUBI SCHOLZ STORY (1997/98; Regie: Roland Suso Richter); SOPHIE SCHOLL – DIE LETZTEN TAGE (2005; Regie: Marc Rothemund); EFFI BRIEST (2009; Regie: Hermine Hundgeburth); BOXHAGENER PLATZ (2010; Matti Geschonneck). Für seine Kameraarbeit wurde er vielfach ausgezeichnet: Deutscher Kamerapreis (1998); Bayerischer Filmpreis (2001); Adolf-Grimme-Preis (2009); Deutscher Fernsehpreis (2009).

Anett Müller (Berlin), geb. 1984, Bachelorstudium der Medien-, Theater- und Literaturwissenschaft an der Universität Bayreuth, Masterstudium im Fach Medienwissenschaft an der Philipps-Universität Marburg. Momentan arbeitet sie an ihrer Doktorarbeit.

Michael Neubauer (München), Dr. rer. pol., geb. 1958. Kameramann. Geschäftsführer des Berufsverbandes Kinematografie (BVK). Autor berufskundlicher Schriften im Themenbereich «Kamera/Bildgestaltung».

Astrid Pohl (Marburg), Dr. phil., geb.1965; Medienwissenschaftlerin. Seit 2009 Dozentin im Fach Medienwissenschaft an der Philipps-Universität Marburg. Kino-, Ausstellungs- und Festivalarbeit. Promotion über deutschsprachige Filmmelodramen 1933–1945. Arbeitsschwerpunkte: deutsche und internationale Filmgeschichte, Film und Exil, Genre und Gender.

Karl Prümm (Marburg), geb. 1945. Bis 2010 Professor für Medienwissenschaft an der Philipps-Universität Marburg. Zahlreiche Publikationen zur Literatur- und Mediengeschichte des 19. und 20. Jahrhunderts und zur Medientheorie. Initiator des Marburger Kamerapreises und bis 2010 Organisator der Marburger Kameragespräche.

Kamera

Bolsinger/Neubauer/Prümm
Kirchner (Hg.)
**Neue Bilder des Wirklichen
Der Kameramann Walter Lassally**
192 S., Pb. zahlr., tw. farb. Abb.
€ 19,90, ISBN 978-3-89472-410-8

Walter Lassallys Wirken als Kameramann ist untrennbar mit dem Film ALEXIS SORBAS verbunden, für den er 1965 den Oscar erhielt. Entscheidend für seine Konzeption des filmischen Bildes waren jedoch seine Anfänge in Großbritannien als Kameramann im Industrie- und Dokumentarfilm der 1950er Jahre. Das intensive Sich-Einlassen auf Menschen und Schauplätze, das Walter Lassally im Kontext des *Free Cinema* erproben konnte, prägt dann auch seine ersten Spielfilme, die als semidokumentarisch gelten können.

SCHÜREN Universitätsstr. 55 · D-35037 Marburg
Fon 06421/6304 · Fax 06421/68 11 90
www.schueren-verlag.de

Kamera

Falk Schwarz
**Farbige Schatten – Der
Kameramann Robert Krasker**
240 S., Pb. zahlr. teils farbige Abb.
€ 24,90, ISBN 978-3-89472-757-4

Wer war Robert Krasker? Einer der größten englischen Kameramänner des vergangenen Jahrhunderts. Seine Filme kennt heute noch jeder – ihn selbst kaum jemand. Er fotografierte Orson Welles, Burt Lancaster, James Mason, Gina Lollobrigida, Bette Davis und Sophia Loren. Er arbeitete mit Regisseuren wie Carol Reed, Anthony Mann und Joseph l. Mankiewicz. Seine Filme waren DER DRITTE MANN, BEGEGNUNG, TRAPEZ und EL CID.
Farbige Schatten ist reich illustriert, umfangreich recherchiert und liefert einen kompakten Beitrag zur Filmgeschichte. Verschiedene Stilelemente machen das Buch zu einem Lesevergnügen.

SCHÜREN Universitätsstr. 55 · D-35037 Marburg
Fon 06421/6304 · Fax 06421/68 11 90
www.schueren-verlag.de

Polnischer Film

Klejsa/Schahadat/Wach (Hg.)
Der Polnische Film – von seinen Anfängen bis zur Gegenwart
562 S., Klappbr., zahlr., tw. farbige Abb., € 38,-, ISBN 978-3-89472-748-2

Polnische Filmemacher haben seit jeher im europäischen Film eine wichtige Rolle gespielt – seien es Regisseure (Kieslowski, Polanski, Wajda), Kameraleute (Idziak, Kłosinski, Sobocinski), Filmmusikkomponisten (Kilar) oder Schauspieler (Janda, Olbrychski). Diese Geschichte des polnischen Films orientiert sich an wichtigen gesellschaftlich-politischen Zäsuren in Europa und bietet einen fundierten Überblick über mehr als 100 Jahre polnischer Filmkunst. Die ästhetischen, nationalen und geschlechterspezifischen Diskurse der jeweiligen Epoche werden in separaten Kapiteln anhand beispielhafter Filmanalysen vertieft.

Universitätsstr. 55 · D-35037 Marburg
Fon 06421/6304 · Fax 06421/68 11 90
www.schueren-verlag.de

Deutscher Film

Harald Mühlbeyer/Bernd Zywietz (Hg.)
Ansichtssache – zum aktuellen deutschen Film
336 S., Pb., € 19,90
ISBN 978-3-89472-821-2

Ansichtssache – Zum aktuellen deutschen Film betrachtet das facettenreiche und vielschichtige Filmschaffen Deutschlands in seinen aktuellen Tendenzen, mit Fokus auf Newcomerschauspieler und ihre Filme, Independent- und Nachwuchsregisseure, auf Themen, Ästhetiken, Festival- und Produktionsumgebungen, mit besonderem Blick auf das Filmschaffen der letzten beiden Jahre. Denn zwischen allen „Keinohrhasen" und „Berliner Schülern" findet man eine reiche, bunte und vielschichtige Kinolandschaft, sucht aber systematische Publikationen, wache Beobachtungen und Entdeckungslust zu und in diesem spannenden Bereich bislang vergebens.

Universitätsstr. 55 · D-35037 Marburg
Fon 06421/6304 · Fax 06421/68 11 90
www.schueren-verlag.de